www.ingramcontent.com/pod-product-compliance
Lightning Source LLC
LaVergne TN
LVHW011823060526
838200LV00053B/3884
9780228853077

جانشینان نفرین شده

- ۱ -

کشمکش

نگرشی بر نزاع بر سر جانشینی پیامبر اسلام

نوشتهٔ
هاله الوردی

ترجمهٔ
حمید سیماب

TRADUCTION AUTORISÉE EN FARSI (PERSAN)

Les Califes maudits
LA DÉCHIRURE
PAR
Hela Ouardi
TRADUIT PAR
Hamid Simab

gostaresh.e.aagaahi@gmail.com

به نام آگاهی و بیداری

شناسنامهٔ کتاب:

نام: جانشینان نفرین شده – جلد ۱ – کشمکش
نویسنده: هاله الوردی
مترجم: حمید سیماب
تایپ، صفحه آرایی و دیزاین پشتی: حمید سیماب
سال نشر: ۲۰۲۱
انتشارات: تل ول Tellwell Talent, Canada
شمارگان: نامعین / حسب تقاضا

همه حقوق طبع و نشر مخصوص و محفوظ مترجم است

جانشینان نفرین شده – جلد ۱ – کشمکش
(Farsi translation of *Les Califes maudits – vol. 1 – La Déchirure*
by Hela Ouardi)

Copyright © 2021 by Hamid Simab

All rights reserved. No part of this publication may be reproduced, distributed, or transmitted in any form or by any means, including photocopying, recording, or other electronic or mechanical methods, without the prior written permission of the author, except in the case of brief quotations embodied in critical reviews and certain other non-commercial uses permitted by copyright law.

tellwell

Tellwell Talent
www.tellwell.ca

ISBN
978-0-2288-5307-7

فهرست فصل‌ها

دربارۀ نویسنده ۹
پیشگفتار مترجم ۱۱
به جای دیباچه: بازنویسی تاریخ اسلام ۱۵
آگهی: آنچه اینجا می‌خوانید قصه و افسانه نیست ۲۱

پردۀ نخست - جرگه در سقیفه

صحنۀ ۱ .... ۲۷
صحنۀ ۲ .... ۳۵
صحنۀ ۳ .... ۵۷
صحنۀ ۴ .... ۶۹
صحنۀ ۵ .... ۹۰
صحنۀ ۶ .... ۱۰۲
صحنۀ ۷ .... ۱۱۲

پردۀ دوم - خلیفۀ بی قلمرو

صحنۀ ۱ .... ۱۲۳
صحنۀ ۲ .... ۱۳۱
صحنۀ ۳ .... ۱۴۰

پردهٔ سوم - نفرین

صحنهٔ ۱ .... ۱۴۷
صحنهٔ ۲ .... ۱۵۸
صحنهٔ ۳ .... ۱۶۸
صحنهٔ ۴ .... ۱۷۶
صحنهٔ ۵ .... ۱۸۶

منابع مورد استفاده

- الف) منابع عربی ۱۹۶
- ب) منابع غربی ۲۰۵

در بارهٔ نویسنده:

هاله الوردی در سال ۱۹۷۳ در تونس زاده شد. وی پس از اتمام آموزش در دانشگاه تونس دکتورای خود را در ادبیات فرانسوی از دانشگاه سوربون نوین پاریس به دست آورد و منحیث استاد ادبیات و تمدن فرانسوی در دانشگاه المنار تونس به آموزگاری پرداخت. چندی بعد منحیث عضو وابستهٔ پژوهشگاه ادیان توحیدی مرکز ملی تحقیقات علمی تونس به کار و مطالعات پژوهشی آغازید ولی پس از انقلاب «بهار عربی» تونس در سال ۲۰۱۱ همه کارهای دانشگاهی را به مدت یک سال کنار گذاشت و خود را در تاریخ اسلام مستغرق ساخت. اثر «واپسین روزهای زندگی محمد» که در سال ۲۰۱۶ به زبان فرانسوی در پاریس انتشار یافت نخستین فرآوردهٔ این استغراق بود که مورد توجه زیاد محافل دینی و دانشگاهی قرار گرفت و هاله الوردی را در مرکز مباحثات و جدل‌ها روی موضوع تاریخ صدر اسلام در حلقات علمی و رسانه‌های کشورهای عربی و فرانسوی زبان قرار داد. (ترجمهٔ عربی آن آماده است ولی تا کنون منتشر نشده است.) به تعقیب انتشار «واپسین روزهای زندگی محمد» داکتر الوردی نوشتن تاریخ نخستین چهار جانشین پیغمبر اسلام (خلفای راشدین) را در سلسله‌یی مشتمل بر پنج کتاب زیر عنوان «جانشینان نفرین شده (الخلفأ المعونون)» روی دست گرفت. (این عنوان از لعنت فاطمه بر ابوبکر گرفته شده که پس از احراز مقام خلیفه فاطمه او را دعای بد کرد.) تا کنون دو دفتر نخستین این سلسله منتشر شده اند.

پیشگفتار مترجم

وقتی خواننده به ورق گردانی این کتاب می‌آغازد، شاید با خواندن همان برگ‌های نخستین با شگفتی از خود بپرسد «نویسنده در سرآغاز می‌گوید که "هیچ‌چیز، مطلقاً هیچ چیز، درین کتاب من درآوردی و ساخته و پرداخته نیست ... همه آنچه یافته‌ام در گرامی‌ترین منابع اسلامی وجود دارند"، پس آیا مثلاً صحنهٔ از خواب پریدن و با دستان لرزان بروی خود آب زدنِ ابوذؤیب (صفحات ۲۷-۲۸) به همین گونه در منابع اسلامی آمده است؟» این پرسش بجایی‌ست. مشکل در فراموش کردن این نکته است که این کتاب یک «بازسازی تاریخی» است.

بازسازی تاریخی به چه معنی؟

با پیشرفت شاخه‌های گوناگون دانش، امروزه می‌توان مثلاً از روی جمجمهٔ کشف شدهٔ انسان نخستینی که صدها هزار یا ملیون‌ها سال پیش می‌زیست چهرهٔ او را به دقت بازسازی کرد و سیمای او را به گونهٔ مجسم در برابر چشمان خود دید. این کار چگـونه ممکن است؟ چنین بازسازی می‌تواند با مراعات آخرین دانسته‌های علوم زیستی چون کالبدشناسی (اناتومی)، زادگان‌شناسی (ژنتیک) و در نظر گیری عوامل باستان‌شناسی و محیط‌شناسی تاریخی وغیره صورت گیرد. حجم کاسهٔ سر، پهنهٔ پیشانی و روی، اندازهٔ تبارز گونه‌ها و قسمت پایینی جبین، پهن بودن یا بلند بودن بینی، گودی چشمان، نازکی یا ستبری لب‌ها، الاشه‌ها و زنخ، شکل دندان‌ها و حتی

رنگ پوست، موی و چشمان او را می‌توان با استنادات علمی به دقت تعیین کرد و به کمک هنرمندانِ آگاه بر دانش‌های یاد شده با بهره‌گیری از پندار علمی چهرهٔ آن نیای چند صد هزار یا چند ملیون سال پیش ما را با نقاشی یا پیکره سازی دوباره آفرید.

چنین است کاری که نویسندهٔ دانشمند کتاب حاضر – استاد خانم هاله الوردی – با حوادث صدر اسلام انجام داده است. موضوع کار او به جای جمجمه و استخوان، متون اصلی دینی و تاریخی اسلامی است، و به جای دانش اناتومی و ژنتیک و غیره از دانش فیلولوژی و استقرأ و قیاس منطقی مبتنی بر داده‌های تاریخی بهره جسته است. وی با دقت، پشتکار و شکیبایی یک پژوهندهٔ دانشمند دانشگاهی نه تنها (چنانکه خود می گوید) تکه پاره‌های پراکندهٔ روایات تاریخی را با نخِ روایتِ پیهم سفته و ریسه نموده بلکه بر روی اسکلت همان روایات پراکنده گوشت و پوست تخیلِ مبتنی بر دانش اکادمیک و منطق واقع‌گرا گذاشته است. آنچه در نتیجهٔ این کار و ابتکار حاصل شده تجسم زندهٔ ماجراهای تاریخی روزهای بی‌درنگ پس از مرگ پیامبر و (باز هم به گفتهٔ خودش) «زایش پر تلاطم نخستین خلافت اسلامی یا نهاد یگانه و بی‌پیشینه‌یی است که چهارده سده پیش توسط ابوبکر صدیق و عمر ابن خطاب اختراع گردید».

اگر این چنین گوشت و پوست تخیل بر اسکلت روایات دینی گذاشتن روش بکر و بی‌پیشینه می‌نماید، فراموش نکنیم که کشیش و خاخام و کاهن و آخوند و مبلغ دین از هزاران سال بدینسو همین کار را کرده و با خیال پردازی‌های غیرمنطقی و غیرعقلانی بر اسکلت روایات دینی خود (آنگاهی که خودِ روایات را اختراع نکرده‌اند) آن روایات را برای مؤمنین ساده لوح مجسم و ذهن‌نشین ساخته‌اند. مگر نه اینست که ملا و مولوی و آیت‌الله‌های خود ما روایات زندگی پیامبران و ائمه و بزرگان دین را همواره برای ما چنان زنده قصه و بازگویی کرده‌اند که پنداشته‌ایم خود از گهواره تا گور حاضر و ناظر آنهمه اعمال و کردار و معجزات آنها بوده‌اند؟ فرق درین است که ملا و مولوی و آخوند و آیت‌الله (اگر نه از روی دغا و ترفند) با اعتقاد کور و غیرنقادانه بر اسکلت روایاتِ اکثراً من درآوردی گوشت و پوست تخیل مبتنی بر اوهام می‌گذارند و دانشمند پژوهشگری چون هاله الوردی با نقد منطقی و علمی بر اسکلتِ متون و

منابع تاریخی آرایهٔ پندار مبتنی بر اسناد را می‌گذارد. فرآوردهٔ خیال پردازی ملا و آخوند برای مؤمن ساده لوح و خردگریز است، و فرآوردهٔ پژوهش دانشمند با آرایش نازک تخیل برای خردگرای نقاد حقیقت‌جو. اگر آخوند و ملا اجازه دارد خیالپردازی خود را به جای حقیقت به خورد مؤمن دهد و نپذیرندهٔ آنرا لعن و تکفیر کند، دانشمند اکادمیک چرا نتواند «خیال پردازی» خود را در معرض نقد و انتقاد حقیقت جویان قرار دهد و نپذیرندهٔ آنرا به ارائهٔ دلیل و برهانِ مبتنی بر اسناد و عقل دعوت کند؟ تا جایی که به محتوی کتاب حاضر ارتباط می‌گیرد، ادعای استاد خانم الوردی مبنی بر اینکه «هیچ‌چیز، مطلقاً هیچ چیز، درین کتاب من‌درآوردی و ساخته و پرداخته نیست» کاملاً مبرهن است. تا آن حدی که خود توانسته‌ام ماجراهای بیان شده درین کتاب را با منابع اصلی سر دهم، همه قابل بازیافت اند. دیر باوران را صمیمانه به راستی آزمایی این ادعا فرا می‌خوانم. آن آرایه‌های خیال پردازانه که به کار برده شده و شاید «من درآوردی» پنداشته شوند به سبب طرز ارائهٔ نمایشنامه‌یی ماجراهایی می‌باشند که در کتاب شرح داده شده‌اند.

سخنی هم در مورد این ترجمه بیجا نخواهد بود: این یک حقیقت آشکار است که بنابر عوامل اسفباری که پرداختن به آنها درینجا محل ندارد، زبان نوشتاری فارسی دری افغانستان به خصوص در چند دههٔ اخیر به فارسی ایران اقتفا کرده است، به گونه‌یی که واژه‌ها و اصطلاحات خاصِ فارسی ایران شناسنامهٔ فارسی دری افغانستان گرفته‌اند. این تقلید و پیروی تا آن حدی‌ست که هرگاه مثلاً به جای «هل دادن» «تیله کردن» بنویسیم گویا به وقار و اعتبار نوشته زیان رسانده‌ایم. بی درنگ باید اضافه کنم که این سخن به مفهوم مجاز دانستن کاربرد هرگونه واژه و اصطلاح گفتار عامیانه در زبان نوشتاری ما نیست، و نه به مفهوم «ناسیونالیسم زبانی» است، بلکه بدین معنی است که با مراعات پالودگی فارسی دری از کاربرد بی موجب کلمات نامأنوس در فارسی افغانستان احتراز جسته، وقتی واژه و اصطلاح دقیق و صائب خود را داریم معادل‌های دیگران را بهتر ندانیم. ازینروست که درین ترجمه آگاهانه کلمات و اصطلاحاتی (از قبیل جرگه، پس زدن، دراز کشیدن، تیله کردن، وار کردن، خسر،

یازنه، مشت و یخن شدن، ماماخیل، خواهرزاده‌خیل، چوکات و غیره) را به کار برده‌ام که شاید برای خوانندهٔ همزبان ایرانی ناآشنا باشد. اگر چنین است، چه بهتر که آنرا دعوتی بدانیم از همزبانان ایرانی تا با برخی اصطلاحات ما آشنا گردند؛ ما که به حد بسنده با واژه ها و اصطلاحات آنها بلدیم.

این کتاب دفتر اول از سلسلهٔ پنج کتابی‌ست که نویسنده برنامهٔ نوشتن آنها را پس از انتشار اثر اصلی «واپسین روزهای زندگی محمد» روی دست گرفت. تا کنون دو دفتر نخستین این سلسله به نشر رسیده‌اند و تا جایی که اطلاع دارم دفتر سوم تکمیل گردیده و به دست ناشر در پاریس رسیده است اما نشر آن به سبب آفت جهانگیر ویروس کرونا معطل است. شادمانم که پس از ترجمه و نشر چاپی و صوتی «واپسین روزهای زندگی محمد» اینک به نشر چاپی و صوتی اثر حاضر توفیق می‌یابم. نیت بر آنست که اگر عمر را وفا و همت را بقا بود، به ترجمهٔ دفترهای دیگر این سلسله نیز خواهم پرداخت. به گفتهٔ حضرت ابوالمعانی:

ببینـم تا کـجـا منـزل کنـد سعـی ضـعیـف مـن
با این یک آبله دل چون نفس عمری‌ست می‌لنگم

حمید سیماب
اتاوا، کانادا
فوریه ۲۰۲۱ (دلو/ بهمن ۱۳۹۹)

به جای دیباچه

بازنویسی تاریخ اسلام
سخنرانی هاله الوردی نویسندهٔ کتاب
«واپسین روزهای زندگی محمد»
در برنامهٔ «تِد تاک»
تونس آوریل ۲۰۱۸[1]

یادداشت مترجم: این سخنرانی در بارهٔ دلائل و انگیزه‌های نوشتن نخستین کتاب نویسنده یعنی «واپسین روزهای زندگی محمد» ایراد گردید و جاداشت در سرآغاز ترجمهٔ آن اثر آورده شود ولی در آن زمان برگرداننده از این سخنرانی آگاهی نداشت، ازینرو اینک در سرآغاز کتاب حاضر که ادامهٔ اثر یاد شده می‌باشد گنجانده می‌شود.

قواعد ابتدایی حزم و احتیاط می‌آموزند که هنگام رانندگی در جاده، وقتی می‌خواهیم سبقت گیریم باید به آیینهٔ عقب نما نظر اندازیم. پویهٔ تاریخ نیز به همین گونه است. وقتی ملتی می‌خواهد با به انجام رساندن تحولی بنیادین از خود پیشی گیرد باید به

---

[1] این سخنرانی با ترجمهٔ حمید سیماب روی یوتیوب از نشانی زیر قابل دسترسی است:
https://www.youtube.com/watch?v=GhvT9lvCgaE&t=105s

آیینهٔ عقب‌نما یعنی به تاریخ خود ببیند، در غیر آن این خطر متصور است که سرراست مورد اصابت چیزی با سرعت سرسام‌آور قرار گیرد که هرگز پیشبین نبود.

چنانکه می‌دانید، تاریخ بی‌رحم است. وقتی آنرا نادیده بگیریم، وقتی بر آن چشم بپوشیم، می‌تواند از ما سخت انتقام گیرد، می‌تواند عفریت‌ها و هیولاهای گذشتهٔ ما را بر انگیزد. این عفریت‌ها و هیولاهای گذشته زنجیرهای خود را می‌گسلانند، ما را دچار وحشت و دلهره می‌نمایند و سرانجام ما را گروگان می‌گیرند. من این را در روزی که آنرا خوب بخاطر دارم درک کردم، در یک لحظهٔ چرخشی.

بعد از ظهر روز جمعه ۱۴ سپتامبر سال ۲۰۱۲ بود که گروهی از افراد خردباخته بر سفارت ایالات متحده در تونس حمله بردند تا آنرا به آتش کشند، چون می‌پنداشتند یک فلم امریکایی بنام «برائت مسلمین» به خاطرهٔ پیامبر اسلام اهانت روا داشته بود. این صحنه مرا از حیرت خشکاند. البته، اولین باری نبود که چنین تبارز خشونت دینی را می‌دیدم، اما نخستین بار بود که آنرا نه روی پردهٔ تلویزیون بلکه جلو چشمانم مشاهده می‌کردم. با خود گفتم «این مردم کیستند که بخاطر انتقام "توهین به پیغمبر"شان بسوی مرگ می‌روند و تخم مرگ می‌کارند؟ اما سوال اساسی‌تر، پیغمبر کی بود؟ دربارهٔ او چه می‌دانم؟ در بارهٔ اسلام چه می‌دانم؟» زیاد نه، اگر نگویم که تقریباً هیچ. در بالای سفارت دود سیاه غلیظی را می‌دیدم که برای من تجسم بی‌خبری‌ام از تاریخ ما، یعنی از تاریخ اسلام بود، تاریخ دینی که همواره جزئی از زندگی‌ام بود اما حالا کم کم با من بیگانه می‌شد.

پر آشکار است که ما همه اسلام به معنی صلح و صفا را که از محیط خانواده آموخته‌ایم می‌شناسیم. چهرهٔ اسلام برای من چهرهٔ آرام و نورانی پر از تقوای مادرکلانم است، اما در آنروز این اسلام را می‌دیدم که در حال دگرگون شدن به سلاحی در دست متعصبین تندرو بود که بسوی خود ما نشانه گرفته می‌شد و به آلهٔ تبلیغات سیاسی در خدمت ماجراجویان تشنهٔ قدرت مبدل می‌گردید. در آن روز بود که تصمیم گرفتم تا خود را آگاه سازم. نمی‌خواستم تماشاگر منفعل و بغض گرفتهٔ این صحنهٔ وحشت‌زا باشم. بنابران تصمیم گرفتم که مانند آن افراد برافروخته و خشمگین

حمله راه بیندازم، اما واضحاً نه بالای سفارت بلکه بالای دژی که عبارت بود از تاریخ اسلام.

من باور داشتم و دارم که آگاهی بر گذشته می‌تواند کلید درک حال را بدست دهد. درینجا من همانند مارسل پروست نویسندهٔ فرانسوی به سراغ «زمان گمشده»[2] رفتم. می دانید، وقتی آدم راه را گم می‌کند اولین بازتاب برگشت به نقطهٔ آغاز است، برگشت به سرچشمه. من هم شروع کردم به خواندن قدیمی‌ترین کتب احادیث اسلامی. طبعاً و واضحاً، علاقمندی بیشترم به شخصیت کلیدی صدر اسلام یعنی محمد رسول الله بود. تجربهٔ دلچسپی بود. هر چه بیشتر می‌خواندم به همان اندازه دود سیاه نا آگاهی و بی‌خبری‌ام بیشتر زایل می‌شد. قامت اسطوره‌یی پیغمبر کم کم از تاریکی آنسوی زمانه‌ها بیرون می‌آمد، نزدیکتر می‌شد، و چهرهٔ انسانی او را بهتر می توانستم دید. علاقمندی بیشترم به آخرین مراحل زندگی‌اش یعنی دوره‌یی بود که از جهات مختلف حائز دلچسپی خاص اند:

در قدم اول، محمد مردی بود که ناشاد و اندوهگین مُرد، و در حالتی جان داد که مورد سؤ رفتار اطرافیانش قرار داشت. این خود باعث بر انگیخته شدن احساس همدلی با او می‌شد. بُعد تراژیک پایان زندگی او صبغهٔ انسانی هستی او را هر چه بیشتر متبارز می‌ساخت. مرگ پیغمبر لحظهٔ چرخشی در تاریخ اسلام بود، چون در همین زمان بود که سوال اساسی جانشینی نه تنها مطرح بلکه با خشونت مطرح گردید. می‌دانیم که همین سوال زمینه و خاستگاه همه مناقشات و جنجال‌هایی‌ست که مسلمانان را از ۱۴ قرن بدینسو بجان هم انداخته است.

نکتهٔ دیگری در مورد آخرین روزهای زندگی محمد که مرا سخت مبهوت ساخت صبغهٔ معمایی آن روزها بود، روزهایی که در آن سایهٔ ترور سیاسی دیده می‌شد. ازینرو در نقش پولیس جنایی در آمدم و تحقیق راه انداختم ولی از آنجا که نمی‌شد از

---

[2] «در جستجوی زمان گمشده» نام اثر بزرگ مارسل پروست نویسندهٔ فرانسوی است (توضیح مترجم)

متهمین نشان انگشت گرفت – چون دیگر نشان انگشتی وجود نداشت – در پی یافتن ادله و نشان انگشت در نصوص و متون سنتی اسلامی افتادم، چنانکه در پایان این بازرسی انبوه قابل توجه یادداشت‌ها در دست داشتم. روزی، وقتی می‌خواستم یادداشت‌هایم را ترتیب و تنظیم کنم، با خود گفتم «اینجا برای نوشتن کتابی مواد کافی موجود داست.» همان بود که نیاز به مطالعهٔ تاریخ اسلام به نیاز به نوشتن آن، یا بهتر بگویم، نیاز به بازنویسی آن با کلمات و جملات خودم که فهماتر و قابل درک‌تر باشد مبدل گشت. در کل، شیوهٔ کارم درین زمینه تا حدی مشابه با شیوهٔ کار سَلَفی‌ها[3]ست. آنها گذشته را می‌گیرند و در مرکز و محراق امروز قرار می‌دهند و تقدیس می‌کنند؛ تفاوت کار من با آنها درین است که من گذشته را در محراق و مرکز امروز قرار می‌دهم اما نه بخاطر تقدیس آن، بلکه بخاطر استجواب از آن. سلفی‌ها گذشته را از پس عینک‌های گلگون نمای افسانه و روایت داستانی می‌بینند و من آنرا در زیر میکروسکوپ قرار می‌دهم. برای من تاریخ موضوع کیش پرستی نه بلکه وسیلهٔ شناخت است. شناختی که من سرانجام پیرامون واپسین روزهای زندگی محمد به آن نایل آمدم نکتهٔ خیلی مهمی را برایم آشکار ساخت و آن اینکه تصویر و تمثال اسطوره‌یی و آرمانی‌ایکه از صدر اسلام داریم دروغی بیش نیست. هولناکترین برداشتی که به آن رسیدم این بود که خشونت در تاریخ اسلام پدیدهٔ وقفه‌یی و دوره‌یی نه، بلکه پدیدهٔ بنیادین و ساختاری است. آنچه مرا بیشتر از همه تکان داد این بود که بدون شک پیامبر خودش قربانی این خشونت شد. نهاد خلافت پس از یک کودتای تمام عیار پایه گذاری شد و افتتاح آن با حمام خون صورت گرفت. اولین خلیفهٔ پیغمبر بلافاصله پس از رسیدن به خلافت جنگ بی امانی را در برابر همه کسانی اعلام کرد که با سلطه و اتوریتهٔ او از در مخالفت درآمدند. اینست ماهیت تصویر آن «عصر طلایی» اسلام و پیشینیان نکوکار یا «سلف الصالح» آن که سلفی‌ها علم می‌کنند. آنچه داعش با پایه‌گذاری دولت اسلامی ادعایی‌اش انجام

[3] سلفی‌ها یعنی وهابی‌ها، و به معنی وسیعتر طالبان و القاعده و داعش و ... (توضیح مترجم)

می‌دهد چیزی نیست جز تکرار آن آغاز اندوهبار نخستین خلافت اسلامی که با قتل عام اساس گذاشته شد.

ازینرو وقتی سخن از خشونت ریشه‌دار و دیرینه در قلب تاریخ اسلام به میان می‌آید دو نوع عکس‌العمل را می‌توان دید: از یکسو بازتاب اکثریت است که عبارتست از انکار: «این اسلام نیست، این کار مسلمان‌ها نیست!» از سوی دیگر عکس‌العمل بنیادگرایان است که این خشونت را تقدیس و تجلیل می‌کنند و با تکرار همیشگی آن می‌خواهند آنرا جاویدان سازند. به نظر من میان این دو نوع بازتاب موضع بین‌البینی وجود دارد و آن موضع منست، که عبارتست از پذیرفتن این تاریخ منحیث آنچه بود، یعنی منحیث گذشته‌یی که باید مورد ارزیابی و نقد قرار گیرد.

باید اذعان داشت که متون و نصوص اسلامی خود را بدون مشکل در معرض قرائت نقادانه قرار می‌دهند. شکی نیست که این متون و نصوص وسیلهٔ مشروعیت‌بخشی خشونت و فاناتیسم هستند، اما وقتی به آنها نیک نگریسته شود درمی‌یابیم که آنها همزمان هم زهر را در خود دارند و هم پادزهر را، فقط کافیست تا آنها را برگردانیم و با همان سلاحِ متون و نصوص ثابت سازیم که آن ناکجاآباد یک اسلام کامل، بی عیب و مطلق که محمل آن یک نهاد سیاسی مذهبی معصوم و منزه یعنی خلافت بود فقط یک دروغ و ترفند عظیم بود و بس!

شکی نیست که جنبش‌های سیاسی مذهبی همیشه گذشته را غصب و تاریخ را جعل نموده‌اند. آنها متون و نصوص را منجمد و مومیایی کرده‌اند تا حسب دلخواه آنرا وسیله قرار دهند و بر اذهان و باورها سلطه یابند. کوشش من آن بوده است تا متون و نصوص را از چنگ این دغل کاران و متقلبین بیرون کشم. فکر می‌کنم که هر یک ما به اندازهٔ توان خود باید این کار را انجام دهیم. درست است که زمانی بود که متون و نصوص دینی به آسانی قابل دسترس نبود و بخیلانه نگهداری می‌شدند، اما اکنون چنین نیست. صاف و ساده بگویم که دیگر معذرتی وجود ندارد. اکثراً وقتی با خوانندگان کتابم مقابل می‌شوم آنها از بهت و حیرت خود از افشاگری‌هایی که در کتابم یافته‌اند سخن می‌زنند و می‌گویند «آنچه تو می‌گویی چیزی نیست که به ما

تعلیم داده اند!» من همواره برای شان یک پاسخ دارم: «ساده است. بروید خودتان منابع اصلی را ببینید و خود قضاوت و نتیجه‌گیری کنید.» فکر می‌کنم باید تنبلی فکری ایرا که ما را از مراجعه به متون و منابع اصلی و بنیادین اسلامی مانع می‌شود دور اندازیم. افراد در هر دورۀ تاریخ وظیفه دارند تا متون میراث رسیده از پیشینیان را بازخوانی و بازنویسی کنند.

چنانکه می‌دانید، قرن شانزدهم را قرن نوزایی یا رنسانس نام نهاده‌اند در حالی که قرنی بود که جنگ‌های دینی دنیا را از هم می‌درید. اینکه آنرا قرن نوزایی می‌گویند بخاطر آنست که در طی این قرن تنی چند پیدا شدند که تصمیم گرفتند کتاب‌های پیشینیان را به گونۀ دیگری بخوانند. آنها با این کارِ رستگاری‌بخشِ خود جهان را تغییر دادند.

من باور دارم که دو نوع انقلاب واقعی وجود دارد. یکی انقلاب کوپرنیکی است که شناخت و دانش بشری را به پیش می‌راند. دیگرش انقلاب‌های خصوصی و فردی است که شخص در درون خود آنرا راه می‌اندازد. هر دو نوع انقلاب رهایی بخشند و دید ما را از جهان دگرگونه می‌سازند. من خودم احساس می‌کنم که انقلاب خصوصی و فردی خود را تازه آغاز نموده‌ام و از تجربۀ خوانش و بازنویسی تاریخ اسلام کاملاً دگرگون بیرون شده‌ام.

نشانه‌ها و معیارهای این دگرگونی چیستند؟ خوب، یکی اینست که با ترس بیگانه شده‌ام و در نتیجه خود را آزاده احساس می‌کنم. کسان زیادی از اطرافیانم به من می گویند «مگر دیوانه‌ای!؟ چنین بی‌باکانه به موضوعاتی چنین می‌پردازی؟ آیا از کشته شدن نمی‌ترسی؟» پاسخ من به آنها همواره اینست: «من از مرگ نمی‌ترسم. آنچه واقعاً از آن وحشت دارم زنده بودن و ندانستن است.»

از توجه تان تشکر.

- آگهی -

آنچه اینجا می‌خوانید قصه و افسانه نیست

در پایان کتاب «واپسین روزهای زندگی محمد» اعلام داشتم که «ادامه دارد ...». برخی خوانندگان شگفت زده پرسیدند: «پیامبر اسلام درگذشت. چه ادامه‌یی می‌تواند در پی باشد؟ او که چون عیسای مسیح رستاخیز پس از مرگ نداشت!»

این حرف درستی است، اما از یک نگاه می‌توان پنداشت که پیامبر اسلام از برکت چهار یار خود - ابوبکر، عمر، عثمان و علی که «خلفای راشدین» خوانده می‌شوند و داعیهٔ او را ادامه دادند - به گونه‌یی زنده نگه‌داشته شد. پس از سرگذشت مرگ پیامبر اینک سرگذشت یک زایش بازگویی می‌شود، زایش پر تلاطم نخستین خلافت اسلامی یا نهاد یگانه و بی‌پیشینه‌یی که چهارده سده پیش توسط ابوبکر صدیق و عمر ابن خطاب اختراع گردید.

این کتاب بازسازی تاریخی مشرحی را ازین تکوین و زایش در روزها و هفته‌های بی‌درنگ پس از مرگ پیامبر ارائه می‌دهد. از نظر سبک کار و معرفت‌شناسی، شیوه‌یی که برای این بازسازی پیش گرفتم همانست که پیش ازین در نوشتن «واپسین روزهای زندگی محمد» به کار گرفته بودم، یعنی کاوش فیلولوژیک (زبان شناختانه)[1]

---

[1] فیلولوژی عبارتست از مطالعهٔ متون ادبی (عمدتاً تاریخی) و مدارک کتبی و شفاهی، و تعیین و تثبیت صحت، سندیت و معنی اصلی آنها. (توضیح مترجم)

در منابع احادیث و متون اسلامی (هم سنی و هم شیعه) و ریختن حکایات و روایات گرفته شده از آن نصوص و متون در قالب یک روایت واحد و یکپارچه.[۲] درینجا یکبار دیگر، آنچه حاصل می‌شود گشایش گرهی را که به گفتهٔ الفانس دوپران[۳] «با گذشتِ زمان کور شده است» به دست می‌دهد.

مباد آنکه خواننده دچار اشتباه شود: بازگویی روایت به معنی افسانه‌گویی و قصه‌پردازی نیست. هیچ‌چیز، مطلقاً هیچ چیز، درین کتاب من‌درآوردی و ساخته و پرداخته نیست، بلکه بیشتر بازیافت گنجینهٔ دفن شده در دل خاک را ماند. همه آنچه یافته‌ام در گرامی‌ترین منابع اسلامی وجود دارند ولی از حافظهٔ جمعی زدوده شده‌اند. ماجراها، گفت و شنودها، کوچکترین جزئیات، تا وصف چهره و نمای شخصیت‌هایی که نام گرفته می‌شوند همه منحصراً از ادبیات دینی و تاریخی مسلمان‌ها (احادیث، طبقات، تفاسیر، شرح وقایع وغیره) گرفته شده اند. آنچه من کرده‌ام تنها این بوده که با بهم پیوند زدن تکه پاره‌های پراکندهٔ معما از آنها نمایشنامهٔ زنده‌یی ساخته‌ام که با نخِ روایتِ پیهم سفته و ریسه شده اند. به گفتهٔ پال ریکور «نفس اندیشه و مفهوم تاریخ از واقعات دراماتیک و حوادثی برمی‌خیزد که صورت گرفته‌اند.[۴]»

بازسازی تاریخی‌ایکه این کتاب به آن می‌پردازد افسانه و اسطوره را به دور می‌اندازد و با تعصب فکری و اعتقادی ناسازگار است. کوششِ این بازسازی آنست تا رگه‌های حقیقت را که در دسترس ما قرار دارد به عرصهٔ تاریخ برگرداند و به نقش آفرینان روزگاران گذشته سادگی انسانی آنانرا باز دهد. اینست معنی برنهاد درخشان پال ریکور

---

[۲] در موارد نادری نیز که یک ماجرا تنها در منابع شیعی و یا صرفاً در یک منبع اهل تسنن ذکر گردیده است من از آوردن آن درین نوشته دریغ ننموده‌ام. آنچه بیشتر باعث شگفتی‌ام شده اینست که منابع شیعی و سنی تقریباً در همه موارد در توصیف ماجراها با هم توافق دارند.

[۳] Alphonse Dupront تاریخ‌نگار و آنتروپولوگ (انسان شناس) فرانسوی

[۴] Paul Ricœur فیلسوف فرانسوی

Paul Ricœur, *Temps et récit I*, Paris, Seuil, 1983, p. 289

که گفته بود: «روایت، تا آن حدی که بازگویی سرگذشت است نه بازگویی پندار، پاسدار گذشته است.[5]»

بازگویی تاریخ سال‌های آغازین اسلام برای من وسیله ایست جهت تازه ساختن حافظهٔ جمعی‌ایکه به اثر نسیان عمومی به سنگواره مبدل گردیده و به دست نیروهای تاریک اندیش که زیر پوشش تجلیل و تکریم صدر اسلام از آن ماشین جنگی ساخته اند ضبط و مصادره شده است. هدف من ازین بازگویی تاریخ ایفای نقش راوی‌ایست که به تعریف ریکور باید «با ترسیم وضعیت تاریخی (مسلمانان را) به سطح آگاهی تاریخی بالا کشد.[6]»

---

[5] Paul Ricœur, *Temps et récit III. Le temps raconté*, Paris, Seuil, 1985, p. 349.
[6] همانجا، صفحات ۱۵۰ - ۱۵۱

پردهٔ نخست

جرگه در سقیفه[1]

[1] سقیفه به معنی ایوان پوشیده است (توضیح مترجم).
گزارشی که درینجا از جرگهٔ سقیفهٔ بنی‌ساعده داده می‌شود بازسازی دقیق از روی روایات مختلفی است که در متون اسلامی آمده‌اند. برای این بازسازی از آثار ذیل استفاده شده است (برای نشانی مکمل ریفرنس‌ها به «منابع عربی» در پایان کتاب مراجعه شود):
مصنف عبدالرزاق ۴۳۹/۵-۴۵۲؛ انساب بلاذری ۲۵۹/۲-۲۷۵؛ صحیح بخاری ۱۳۴۱/۳-۱۳۴۲؛ تاریخ ذهبی ۵/۳-۱۴؛ تاریخ الخمیس دیار بکری ۱۶۷/۲-۱۷۰؛ سیرهٔ حلبی ۵۰۴/۳-۵۰۸؛ مستدرک حاکم ۸۰/۳-۸۱؛ عِقد عبد ربه ۱۱/۵-۱۴؛ مصنف ابن ابی شیبه ۴۶۲/۱۳-۴۶۸؛ شرح النهج ابن ابی الحدید ۲۱/۲-۶۱؛ الکامل ابن اثیر ۱۸۷/۲-۱۹۲؛ تاریخ دمشق ابن عساکر ۲۷۱/۳۰-۲۸۶؛ الاخبار ابن بکّار ۴۶۳-۴۷۶؛ سیرهٔ ابن حبان ۴۱۹/۲-۴۲۳؛ سیرهٔ ابن هشام ۶۵۶/۲-۶۶۱؛ المنتظم ابن جوزی ۶۳/۴-۷۰؛ البدایهٔ ابن کثیر ۲۶۵/۵-۲۷۰؛ الامامه و السیاسه ابن قتیبه ۲۱-۳۰؛ سمط النجوم عصامی ۳۳۰/۲-۳۳۳؛ البیان جاحظ ۲۹۶/۳-۲۹۸؛ السقیفه و فدک جوهری ۳۵-۹۰؛ کتاب سُلَیم ۱۴۳-۱۴۵؛ اکتفأ کلاعی ۴۳۸/۱-۴۴۳؛ نهایة الأرب نویری ۲۹/۱۹-۴۶؛ روض الأنف سهیلی ۵۸۶/۷-۵۹۲؛ تاریخ الخلفأ سیوطی ۵۵-۵۹؛ طبقات ابن سعد ۱۸۱/۳-۱۸۸؛ طبری ۲۳۳/۲-۲۴۶؛ الریاض النضره محب‌الدین طبری ۲۳۳/۱-۲۳۹؛ تاریخ یعقوبی ۷/۲-۱۱؛ رِدّه واقدی ۳۲-۴۷.

صحنهٔ ۱

ابوذؤیب الهذلی شاعر مُخَضْرَمی[1] در نیمهٔ شب با تکانی از خواب پرید. کابوسی او را از خواب ناآرامی بیدار ساخته بود. با قطرات عرق بر جبین و قلبی که به شدت می‌زد بر جای خود نشست. آنچه از آن کابوس وحشتناک می‌توانست بیاد آرد پایان شوم آن و صدای حزینی بود که گویی با آواز سروشِ بدبختی این ابیات را زمزمه می‌کرد:

خَطْبٌ أجلٌ أناخَ بالاسلامِ   بین النخیل و مَعْقِــدِ الآطامِ
قُبضَ النبیّ محمَّد فعیونُنا   تُذْری الدموعَ علیه بالتَّسْجَامِ

(اسلام را مصیبت بزرگی رسیده است   در میـان نخلسـتانهـا و حصـارها
محمد پیامبر مرده است و چشمان‌ما   سیل اشک بسوی او روانه می‌سازند)

---

[1] مُخَضْرَم به کسی گفته می‌شد که نصف عمرش در دورهٔ پیش از اسلام (معروف به دورهٔ «جاهلیت») و نصف آن در دورهٔ اسلام گذشته بود، یعنی جاهلیت و اسلام هر دو را دریافته بود (توضیح مترجم). خویلد ابوذؤیب الهذلی معاصر پیامبر اسلام بود و یکی از با قریحه‌ترین شعرای عصر خود شناخته می‌شد. وی به ویژه به سبب مرثیهٔ «العینیه» مشهور است که در رثای پنج فرزند خود که به اثر شیوع طاعون جان باخته بودند، سروده بود. (برای جزئیات زیست‌نامهٔ او به *Encyclopédie de l'Islam* (دانش‌نامهٔ اسلامی) جلد ۲، صفحهٔ ۱۱۵؛ الاغانی ابوالفرج اصفهانی ۲۷۹/۶–۲۹۳؛ الشعر و الشعرأ ابن قتیبه ۲۱۳–۲۱۶ مراجعه شود). وی چند ساعت پس از مرگ پیامبر خود را به مدینه رساند و در شورای سقیفهٔ بنی ساعده اشتراک داشت. روایتی که درینجا بازگویی می‌شود خیال‌پردازی نویسندهٔ این کتاب نه بلکه بر پایهٔ جزئیاتی نگاشته شده است که در متون و نصوص اسلامی آمده‌اند. (اُسد ابن اثیر ۱۰۲/۵–۱۰۳؛ تاریخ دمشق ابن عساکر ۵۳/۱۷–۵۵؛ الاستیعاب ابن عبدالبر ۱۶۴۸/۴–۱۶۵۲؛ اکتفأ کلاعی ۴۵۴/۱–۴۵۵)

آن آوای غریب در گوش‌های ابوذؤیب طنین داشت که با دلشورۀ مرگ حتمی عزیزی از جا برخاست و با دستان لرزان بروی خود آب زد تا کمی به خود آید. یقیناً این خبر مرگ محمد بود که او را چنین مضطرب و پریشان ساخته بود. در آن شب ماه ژوئن (جوزا/سرطان – خرداد/تیر) سپیده زده بود که ابوذؤیب از خانه برآمد. نگاه ترسان و هراسانش خانه‌های همجوار را در روشنایی بی‌فروغ بامداد درنوردید. تابستانی که هنوز آغاز نشده بود از همین اکنون به هوا سنگینی خفه کننده‌یی داده بود. ابوذؤیب با چشمان خسته و هراسناک بسوی آسمان پرستاره دید. رنگ پریدگی چرخ گردون پیام آور دمیدن صبح بود. نگاه سرگردانش در بیکرانگی فلک سیر کرد و در نقطه‌یی با روشنایی ستارۀ سعد ذابح[۲] میخکوب گردید. این ستاره به سبب قربانی‌هایی که اعراب در شروق‌النجمی برج جدی[۳] انجام می‌دادند سعدالذابح (خجستۀ گلو بُرنده) نام گرفته بود. فروغ غیرمعمول سعد ذابح شاید فال نحس کشتار وحشتناکی بود که در آستانه قرار داشت.

ابوذؤیب می‌کوشید آخرین پیام ستارگان ناپدید شونده را پیش از آنکه روشنایی سرخگون فلق آنرا از لوح آسمان بزداید، دریابد. آفتاب شرزۀ عربستان در حال سر زدن بود. دیگر وقت خوابیدن یا رؤیا پردازی نبود. ابوذؤیب تصمیم گرفت بدون درنگِ بیشتر به مدینه رود. با خود می‌اندیشید «حتماً واقعۀ خطیری اتفاق افتاده است. حس کشف و شهود من هیچگاه خطا نمی‌کند.» شترش از میان دشتی که خاموشی رعب-انگیزی بر آن مستولی بود بسوی مدینة النبی (شهرِ پیغمبر) راه باز می‌کرد. حین عبور از پهنه‌یی پنداشت که کلاغ بزرگی در گوشش می‌گوید «پیغمبر مرده است». ابوذؤیب تکانی خورد. آیا کابوس – همان کابوس دیشب – کماکان ادامه داشت؟ آیا او را بر

---

[۲] سعد ذابح (گرفته شده از فرهنگ عمید): یکی از منازل قمر؛ دو ستارۀ روشن که در جای ذبح یکی از آن‌ها ستارۀ کوچکی است که گویی می‌خواهد آن را ذبح کند:

سعد ذابح سر بریدی هر شکاری را که شاه   سوی او محور ز خط استوا کردی رها (خاقانی)

[۳] «شروق النجمی» در ستاره شناسی پدید آمدن گذرای ستاره‌یی در افق خاوری در سپیده دم پیش از برآمدن آفتاب را گویند. (توضیح مترجم)

مرکبش خواب برده بود؟ واقعاً اندیشه و نگرانی بدبختی تا چه اندازه پایا و سخت جان بود! مرد شاعر اورادی زیر لب زمزمه کرد، شیطان را لعنت نمود و با دل لبریز از غم به راه خود ادامه داد.

با فرارسیدن شب به مدینه رسید. شهر را غریو سوگواری، همانند غریو زائرین در طواف کعبه، فرا گرفته بود. آری، آنچه از آن خوف داشت واقع شده بود: پیغمبر مرده بود. با دست پاچگی بسوی مسجدالنبی دوید. انتظار داشت همه جا سراسیمگی و درهم برهمی بیند، اما مسجد را متروک و دروازهٔ خانهٔ محمد را که در جوار مسجد واقع بود بسته دید. سه مرد آنجا ایستاده بودند و با آواز پست با هم صحبت می‌کردند. ابوذؤیب به آنها نزدیک شد و پرسید «این همه مردم کجاستند؟» یکی از آنها پاسخ داد «همه به سقیفهٔ بنی‌ساعده رفته‌اند. مهاجرین رفتند تا انصار را دریابند و با آنها گفتگو کنند.» ابوذؤیب از گفتهٔ آن مرد چیزی نفهمید، پس پرسید «توضیح بدار، جوانمرد! همین دم به مدینه وارد شده‌ام، بگو، چه واقع شده است؟» یکی از آن سه مرد در پاسخ گفت «به مجرد آنکه آوازهٔ مرگ پیامبر به گوش‌ها رسید همه بسوی خانهٔ او سرازیر شدیم، اما عمر راه را بر ما گرفت و فریاد همی‌زد که پیامبر نمرده بلکه دوباره زنده خواهد شد. در همان هنگام ابوبکر سر رسید، با عجله به حجرهٔ پیغمبر اندر شد و پس از لحظه‌یی با چشمان اشکبار برون آمد و کوشید تا عمر را آرام سازد چون همه آنانی را که می‌گفتند پیامبر مرده است تهدید می‌کرد. سپس ابوبکر به مردم چنین گفت: "آنانی که محمد را می‌پرستند بدانند که محمد مرده است، ولی آنانی که خدا را می‌پرستند بدانند که خدا زندهٔ جاویدان است و هرگز نخواهد مرد". او حتی برای اینکه مردم را قانع سازد که پیامبر بشری بیش نبود آیه‌یی از قرآن را برخواند: "وَمَا مُحَمَّدٌ إِلَّا رَسُولٌ قَدْ خَلَتْ مِن قَبْلِهِ ٱلرُّسُلُ ۚ أَفَإِيْن مَّاتَ أَوْ قُتِلَ ٱنقَلَبْتُمْ عَلَىٰٓ أَعْقَـٰبِكُمْ ۚ وَمَن يَنقَلِبْ عَلَىٰ عَقِبَيْهِ فَلَن يَضُرَّ ٱللَّهَ شَيْـًٔا ۗ وَسَيَجْزِى ٱللَّهُ ٱلشَّـٰكِرِينَ (و محمد جز فرستاده‌ای نیست، به راستی پیش از او نیز فرستادگانی بوده‌اند و گذشتند. آیا اگر بمیرد یا کشته شود، شما به عقب می‌گردید و عقیده و دین خود را رها می‌کنید؟ و هر کس به عقب بازگردد و عقیده و دین راستین را رها کند هرگز به الله زیانی نمی‌رساند، و به

زودی الله سپاسگزاران را پاداش می‌دهد - سورهٔ آل‌عمران: ۱۴۴)" اما هیچکس، حتی عمر، پیش از آن این آیه را نشنیده بود.[۴] ابوبکر در سر انجام اظهار داشت "ای مردم، محمد دیگر در میان ما نیست. شما را اکنون رهنما و رهبری باید! پس گردهم آیید، بیندیشید و به من گویید چه خواهید کردن؟" و ازدحام مردم پاسخ دادند "فردا خواهیم دید" و همه به خانه‌های خود برگشتند.»[۵]

مرد دیگری سخنان او را پی گرفت: «در واقع، همگان تا فردا صبر نکردند. به زودی گروه گروه شدند، شمار زیادی از انصار رفتند تا در سقیفهٔ بنی‌ساعده با سعد ابن عباده بپیوندند، و مهاجرین به دور عمر گرد آمدند. اما علی و اهل بیت پیامبر در خانهٔ مرده دار پاییده‌اند.»[۶]

ابوذؤیب ازین گفته‌ها سر در نیاورد: «اما آیا به من نگفتید که همه به سقیفهٔ بنی ساعده رفتند؟»

- «بگذار سخنم را تمام کنم. همین چند لحظه پیش کسی آمد و به عمر از جرگهٔ انصار خبر آورد. عمر رفت تا ابوبکر را که در داخل خانهٔ پیغمبر بود آگاه سازد. سپس آنها را دیدیم که دوان دوان بسوی سقیفه شتافتند. من خودم ابوعبیده را دیدم که با عدهٔ دیگری از مهاجرین با عجله به دنبال شان راه افتاد. همین اکنون باید همه آنجا باشند.»
- «پس علی و عباس نیز آنجایند؟»
- «نه، آنها در خانهٔ پیامبر با جنازه پاییده‌اند.»
- «تدفین چه وقت قرار است صورت گیرد؟»

---

[۴] **حلیة** الاولیأ ابونُعَیم ۲۹/۱؛ صحیح بخاری ۴۱۹/۱ و ۱۳۴۱/۳–۱۳۴۲؛ مسند ابن حنبل ۳۴/۴۳؛ سیرهٔ ابن هشام ۶۵۵/۲؛ البدایهٔ ابن کثیر ۲۶۳/۵؛ سیرهٔ ابن کثیر ۴۸۰/۴–۴۸۱؛ سنن ابن ماجه ۵۲۰/۱؛ اکتفأ کلاعی ۴۳۶/۱–۴۳۷؛ کنز متقی ۲۳۴/۷؛ طبقات ابن سعد ۲۷۱/۲؛ طبری ۲۳۲/۲–۲۳۴

[۵] رِدَّه واقدی ۳۱–۳۲

[۶] رِدَّه واقدی ۳۲؛ سیرهٔ ابن هشام ۶۵۶/۲

– «چنان می‌نماید که اهل بیت به تغسیل و تکفین جنازه آغاز نموده‌اند. بی‌گمان فرستادهٔ خدا را امشب به خاک خواهند سپرد.»

ابوذؤیب ازین گفته دچار حیرت شد: «دفن شبانه؟ فرستادهٔ خدا که دفن شبانه را منع کرده بود!» مرد ناشناس سر خود را سوی او خم کرد و آهسته در گوشش گفت «حرف اینست که ... آنها بیشتر ازین نمی‌توانند انتظار کشند. پیامبر روز دوشنبه وفات یافت و از آن گاه تا حال جنازه دفن نشده است. با این گرما، خودت می‌توانی وضعیت جسد را حدس زنی ...» از روی دهشتی که بر مرد شاعر مستولی شد کلمات از ذهنش گریختند. ابوذؤیب نمی توانست نگاه حیرت زدهٔ خود را از روی مردی که سخن می گفت برگرداند. مرد به حرفش ادامه داد: «می‌دانی، حوادث عجیبی در شرف تکوینند ...»[7]

ابوذؤیب در اندیشهٔ کابوس شب پیشتر و منظرهٔ رعب آور ستارهٔ سعد ذابح که در ذهنش نقش بسته بود فرو رفت. صدای یکی از آن مردان رشتهٔ افکارش را گسیخت: «بیا با ما یکجا به سقیفه رویم! همگان آنجا رفته‌اند تا ببینند و بشنوند که مهاجرین و انصار به همدیگر چه‌ها خواهند گفت. گفتنی‌ها شان شنیدنیست! آمدن خواهی یا نه؟» ابوذؤیب با حواس پرت پاسخ داد «البته که خواهم.»

او آن جایگاه را خوب می‌شناخت. فراخنایی سرسبز در میان باغستانی بود که به عشیرهٔ بنی‌ساعدهٔ قبیلهٔ خزرج تعلق داشت[8] و زیبایی و طراوت آن زبانزد بود. پیامبر خود خوش داشت در آنجا با یاران خود وقت بگذراند، استراحت کند و نبیذ بنوشد.[9]

---

[7] دیده شود: هاله الوردی، *واپسین روزهای زندگی محمد*، ترجمهٔ حمید سیماب، انتشارات تل‌ول ۲۰۲۰، به خصوص فصل ۱۷

[8] از «چاه بضاعه» که در وسط ساحهٔ متعلق به بنی‌ساعده و در نزدیکی سقیفه واقع بود در احادیث ذکر به عمل آمده است. (سنن ابوداود ۱۷/۱–۱۸؛ وفاء سمهودی ۳/۹۵۶–۹۵۷)

[9] بخاری و مسلم هر دو می‌نویسند که پیامبر خوش داشت در سقیفه نبیذ (شرابی ضعیف از خرمای تخمر یافته) بنوشد (صحیح بخاری ۲۱۳۴/۵؛ صحیح مسلم ۱۵۹۱/۳). آنها گزارش می‌دهند که در

سقیفه که در بیرون حصار شهر در چند صد متری[۱۰] شمال‌غرب مسجد جامع مدینه و در جنوب کوه سلع قرار داشت برای دیدارها و مذاکرات محتاطانه و محرمانه مکان مناسبی بود[۱۱] چون از سه جهت با دیوارهای گلین محاط بود که از آنجمله تنها دیوار سمت شرقی با روزنه‌یی شکافته شده بود. سمت شمال آن باز بود تا هوای تازه را وزیدن گذارد و سقف آن با شاخه‌های درختان و برگ‌های خرما پوشیده بود. این سقیفه مشرف بر تختانی بود که می‌شد در هنگام اجتماعات غفیر منحیث گسترهٔ اضافی از آن استفاده نمود.

ابوذؤیب با نفس سوخته به سقیفه رسید. در مدخل آنجا گروهی خروشان و آشفته گرد آمده بود. ابوذؤیب کوشید دیگران را کنار زند و به داخل رخنه کند ولی راهی گشودن نتوانست، اما از بخت سازگار توانست دیدگاهی بیابد که با ایستادن بر نوک پنجه بتواند از روزنهٔ دیوار شرقی به درون ببیند و جریان را تماشا کند. از آن دیدگاه وی ابوبکر، عمر ابن خطاب[۱۲] و ابوعبیده ابن جراح[۱۳] را می‌توانست دید که بالای نیم تختی

همین سقیفه بود که پیامبر از زنی خواستگاری کرد (احادیث هیچ نامی درین ارتباط ذکر نکرده‌اند) ولی خواستگاری‌اش به شدت رد شد.

[۱۰] منابع و متون باستانی بصورت دقیق فاصله میان سقیفه و مسجد جامع مدینه را ثبت نکرده‌اند. بر اساس موقعیت کنونی در شهر امروزهٔ مدینه، سقیفه در حدود پنجصد متر از مسجد پیامبر فاصله داشت. با گذشت روزگار آن سقیفه از میان رفته است و در جای آن امروز باغ عمومی (باغ عامه)یی قرار دارد که بر دیوار غربی مسجد مشرف است.

[۱۱] وفاء سمهودی ۸۵۹/۳-۸۶۱؛ معجم البلدان یاقوت ۲۲۸/۳-۲۲۹؛ آثار المدینه عبدالقدوس انصاری ۱۵۵-۱۵۷.

[۱۲] آثار متعدد محدثین فصول کاملی را به زندگی، فضائل و مناقب ابوبکر و عمر اختصاص داده‌اند. از آن جمله منحیث نمونه، خواننده را به منابع ذیل احاله می‌دهیم:

برای ابوبکر: سنن ابوداود ۲۱۲/۳-۲۱۹؛ حلیة الاولیأ ابونُعَیم ۲۸/۱-۳۸؛ انساب بلاذری ۵۱/۱۰-۷۵؛ صحیح بخاری ۱۳۳۷/۳-۱۳۴۶؛ مستدرک حاکم ۶۴/۳-۸۴؛ مجمع الزوائد هیثمی ۴۰/۹-۶۰؛ فضائل الصحابه ابن حنبل ۶۵/۱-۲۴۳؛ تاریخ الخلفأ سیوطی ۲۶-۵۵، ۴۵-۵۱؛ طبقات ابن سعد ۱۶۹/۳-۲۱۳؛ الریاض النضره محب‌الدین طبری ۷۳/۱-۲۶۸

نشسته بودند و در دو سوی شان مهاجرین زیادی یکدیگر را برای ورود به آنجا پس می‌زدند. در برابر آنها سعد ابن عباده رئیس قبیلهٔ مدنی خزرج روی توشکی در زیر لحاف بزرگی دراز کشیده و پاهایش را روی پشتی‌هایی گذاشته بود. مرد شاعر بسوی کسی که در کنارش ایستاد بود سر برگرداند و پرسید «این واقعاً سعد ابن عباده است؟ او را چه شده است؟» مرد پاسخ داد «آری، خودش است. گویند که بیمار است.» در اطراف سعد شیوخ و بزرگان انصار از دو قبیلهٔ رقیب اوس و خزرج چنان آمیخته باهم جمع بودند که گویی در گردهم آیی بزرگ خانوادگی اشتراک داشتند. قیس پسر سعد در سمت راست پدر ایستاد بود و با نگاه مهرآمیز و مراقبت‌گرانه به پدر می‌نگریست. ابوذؤیب دو شاعر مشهور، کعب ابن مالک و حسن ابن ثابت را در میان انصار ایستاده دید. آنها را خوب می‌شناخت. در آن لحظه حس رشک به وی دست داد که چرا چون آنان «شاعر درباری» نشده بود، ورنه اکنون می‌توانست در آنجا در صف اول قرار داشته باشد.

ابوذؤیب گوش‌ها را تیز کرد تا بشنود که معتبرترین یاران فرستادهٔ خدا با هم چه می گفتند، سپس سر خود را پیش آورد تا سیماهای کسانی را که در ساحهٔ دیدش بودند در روشنی رقصان مشعل‌هایی که افروخته شده بودندورانداز کند. از چهره‌های نگران آنها هویدا بود که حادثه‌یی خطیر و باعظمت در شرف تکوین است. جاه طلبی‌ها و

برای عمر: سنن ابوداود ۳/۲۱۲-۲۱۹؛ حلیة الاولیأ ابونُعَیم ۱/۳۸-۵۵؛ مستدرک حاکم ۳/۸۶-۹۷؛ مجمع الزوائد هیثمی ۹/۶۰-۷۴؛ فضائل الصحابه ابن حنبل ۱/۲۴۴-۵۰۲؛ فضائل الصحابه نسائی ۳-۱۱؛ طبقات ابن سعد ۳/۲۶۵-۳۷۶؛ الریاض النضره محب‌الدین طبری ۲/۲۷۱-۴۲۶

[۱۳] **حلیة** الاولیأ ابونُعَیم ۱/۱۰۰-۱۰۲؛ صحیح بخاری ۳/۱۳۶۹؛ سِیَر ذهبی ۳/۵-۱۷؛ الاستیعاب ابن عبدالبر ۴/۱۷۱۰-۱۷۱۱؛ أُسد ابن اثیر ۵/۲۰۵-۲۰۶؛ جامع الاصول ابن اثیر ۹/۲۰-۲۲؛ الإصابهٔ ابن حجر ۳/۴۷۵-۴۷۸؛ فضائل الصحابه ابن حنبل ۲/۷۳۸-۷۴۲؛ مسند ابن حنبل ۳/۲۱۹-۲۲۰؛ **صفة** الصفوه ابن جوزی ۱/۱۳۷-۱۳۹؛ المعارف ابن قطیبه ۲۴۷-۲۴۸؛ تهذیب الکمال المزی ۱۴/۵۲-۵۷؛ فضائل الصحابه نسائی ۲۸-۳۰؛ طبقات ابن سعد ۳/۴۰۹-۴۱۴ و ۷/۳۸۴-۳۸۵؛ المعجم الکبیر طبرانی ۱/۱۵۴-۱۵۷

کینه‌توزی‌های آنها را تا کنون چنگال نیرومند محمد مهار کرده بود، اکنون که آن پنجه‌ها برای ابد کرخت و بیجان شده بودند مجال آن بود تا جاه طلبی‌ها و کینه‌ها قفس بشکنند و زنجیرها را پاره کنند. کسانی که آنجا در آستانهٔ ناورد برای کسب قدرت قرار داشتند به دو گروه تقسیم شده بودند. در یکسو مهاجرین متعلق به قوم قریش به سرکردگی ابوبکر و عمر بودند که زادگاه خود مکه را ده سال پیش ترک کرده و با محمد به مدینه مهاجرت کرده بودند. در سوی دیگر انصار یا «یاری دهندگان» پیامبر از دو قبیلهٔ اوس و خزرج گرد آمده بودند که به محمد و یارانش که مورد پیگرد و سرکوب «کفار» مکه قرار داشتند در سرزمین خود پناه داده بودند. آنها در گرد سعد ابن عباده گرد آمده بودند. قدرت محمد فقید گویی مانند خوشهٔ بزرگ خرما در میان این دو گروه در بالای سر یارانش در سقیفه آویزان بود. ابوذؤیب با چشمِ ذهن گردن برآوردن و دست دراز کردن آنانرا برای چیدن و بهره گرفتن از آن می‌دید. نزاع و کشمکش در آستانهٔ آغاز بود. ابوذؤیب از هیجان می‌لرزید و می‌دانست که جرگهٔ مهیجی را با همه خودخواهی‌ها، همچشمی‌ها، کینه‌ورزی‌ها، معامله‌گری‌ها، نیرنگ‌ها، فشار آوردن‌ها، تهدیدکردن‌ها، دشنام دادن‌ها و توهین کردن‌ها، و حتی زد و خوردها شاهد خواهد بود.

نفس در سینه‌اش تنگی می‌کرد ...

صحنهٔ ۲

از همان اوان روزهای آزگار احتضار پیامبر[1] اردوگاه انصار به دید و بازدیدهای پنهانی آغاز کرد تا برای توفانی که در راه بود آمادگی گیرد. پس از اعلام رسمی خبر مرگ پیامبر توسط ابوبکر، شیوخ و بزرگان قبایل اوس و خزرج با فرا رسیدن شب یکی پس از دیگری با احتیاط و بی سر و صدا بسوی سقیفهٔ بنی‌ساعده روانه گشتند تا برای چاره‌سازی خلای قدرتی‌که به وجود آمده بود جرگهٔ اضطراری دایر کنند. آنچه مد نظر آنها بود تعیین امام یا امیر جدیدی از میان خودشان بود.[2]

آنها در ین امر تابع و پیرو رسم عصر و زمان خود بودند. مدت‌ها پیش از ظهور اسلام نمایندگان قبایل و عشایر مختلف در شورایی که آنرا «مجلس» می‌خواندند گردهم می‌آمدند تا رهبر خود را انتخاب کنند. این «وجوه» (متنفذین و افراد عالی مقام) که تجربه، ثروت، نسب، ترزبانی و فصاحت، و نیز سن وسال شان آنها را متشخص می ساخت جرگه‌یی از اشراف و بزرگان را تشکیل می‌دادند که در قرآن، به خصوص در سورهٔ الاعراف، از آن با نام «المَلأ»[3] یاد شده است.[4] درین مجلس که بی پیرایه و بدون رسمیات دایر می‌شد تصامیم بر اساس اصول شورایی با اشتراک همه و با

---

[1] دیده شود: هاله الوردی، *واپسین روزهای زندگی محمد*، ترجمهٔ حمید سیماب، به خصوص فصل ۸

[2] (توضیح مترجم) چنانکه بعدتر در متن روایت توضیح داده خواهد شد، «امام» درینجا نه به مفهوم شناخته شدهٔ دینی و مذهبی بلکه به مفهوم «امیر» و «رهبر» به کار می رود.

[3] «قَالَ ٱلْمَلَأُ مِن قَوْمِهِۦٓ ... (اشراف و بزرگان قومش گفتند...» (سورهٔ اعراف:۶۰)

[4] تفسیر قرطبی ۲۳۴/۷؛ تفسیر ابن عاشور ۱۹۰/۸؛ تفسیر زمخشری ۱۱۳/۲

تساوی اختیارات صورت می‌گرفت.[۵] با آنکه وظایف و امتیازات امیر هرگز تعریف و تعیین نشده بود، یکی از مسایل مهمی که درین شورای عشایر و قبایل مورد بحث و فیصله قرار می‌گرفت تعیین امام یعنی رهبر آن بود. در میان سادات، شیوخ، امرأ و رؤسای قبایل و عشایر مختلف هیچگونه سلسله مراتب یا مقاوله‌یی وجود نداشت. قدرت و صلاحیت امام یا امیر هرگز دربست و انحصاری نبود و هر تصمیمی که می گرفت اکثراً پس از مشوره و تفاهم با رؤسای سایر اقوام و قبایل می‌بود. انتخاب امام در نتیجهٔ گزینشی صورت می‌گرفت که موازین و معیارهای پایا نداشت بلکه با مشخصات نیمرخ اجتماعی داوطلبان، وضعیت اقتصادی آنها، و – بالاتر از همه – منافع بلافصل انتخاب کنندگان فرق می‌کرد. تأیید و تنفیذ امام انتخاب شده با آیین سادهٔ ادای سوگند وفاداری به او صورت می‌گرفت که بنام «بیعت» یاد می‌شد.[۶]

بر پایهٔ همین آیین پیش از اسلام بود که انصار می‌خواستند به جای محمدِ فقید امامی گزینند. رویدادی که در شرف تکوین بود نه تنها به سبب شخصیت استثنایی کسی که جانشینش تعیین می‌شد دارای اهمیت ویژه بود بلکه به آن سبب نیز خطیر بود که آنانی که در آنروز انصار خوانده می‌شدند پیش از آن تقریباً هرگز نتوانسته بودند روی رهبری به توافق رسند که قبایل رقیب اوس و خزرج را زیر زعامت خود یکجا و متحد سازد. تنها محمد توانسته بود آن افدرزاده‌های متخاصم را زیر پرچم اسلام یکجا سازد. شورای سقیفهٔ بنی‌ساعده از آن رو دارای اهمیت فوق العاده بود که انصار باید بر اختلافات دیرینهٔ درونی خود فایق آمده در عقب زعیم واحدی می‌ایستادند که انتظار می‌رفت ستیزه‌هایی را بزداید که ممکن بود با مرگ مردی دوباره بالا زند که توانسته بود بیش و کم آرامش را در مناسبات آنها برقرار سازد.

---

[۵] المُنَمَق بغدادی ۳۴۲–۳۴۵؛ تاریخ الخلفأ سیوطی ۲۹ . در مورد آداب و رسوم اعراب پیش از اسلام دیده شود: المفصل جواد علی، ۱۷۸/۹–۲۵۲. قُصَیّ ابن کِلاب نیای بزرگ قبیلهٔ نیرومند قریش در مکه گام ابتکاری نهادینه سازی این شورا را زیر نام دار النَدوه (کنکاش خانه) برداشت تا به تنظیم امور زائرین کعبه در دورهٔ پیش از اسلام رسیدگی کند.

[۶] به معنی «مزایده» یا «حراج»، از ریشهٔ «باعَ» یعنی فروختن

با وجود آنکه مناسبات ذات البینی قبایل اوس و خزرج همواره پر از نزاع و ستیزه بود[۷]، آنها دو قوم برادرِ نسب گرفته از یک نیای مشترک بودند. حارثه ابن ثعلبهٔ قحطانی از زوجهٔ خود قیله بنت کاهل صاحب دو پسری شده بود که آنها را اوس و خزرج نامید[۸]. دو دودمانی که ازین دو برادر نسب گرفتند سپس از یمن کوچیدند و در یثرب[۹] که پسانترها مدینه نامیده شد و در آن زمان بیشتر ماوای قبایل مرفه یهودی بود سکنا گزیدند.[۱۰] با انکه قبایل اوس و خزرج در مدینه جا گرفتند، در واقع با هم یکجا نمی زیستند بلکه هریک از عشایر مختلف مربوط به دو قبیله در دهکده‌های جدا جدا و پراکندهٔ دور از هم زندگی اختیار کردند. این پراکندگی جغرافیایی ایل‌ها و دودمان‌ها باعث جدایی و حتی خصومت بیشتر میان آنها می‌گردید.[۱۱] ایمان آوردن آنها به اسلام نیز یکجایی و گروهی نبود: هر عشیره تصمیم خود را می‌گرفت و تصمیمش بر

---

[۷] ایزاک هاسون استاد زبان و ادبیات عربی دانشگاه عبری اورشلیم در مقالهٔ ارزشمندی توضیح می دارد که یکی از عوامل عمدهٔ ستیزه میان این دو قوم که هر دو بیشتر کشاورز بودند غصب زمین-های قابل کشت در منطقهٔ العالیه بود. بعدها همین موضوع انگیزهٔ اصلی دشمنی و رویارویی پیامبر با یهودیان گردید. گاهی عوامل خیلی ناچیزتر باعث برخورد مسلحانه میان قبایل اوس و خزرج می گردید. رجوع شود به:

Issac Hasson, « Contributions à l'étude des Aws et des Ḫazrağ », *Arabica*, t. 36, fasc. 1, 1989, pp. 1-35

[۸] نهایة الأرب قلقشندی ۴۰۴

[۹] نهایة الأرب قلقشندی ۵۲؛ وفاء سمهودی ۱۳۲/۱-۱۳۳

[۱۰] وفاء سمهودی ۱۲۵/۱-۱۳۲ . بر پایهٔ بیان سمهودی تاریخ‌نگار، یهودیان قشر مرفه اهالی یثرب را تشکیل می‌دادند و پر رونق‌ترین جایدادها متعلق به آنها بود. یهودیان در املاک خود سُمُج‌هایی که «آطام» (مفرد آن «أُطم») خوانده می‌شد ساخته بودند تا در هنگام خطر در آن پناه برند. شماری از سرکردگان اوس و خزرج به تدریج زمین‌ها و آطام یهودیان را به تصاحب خود درآوردند. (یادداشت مترجم: اشاره به سُمُج‌ها در شعر ابوذؤیب در آغاز این کتاب به همین معنی است.)

[۱۱] ایزاک هاسون نشان داده است چگونه اقتصاد و توپوگرافی (افتادگی اراضی) یثرب ساختار و مناسبات میان قبایل اوس و خزرج را شکل می‌داد.

(« Contributions à l'étude des Aws et des Ḫazrağ », art. cit.)

سایرین الزام آور نبود. در داخل یک قبیلهٔ واحد نیز ستیزه‌ها و دشمنی‌های طایفه‌یی و دودمانی امری عادی بود.[۱۲]

چنین بود که در درازای بیش از صد سال، جنگ‌های متعدد داخلی در متن اتحادها و رویارویی‌ها با یهودیان یثرب قبایل اوس و خزرج را از هم می‌درید.[۱۳] از نخستین درگیری میان این دو قبیله که جنگ سُمَیر بود تا آخرین آن که جنگ بُعاث در سال ۶۱۷ میلادی بود حافظه‌ها همه چیز را در خود نگهداشته بود. در طی آخرین جنگ اَوسی‌ها به مکه رفتند تا از قریشییان مدد طلبند.[۱۴] این جنگ که بگونهٔ خاص خونین و خونریز بود[۱۵] نیروی هر دو قبیله را ته کشید و آنان را واداشت تا بپذیرند که با توافق باهمی فردی را بگزینند و با سپردن زمام امور به او میان هم متارکه و آتش بس کنند. انتخاب بر فردی بنام عبدالله ابن اُبی ابن سلول قرار گرفت، اما این توافق هرگز به منصهٔ اجرا در نیامد چون درین میان برخی از بزرگان اوس و خزرج در مکه با محمد آشنا شده و اسلام آورده بودند.[۱۶] آنها در عقبه با محمد پیمان بستند و بیعت کردند، بنابران تصمیم گرفته شد تا پیامبر و پیروانش به یثرب مهاجرت کنند.

---

[۱۲] المغازی واقدی ۹۰۴/۳

[۱۳] برای جزئیات جنگ‌های مختلف میان قبایل اوس و خزرج، دیده شود (به ویژه) الکامل ابن اثیر ۵۸۳/۱-۶۰۴

[۱۴] الکامل ابن اثیر ۵۹۹/۱

[۱۵] ابن اثیر تأیید می‌دارد که جنگ بعاث باعث کشته شدن تقریباً همه سرکردگان هر دو قبیلهٔ اوس و خزرج گردید. (الکامل ابن اثیر ۶۰۱/۱-۶۰۴)

[۱۶] سیرهٔ ابن هشام ۲۹۰/۲-۲۹۱؛ المغازی واقدی ۴۱۹/۲ . ابن سلول از اسلام آوردن بزرگان اوس و خزرج و در پی آن مهاجرت پیامبر و پیروانش به یثرب سرخورده و ناکام گردید چون به اثر آن از احراز مقام رهبری یثرب بازماند. وی به سبب این کار هرگز محمد را نبخشید. متون و آثار اسلامی ابن سلول را نمونهٔ بارز منافقت می‌خوانند چون با وجود آنکه ظاهراً اسلام آورده بود از پیامبر کینهٔ شدید به دل داشت، زیرا او را مسئول خلع از مقام رهبری‌ایکه به آن برگزیده شده بود می‌دانست.

ایمان آوردن قبایل اوس و خزرج به اسلام و ماوا گیری پیامبر در یثرب فضای نسبی صلح و آشتی میان دو قبیلهٔ رقیب را فراهم آورد.[۱۷] با گرایش پرشور به اسلام، قبایل اوس و خزرج دشمنی‌ها را کنار گذاشتند و همه تلاش خود را در راه به پیروزی رساندن دین جدید تحت رهبری فرستادهٔ خدا به خرج دادند. و اما، در زیر روپوش شور و اشتیاق دینی کینه‌توزی خموش شدهٔ پارینه کماکان آتش زیر خاکستر بود و هرگاه منافع مادی‌شان در تعارض قرار می‌گرفت آتش دشمنی‌های سابقه دوباره زبانه می کشید. گاهی حتی برخوانی سادهٔ شعری برای برافروختن آتش کینه‌ها بسنده بود.[۱۸] درین میان اسلام خود به ابزار و وسیلهٔ رقابت کودکانه میان دو قبیله مبدل شده بود و هر یک می‌خواست در مسلمانی و مسلمان‌نمایی گوی سبقت را ببرد و به مثابهٔ یل شهسوار اسلام تبارز کند.[۱۹] ازینرو، چون اَوسی‌ها کعب ابن الاشرف یهودی را به قتل رساندند[۲۰] خزرجی‌ها با حسرتِ نشان دادن شور و اشتیاق دینی خود از پیامبر اجازت خواستند تا آنها نیز به نوبهٔ خود یک تن یهودی را به قتل رسانند، بنابران سلام بن ابی‌حُقَیق را که یکی از سرکردگان قبیلهٔ یهودی بنی‌نضیر بود و خزرجی‌ها از دیر باز پیش از گرویدن به اسلام از او کینه به دل داشتند بکشتند.[۲۱] چه کرّات و مرّاتی که

---

[۱۷] الکامل ابن اثیر ۵۸۳/۱ . آثار اسلامی همواره بر منازعات داخلی‌ایکه قبایل اوس و خزرج را از هم می‌درید تأکید می‌کنند تا اثر آشتی دهندهٔ پیامبر را که توانست آنها را از برکت دین اسلام متحد سازد برجسته سازند. گذشته از آن، نام واحد «انصار» بیانگر اتحاد این دو قوم در زیر درفش دین جدید بود. پیش از گرویدن به اسلام هریک ازین دو قبیله خود را برای تشخص با نام خود یاد می کرد و آنجا که سخن از اشتراکات به میان می‌آمد خود را بنام مادر بزرگ مشترک «بنی‌قیله» می خواندند.

[۱۸] تفسیر طبری ۵۸/۶-۵۹

[۱۹] البدایهٔ ابن کثیر ۱۵۶/۴

[۲۰] سنن بیهقی ۱۳۸/۹

[۲۱] مصنف عبدالرزاق ۴۰۷/۵-۴۰۸؛ المحبر بغدادی ۲۸۲؛ دلائل بیهقی ۳۳/۴-۳۹؛ سیرهٔ ابن هشام ۲۷۳/۲-۲۷۴

پیامبر باید میانجیگری می‌کرد[۲۲] و کوچکترین اخگر ستیزه میان اوس و خزرج را خاموش می‌ساخت، چون می‌دانست که امکان آتش سوزی مدهشی در آن نهفته بود! اما اکنون محمد دیگر میان شان نبود و اوس و خزرج فراز آمدن ارواح خبیثۀ گذشته را می‌دیدند که نزدیک می‌شدند تا فضای صلح و آرامش شکنندی را که میان شان به وجود آمده بود پر آشوب سازند. شبح جنگ داخلی باز هم در افق قد افراشته بود و انصار نمی‌خواستند یکبار دیگر در کام توفان آتش جهنمی آن فرو روند. ازینرو نیاز داشتند هر چه زودتر رهبر جدیدی برگزینند.

در پهلوی این نیاز عاجل، مسئلۀ مهار جاه طلبی‌های مهاجرین یعنی قریشییان بیگانه-یی که ده سال پیش به آنها پناه آورده بودند[۲۳] نیز مطرح بود. انصار انقیاد به محمد را پذیرفته بودند اما قصد نداشتند این امتیاز را پس از وی به قریشی دیگری دهند. در واقع، محمد قریشی بود اما نه مانند دیگران، چون از سوی مادرِ مادر بزرگش سلما به

---

[۲۲] پیامبر همواره نقش مصلح و میانجی را میان اوس و خزرج بازی می‌کرد، مانند باری که جهت آشتی دادن دو قوم سرکردگان آنها را به مهمانی مجلل و پر خرجی دعوت کرد (المغازی واقدی ۴۳۵/۲). در قرآن اشاراتی به ادامۀ ستیزه‌های اوس و خزرج تا مدت‌های مدیدی پس از مسلمان شدن آنها وجود دارد. این اشارات و تذکرات از آنرو لازم بود که عنادها و خصومت‌های آنها می توانست عواقب فاجعه‌باری در پی داشته باشد. به گونۀ مثال، طبری در تفسیر آیۀ ۱۰۱ سورۀ آل عمران (وَكَيْفَ تَكْفُرُونَ وَأَنْتُمْ تُتْلَى عَلَيْكُمْ آيَاتُ اللَّهِ وَفِيكُمْ رَسُولُهُ - و چگونه کافر می‌شوید در حالی‌که آیات الله بر شما خوانده می‌شود و پیامبر او در میان شماست؟) می‌گوید که این آیه خطاب به اوس و خزرج بود چون آنها حتی پس از سکناگزینی پیامبر در میان شان همواره آمادۀ جنگ و زد و خورد با همدگر بودند. (تفسیبر طبری ۶۳/۷)

[۲۳] ازین نگاه می‌توان از خود پرسید که آیا گردهمایی انصار در سقیفۀ بنی‌ساعده عمل خودانگیخته بود یا عکس‌العمل در برابر ذهنیت و موضعگیری مهاجرین که درست در روز مرگ پیامبر قصد خود مبنی بر گزینش یکی از خودها برای رهبری اجتماع مسلمانان را به صراحت اعلام داشتند. روایت-های متعددی از نصوص و متون اسلامی حاکی از آنند که مهاجرین بی درنگ ساعتی چند پس از مرگ محمد ابوبکر را به صفت جانشین پیغمبر تعیین کردند. به این موضوع برخواهیم گشت.

عشیرهٔ بنی‌نجار قبیلهٔ خزرج نسب می‌رساند.[۲۴] ابوبکر، عمر و دیگران جز پناه‌گزینان پروردهٔ خوان سخای انصار نبودند. مباد آنکه فکر سروری و اشغالگری در ذهن‌شان خطور کند یا اینکه خود را در مدینه کدخدا بپندارند!

گذشته از آن، محمد هیچ هدایت مشخصی در مورد اینکه چه کسی جانشین او گردد به جا نگذاشته بود، و دلیل آن هم آن بود که نزدیکترین یارانش او را ازین کار مانع شده بودند.[۲۵] ازینرو، انصار دلیلی نمی‌دیدند که منقاد سلطهٔ مهاجر دیگری شوند. اکنون گویی اتفاق نظر نسبی پیرامون گزینش سعد ابن عباده رئیس فرهمند قبیلهٔ خزرج حاصل شده بود، و قرار ملاقات و بحث و شور در جایگاه او، در باغچهٔ عشیرهٔ بنی‌ساعده که سعد به آن تعلق داشت، گذاشته شده بود. سقیفه در جوار رهایشگاه تابستانی سعد قرار داشت، وگرنه شاید به سبب تب شدیدی که بر وی مستولی بود نمی‌توانست در مجلس اشتراک کند. امتیاز دیگر سقیفه موقعیت آن در گوشهٔ خلوت و پوشیده از انظار بود، چون در میان باغ پردرختی به دور از مسجد شهر یعنی مرکز قدرت دینی و سیاسی محمد قرار داشت و به انصار اجازه می‌داد دور از چشم نظاره‌گران مجالس خود را دایر کنند.

اما اخبار در مدینه به سرعت انتشار می‌یافت: خبر گردهمایی سقیفهٔ بنی‌ساعده به گوش تنی چند از مهاجرین رسید و آنها آمدند تا ببینند حرف از چه قرار بود. آنها در پشت سر دیگران ایستادند و تلاش کردند کسی متوجه آنان نشود. انصار با پی نبردن به حضور جواسیس در میان شان یقین داشتند که می‌شد با آرامی و بدون سروصدا سعد ابن عباده را به امارت انتخاب نمایند.

سعد ابن عباده که گاه گاه او را ابوثابت نیز می‌خواندند مردِ میدانِ بی‌همتای جماعت انصار بود.[۲۶] وی که در ابتدای دعوت محمد به اسلام گرویده بود از جملهٔ نخستین

---

[۲۴] انساب بلاذری ۷۱/۱، سیرهٔ ابن هشام ۱۳۷/۱

[۲۵] دیده شود: هاله الوردی، *واپسین روزهای زندگی محمد*، ترجمهٔ حمید سیماب، فصل ۱۲

[۲۶] تصویر سعد ابن عباده ابن دُلَیم با استفاده از منابع ذیل به پرداخت آمده است: صحیح بخاری ۱۳۸۵/۳؛ سِیَر ذهبی ۲۷۰/۱؛ الاستیعاب ابن عبدالبر ۵۹۴/۲-۵۹۹؛ تاریخ دمشق ابن عساکر

خزرجی‌هایی بود که از محمد حمایت کرد و به پیامبر خیلی نزدیک بود.[27] ایمان آوردن او به اسلام نقطهٔ چرخشی بود، چون وی به مثابهٔ یکی از ثروتمندترین و قدرتمندترین سرداران خزرج در بیعت عقبه حضور داشت. به سعد ابن عباده لقب اعزازی «الکامل» داده شده بود؛ این لقبی بود که اعراب به دلیرانی می‌دادند که بر سه مهارت تیراندازی، قلمزنی و شنا چیره و ماهر می‌بودند.[28]

۲۴۱/۲۰–۲۷۰؛ أُسد ابن اثیر ۲۰۴/۲–۲۰۶؛ الإصابه ابن حجر ۵۵/۳–۵۶؛ **صفة الصوفة** ابن جوزی ۱۹۱/۱–۱۹۲؛ مختصر ابن منظور ۱۰۲/۲۱–۱۱۴؛ المعارف ابن قتیبه ۲۵۹؛ تهذیب الکمال المزی ۲۷۷/۱۰–۲۸۳؛ فضائل الصحابه نسائی ۳۶–۳۷؛ طبقات ابن سعد ۶۱۳/۳–۶۱۷؛ المعجم الکبیر طبرانی ۱۴/۶–۲۳.

به ریفرنس‌های فوق می‌توان تاریخ‌نامه‌های ذیل را اضافه نمود: المغازی واقدی ۱۰۱/۱–۱۰۳، ۲۰۸، ۲۱۵، ۲۳۹، ۲۴۸، ۳۳۴، ۳۳۸، ۳۷۱–۳۷۲، ۴۷۸/۲، ۵۴۷، ۶۵۰–۶۵۳، ۷۴۰، ۸۲۱، ۹۹۱/۳ و ۱۰۹۵؛ تاریخ طبری ۳۶۷/۲–۳۶۸، ۳۸۱، ۴۰۷، ۴۳۱، ۵۱۴، ۵۶۴، ۵۷۱، ۵۷۳، ۲۳/۳، ۵۶، ۹۳، ۱۶۳، ۲۰۱، ۲۰۳–۲۰۶ و ۲۱۸–۲۲ .

[27] سعد ابن عباده مؤمن پرشوری بود که پس از اسلام آوردن بر بت‌هایی که مورد پرستش قبیله-اش بود هجوم برد تا آنها را بشکند. (طبقات ابن سعد ۶۱۴/۳؛ تاریخ دمشق ابن عساکر ۲۴۱/۲۰–۲۷۰)

[28] دانسته نمی‌شود چگونه می‌توانستند در بیابان‌های خشک عربستان به شنا بپردازند، زیرا چنانکه آنری لمان در کتاب خود «گهوارهٔ اسلام: عربستان باختری در آستانهٔ هجرت» می‌نویسد «در فلات بی آب و علف عربستان شنا کاری بس دشوار بود.»

(Henri Lammen, *Le Berceau de l'islam. L'Arabie occidentale à la veille de l'Hégire*, Rome, Scripta Pontificci Instituti Biblici, 1914, p. 244)

به باور گلدزیهر (Goldziher)، روایات اسلامی این آموزه را از روایات تلمودی یهودی که به ارزش آموزشی و پرورشی شنا اهمیت شایان قایل بودند گرفته‌اند. در عهد خلافت اموی والی مشهور عراق حجاج بن یوسف (۶۶۱–۷۰۲) از آموزگاران فرزندان خود خواست تا پیش از آموختاندن نوشت و خوان به فرزندانش شنا بیاموزند. وی به آموزگاران گفت: «پسرانم کسانی خواهند داشت که برای شان بنویسند، ولی کسی نخواهد توانست برای شان شنا کند.» (عیون الاخبار ابن قتیبه ۱۶۶/۲؛ البیان جاحظ ۱۷۹/۲). چنان می نماید که این ذهنیت بازماندهٔ روزگار باستان بود، چون یونانی‌ها و

سعد ابن عباده در زمان حیات محمد نیز منزلت و نفوذ زیادی داشت و نقش مهم سیاسی را بازی می‌کرد.[۲۹] پیامبر هنگامی که با انصار در بارهٔ سعد صحبت می‌کرد از او با لفظ «سَیّدُکم» (سرور تان) یاد می‌نمود[۳۰] و هرگاه به داوری و حل و فصل منازعات بیشمار میان قبایل اوس و خزرج یا میان مهاجرین و انصار می‌پرداخت با سعد مشوره می‌کرد. نقش سیاسی سعد ابن عباده با اشتراک فعال او در برنامه‌های نظامی پیامبر مستحکمتر گردید. وی در جنگ‌ها و غزوات مهم محمد رایت (پرچم) انصار را به دوش می‌کشید و پیامبر اکثراً خود را در زیر رایت او قرار می‌داد. ناگفته پیداست که

رومی‌ها هر دو اهمیت شنا را همطراز نوشت و خوان می‌دانستند و در بارهٔ مرد بی‌بهره از فضل و دانش می‌گفتند *nec litteras didicit nec natare* (نه خط آموخته است نه شنا)».

[۲۹] سعد ابن عباده متعلق به عشیرهٔ کم اهمیت بنی‌ساعدهٔ قبیلهٔ خزرج بود، اما هوشیاری و فرزانگی او یکجا با ترکیبی از شرایط خاص آن زمان به وی اجازه داد تا از سرکردگان دیگر هم نسل خود در میان انصار چون سعد ابن معاذ و اُسید ابن خُضَیر پیشی گیرد. وی در ابتدا در مقایسه با ابن سلول رئیس پیشین قبیلهٔ خزرج که به محمد به سبب جاگزین شدن او در مقام «شاه» مدینه سخت کینه می‌ورزید جایگاه دوم را داشت. در نتیجهٔ دشمنی و کینه توزی ابن سلول با محمد، نقش سرکردگی به سعد ابن عباده رسید. در واقع، در ماجرای مشهور افک (بهتان) ابن سلول در پخش آوازهٔ زنای عایشه خیلی دست داشت. محمد از فرط خشم و اوقات تلخی خواستار قتل ابن سلول شد و مردانی از قبیلهٔ اوس حاضر شدند این دستور را بجا آرند اما سعد که مدافع تزلزل ناپذیر افراد هم قبیلهٔ خود بود از رقیب خود ابن سلول که چون او متعلق به قبیلهٔ خزرج بود نزد محمد شفاعت کرد و برای او استرحام نمود. این بزرگواری و بزرگ منشی مقام سعد را در نزد همگان، به شمول پیامبر، بیشتر بالا برد. ابن سلول از مرگ نجات یافت و از مدینه تبعید گردید. در نتیجهٔ این زلزلهٔ سیاسی سعد ابن عباده رئیس قبیلهٔ خزرج گردید و سپس بعد از مرگ سعد ابن معاذ که رئیس قبیلهٔ اوس بود، مقام سرکردگی همه انصار را از آنِ خود کرد. ماجرای افک مشکل زندگی خصوصی محمد نبود بلکه امر مربوط به دولت داری و دولتمداری بود که همه دانه‌های تختهٔ بازی سیاست را از نو چید.

[۳۰] تاریخ مدینه ابن شبه ۳۷۹/۲؛ تفسیر طبری ۱۱۱/۱۹

ثروت هنگفت سعد به وی امکان می‌داد که این اردوکشی‌های نظامی را از کیسهٔ خود تمویل کند.[۳۱]

شهریان مدینه همه از خوان کرم سعد ابن عباده متمتع بودند. وی به خانواده‌یی از «مطعمون» (نان دِهان) تعلق داشت که دسترخوان سخا و کرم شان همواره گسترده بود و هر روز بانگی از بالای اُطم (حصار) منزل او اعلام می‌داشت «هر که از گوشت و روغن شکمِ سیر خواهد به خانهٔ سعد ابن عباده آید!» سخاوت و گشاده دستی او در برابر پیامبر بیکران بود. وی همواره بر پیغمبر تحایف و هدایایی ارزانی می‌داشت و همه روزه در «جَفنه (کاسهٔ) سعد» که معروف بود، برایش غذای مشتمل بر گوشت، چربی یا شیر می‌فرستاد.[۳۲]

در واقع، قدرت و جاه و منزلت سعد به همان اندازه که از ثروت هنگفتش ناشی می‌شد به سبب خصایص عالی شخصیت و اخلاقش نیز بود که مورد ستایش و تمجید همگان به خصوص پیامبر قرار می‌گرفت.[۳۳] سعد پاسدار سازش‌ناپذیر اصولی بود که گرامی می‌داشت و باکی نداشت در ایستادگی روی اصول خود تا سرحد سرپیچی از اوامر پیامبر پیش برود.[۳۴] برای بیشتر جماعت انصار سعد کاندید پذیرفتنی بود که می

[۳۱] برای این کار محمد خود را مدیون او می‌دانست و عزیزش می‌داشت، چنانکه در پایان جنگ بدر با وجود آنکه سعد در جنگ اشتراک نکرده بود سهمی از غنایم را برای او اختصاص داد (گفته می شود که سعد را مار گزیدگی از اشتراک در جنگ مانع شده بود). سعد دلیر و بهادر بود. در هنگام جنگ اُحُد پنج شبانه روز را بدون خواب در دیده‌بانی گذراند چون ترس از آن بود که کفار بر مدینه حمله خواهند آورد.

[۳۲] محمد هر باری که از زنی خواستگاری می‌کرد از جفنهٔ سعد یادآوری می نمود (طبقات ابن سعد ۱۶۲/۸). در هنگام حجة الوداع سعد شخصاً به خورد و نوش پیامبر رسیدگی می‌کرد و به سبب آن مورد تمجید و تقدیر او قرار می‌گرفت.

[۳۳] پیامبر همواره او را دعای خیر می‌نمود.

[۳۴] المغازی واقدی ۴۳۷/۲–۴۳۸. سعد در اتخاذ مواضع شجیعانه نام داشت، مانند آن زمانی که در قضیهٔ افک با چنگ و دندان از فاسقِ ادعایی عایشه دفاع نمود و خطر آزردگی شدید پیامبر را که از آوازه‌های پرسشگر عفت عایشه سخت متألم بود، به جان خرید. اما پیامبر در آن زمان جرئت نمی

توانست وحدت صفوف آنها را نگهدارد و از آنها دفاع کند. وی از زمان رسیدن به زعامت انصار همواره شایستگی خود را ثابت ساخته و سرسختانه از منافع آنها پشتیبانی کرده بود. او در منازعات میان مهاجرین و انصار پا در میانی می‌کرد تا از حقوق مؤکلین خود، بعضاً با قبول خطر ناخشنودی پیامبر، دفاع کند.[۳۵]

سعد مردی آتش مزاج با حس توفندهٔ غیرت و حمیت[۳۶] و یکی از قدرتمندترین یاران محمد بود. انصار از آن رو بر وی اعتماد هر چه بیشتر داشتند که از نفرت عمیق او در برابر قریشییان آگاه بودند. وی این کینه را از آن زمان به دل گرفته بود که پس از اولین پیمان میان محمد و انصار در عقبه مکیان بت پرست تلاش کردند او را زجرکش و اعدام نمایند. آن توهین و آزار به وی حس تنفر و انزجار وصف ناپذیری در برابر قریشی‌ها داده بود.[۳۷]

کرد سعد را به سبب موضعگیری‌اش سرزنش کند چون در بازی شطرنج سیاست آن روزگار سعد فرزین بود.

[۳۵] المغازی واقدی ۳/۹۵۶-۹۵۷ . باری هنگام منازعه بر سر تقسیم غنایم، سعد بر بارو فراز آمد و رفت تا از شخص پیامبر حساب بخواهد.

[۳۶] صحیح بخاری ۲۶۹۸/۶؛ مستدرک حاکم ۳۹۸/۴؛ مصنّف ابن ابی شیبه ۴۵۰/۵؛ مسند ابن حنبل ۱۰۴/۳۰؛ صحیح مسلم ۲۱۱/۴؛ المعجم الکبیر طبرانی ۳۹۰/۲۰. روزی به پیغمبر از سعد ابن عباده می‌گفتند که گفته بود اگر زن خود را در معیت مردی بیند او را با شمشیر زند. پیغمبر اظهار داشت «از غیرت سعد در شگفتید؟ بدانید که من از او باغیرت‌ترم.»

[۳۷] سیرهٔ حلبی ۲/۲۵-۲۶؛ المنتظم ابن جوزی ۳/۴۲-۴۳؛ تاریخ طبری ۲/۳۶۷-۳۶۸؛ المغازی واقدی ۲/۸۲۱-۸۲۲ و ۸۶۷-۸۶۸ .

در فردای عقد عهدنامهٔ عقبه، قریشییانی که محمد را مورد آزار و پیگرد قرار داده بودند بر انصار ندا دادند «پس با یکی از مایان پیمان بستید تا با ما از در جنگ پیش آیید!؟» و در پی آن افتادند تا یکی از انصار را بدست آرند. از قضا سعد ابن عباده به دست‌شان افتاد. آنها دستان او را با ریسمان مرکب خودش بر گردنش بستند و از موهای غلوی او کشیده او را با ضربه و دشنام کشان کشان به مکه آوردند. وی با پا درمیانی عده‌یی از دوستان مکی‌اش از مرگ نجات یافت و به خانه برگشت ولی آن توهین و تحقیر را هیچگاه فراموش نکرد.

کارنامهٔ سعد، پیشینهٔ حمایت او از محمد، موضعگیری‌هایش، بهادری‌هایش و شخصیت و طینت او اکنون او را به مثابهٔ بهترین کاندید برای فرمانروایی مدینه و رهبری انصار اعم از اوس و خزرج پیش می‌کشید. در اجتماع سقیفه گویی تأیید عمومی در پیرامون او در حال تبلور بود، اما اوسی‌ها قصد نداشتند بی چون و چرا به او بیعت کنند چون وقتی به گذشتهٔ پر ستیز و پرخاش میان دو قبیله می‌دیدند نمی توانستند بدون تضمین‌های معتبر انقیاد و متابعت یک خزرجی را پذیرا شوند...

***

مردان انصار روی نیم تختی‌ها یا تکیه به دیوار کنار هم قطار نشسته بودند که سعد ابن عباده سر انجام به سقیفه اندر آمد. وی که پنجاه و اند سال داشت با تنهٔ ستبر و موهای وافر نفس زنان در حالی که با سنگینی بر پسرش قیس اتکا داشت قدم پیش می‌گذاشت. قیس مردی خوش سیما و باهوش بود. قامت بلند و تنهٔ ستبرِ پدرمانند با روی کوسه‌اش که به وی نمای پسرکی را می‌داد در تباین قرار داشت. وی که چون پدر با شهامت و عیار بود و گاهی تا سرحد اسراف بذل و بخشندگی داشت[۳۸] از اعتماد کامل محمد برخوردار بود و از سوی او منحیث صاحب‌الشرطه (رئیس پولیس) گماشته شده بود.[۳۹]

---

[۳۸] اُسد ابن اثیر ۱۲۴/۴ . قیس بن سعد بن عباده خواهر ابوبکر را که قریبه یا قُرَیبه نام داشت به زنی گرفته بود. وی باری مورد انتقاد ابوبکر و عمر قرار گرفت و در بارهٔ او به پیامبر عرض کردند: «اگر قیس چنین به ولخرجی ادامه دهد، به زودی همه سرمایهٔ خانوادهٔ خود را برباد خواهد داد.» سعد ازین تبصره ناراحت شد و به پیامبر شکایت برد: «این دو را چه شده است؟ آیا می‌خواهند که پسرم لئیم و خسیس باشد؟»

[۳۹] اُسد ابن اثیر ۱۲۴-۱۲۵. قیس بعدها در هنگام نزاع بزرگ (فتنهٔ اول) جانب علی را گرفت. برای پرداخت تصویر قیس ابن سعد از منابع ذیل استفاده شده است: سِیَر ذهبی ۱۰۲/۳-۱۰۳؛ الاستیعاب ابن عبدالبر ۱۲۸۹/۳-۱۲۹۳؛ تاریخ دمشق ابن عساکر ۳۹۶/۴۹-۴۳۴؛ اُسد ابن اثیر ۱۲۴/۴؛ ثقات ابن حبان ۳۳۹/۳؛ الإصابه ابن حجر ۳۵۹/۵-۳۶۱؛ البدایه ابن کثیر ۱۰۷/۸-۱۱۰؛ تهذیب الکمال المزی

در برابر نگاهان حضارِ خاموش سعد به سختی بر نیم تختی بر شد که پسر و تنی چند از افراد قبیله‌اش روی آن جا گرفته بودند. پتوهای سنگینی به دورش پیچیده بود چون علی‌رغم گرمای ماه ژوئن (جوزا- سرطان/ خرداد- تیر) تب لرزه او را رنج می‌داد. سعد به اطراف خود نظر انداخت، بسوی حضار دست تکان داد و با تسلط بر خود، با حالت جدی و با صلابت برای چندی به مراقبه فرو رفت. کسی را جرئت آن نبود که اندیشه‌ورزی او را اخلال کند. همه بسوی او چشم دوخته بودند، گویی منتظر وخشوری بودند که لب باز کند و راز آینده را فاش سازد. نخستین واژگانی که با صدای ضعیف از لبانش برون شدند با هجمه‌های سرفه توأم بودند، پس رو بسوی پسر خود که کنارش نشسته بود کرد و از او خواست تا بیاناتش را با آواز بلند تکرار کند. سپس چنین به سخن آغاز کرد: «الحمد لله. ستایش مر خدای راست! ای جماعت انصار، هیچ قبیلهٔ عرب در فضیلت و سابقهٔ دین شما را همتا نیست. محمد رسول الله ده سال آزگار در مکه پایید و تبلیغ کرد و مردمان قبیلهٔ خود را به رد کفر و پرستش خدای رحمان دعوت کرد، اما کم بودند کسانی که به او ایمان آوردند، چه رسد به آنکه او را یاری و پشتیبانی رسانند! آنچه شما را گفتن خواهم اینست که آنان حتی از خود دفاع نتوانستی کردن. ای جماعت انصار، الله شما را برگزید و شرف و افتخار حمایت از اسلام و استحکام آنرا اعطا فرمود، شما را فضیلت و سرفرازی بخشید و وسیلهٔ نصرت جهاد در راه او ساخت. از برکت شمشیرهای شما، فداکاری‌های شما و صدقهٔ خون شما بود که امروز اعراب همه منقاد اسلامند. ازین روست که فرستادهٔ خدا از شما راضی از جهان رفت. پس سررشتهٔ کارها را به دست خود گیرید چون درین امر[۴۰] شایسته‌ترین شمایید!»

۴۰/۲۴-۴۷؛ طبقات ابن سعد ۵۲/۶؛ المعجم الکبیر طبرانی ۳۴۶/۱۸-۳۵۳؛ تاریخ طبری ۵۴۶/۴، ۵۵۲ و ۵۵۵.

[۴۰] محمدعلی امیرمعزی اسلام‌شناس ایرانی مفهوم خاص واژهٔ «امر» در زبان عربی را خاطر نشان ساخته می‌نویسد: «کلمهٔ "امر" در عربی به مفهوم موضوع، چیز، فرمان و غیره بکار رفته، بخاطر کثیرالمعنی بودن ترجمهٔ آن دشوار است.»

نقش کلیدی انصار در رشد و تکامل دین جدید پرآشکار بود. آنها نخستین کسانی بودند که از محمد آنگاه که در مکه مورد ایذا و آزار قریشییان قرار داشت حمایت کردند، به او در یثرب پناه دادند و در کنار او و برای او جنگیدند.[۴۱] نخستین تماس میان محمد و کسانی که بعدها «انصار» خوانده شدند از طریق سوید بن صامت، مردی که تاریخ نامش را به فراموشی سپرده، صورت گرفت و همو نخستین اوسی بود که به اسلام ایمان آورد.[۴۲] چند ماه پسانتر هنگامی که گروهی از اوسی‌ها به مکه رفتند تا با قریش برضد خزرج پیمان بندند محمد با آنها دید و در مورد رسالت خود به آنها گفت و آنانرا به اسلام دعوت کرد.[۴۳]

اندک زمانی پس از آن محمد در عقبه با شش تن از قبیلهٔ خزرج دیدار کرد. وی به آنها در بارهٔ اسلام گفت و آیاتی از قرآن را به آنها برخواند.[۴۴] این گروه خزرجی‌ها به سبب دشواری‌هایی که در همزیستی با یهودیان یثرب داشتند سخنان محمد را با جان و دل شنیدند. یهودیان که «اهل کتاب» بودند از مسائل دینی آگاهی وافر داشتند در

(Mohammad-Ali Amir-Moezzi, *Le Coran silencieux et le Coran parlant. Sources scripturaires de l'islam entre histoire et ferveur*, Paris, CNRS, 2011, p. 40.)

[۴۱] برای تاریخچهٔ مفصل ایمان آوردن اوس و خزرج به اسلام و عهدی که با پیامبر بستند، منجملهٔ سایر اثار دیده شود: دلائل بیهقی ۴۱۹/۲–۴۵۷؛ صحیح بخاری ۱۴۱۲/۳–۱۴۱۴؛ البدایهٔ ابن کثیر ۱۷۹/۳–۲۰۶؛ سیرهٔ ابن هشام ۴۲۲/۱–۴۶۷؛ سیرهٔ حلبی ۸/۲–۲۷؛ مصنف ابن ابی شیبه ۵۰۰/۳۱–۵۰۳؛ المنتظم ابن جوزی ۳۲/۳–۴۴

[۴۲] سیرهٔ ابن هشام ۴۲۵/۱–۴۲۷؛ البدایهٔ ابن کثیر ۱۷۹/۳. سوید ابن صامت با پیامبر پیوند خونی داشت. مادر او لیلا بنت عمرو از طایفهٔ بنی نجّار خواهر سلما مادرِ مادرکلان محمد بود (به عبارهٔ دیگر افدرزادهٔ عبدالمطلب پدرکلان پیامبر بود).

[۴۳] سیرهٔ ابن هشام ۴۲۷/۱–۴۲۸؛ البدایهٔ ابن کثیر ۱۸۱/۳. در گروه اوسی‌ها جوانی بود ایاس ابن معاذ نام که شیفتهٔ کلام محمد شد و بر دیگران ندا داد «آنچه همین اکنون شنیدیم بس دلنشین‌تر است از پیمانی که آمده‌ایم با قریشییان بندیم!» اعضای قبیله‌اش که با وی بودند ورا سرزنش کردند و گفتند «تو هیچ می‌ندانی» و بر رخسارش ریگ پاشیدند. هیچکس در آن گاه بیان آن جوان را که بینش بزرگ سیاسی در آن نهفته بود به جد نگرفت.

[۴۴] سیرهٔ ابن هشام ۴۲۸/۱–۴۲۹؛ البدایهٔ ابن کثیر ۱۸۱/۳

حالی که اوس و خزرج هر دو مشرک و کافر کیش بودند، و هرگاه میان اوس و خزرج و یهودیان جدال و ستیزه راه می‌افتاد یهودیان بر آنها نهیب می‌زدند و می‌گفتند «ما منتظر ظهور پیامبری هستیم که به زودی خواهد آمد. به او ایمان خواهیم آورد و با مدد او همهٔ شما را نابود خواهیم ساخت!» پس چون خزرجی‌ها بر تبلیغ محمد آگاهی یافتند در آن امکان و فرصت پیشدستی بر یهودیان را یافتند و با خود گفتند «پیامبری که یهودیان ما را از او بیم کنند اینک در برابر ماست! بیایید شتاب ورزیم و به او ایمان آوریم تا بر یهودیان پیشی گیریم و بر آنها فایق آییم. بپذیریم دعوتش را و دنبالش رویم.» پس به محمد روکردند و گفتند «اندر میان ما ستیزه و منازعت دایمی باشد (منظور جنگ برادرکشی با اوس بود) بی‌گمان الله ترا فرستاده است تا میان ما آشتی برقرار کنی!»[۴۵]

سال بعد گروه دوازده نفری مردانی که تازه به اسلام ایمان آورده بودند با جمعیتی از مشرکین یثرب که برای حج به مکه می‌رفتند بیامیختند و با پیامبر در عقبه ملاقات کردند و به او بیعت نمودند. این نخستین پیمان میان پیغمبر و آنانی که پس از آن «انصار» (یاری دهندگان) خوانده شدند «بیعة النساء (بیعت زنان)» نام گرفت، چون هیچ فقره و مادهٔ جنگی و نظامی نداشت.[۴۶] معاهدهٔ مذکور در سال بعد با پیمان‌نامهٔ دومی، باز هم در عقبه، میان محمد و هیئت هفتاد و سه نفری انصار که از قبایل اوس و خزرج نمایندگی می‌کرد و در میان آنان دو زن نیز شامل بود نهایی گردید.[۴۷]

---

[۴۵] سیرهٔ ابن هشام ۴۲۹/۱؛ البدایهٔ ابن کثیر ۱۸۱/۳-۱۸۲ . چون به مدینه برگشتند آن شش خزرجی به دیگران در بارهٔ محمد گفتند و پس از چندی دو فرستاده نزد او گسیل کردند تا کس فرستد که احکام دین جدید را به آنها بیاموزد. پیامبر مصعب ابن عمیر را سوی آنها گسیل داشت و به زودی دین جدید میان اوس و خزرج پیروان زیادی پیدا کرد.

[۴۶] سیرهٔ ابن هشام ۴۳۱/۱؛ البدایهٔ ابن کثیر ۱۸۳/۳-۱۹۲

[۴۷] سیرهٔ ابن هشام ۴۳۸/۱-۴۶۷؛ البدایهٔ ابن کثیر ۱۹۲/۳-۲۰۶ . مفاد معاهده خیلی ساده بود: پشتیبانی و حمایت انصار از پیامبر در برابر وعدهٔ بهشت از سوی پیغمبر به انصار. در هنگام ملاقات عقبه ابوالهیثم ابن تیهان اوسی سخن راند و اهمیت ستراتیژیک پیمان را خاطرنشان ساخته خطاب به پیامبر گفت: «ما بر آنیم تا هرگونه پیوند با یهودیان را بگسلانیم. خواهیم مطمئن گردیم که در

درین معامله همه بُرد داشتند. اوس و خزرج می‌خواستند از محمد در مخاصمهٔ شان با یهودیان استفادهٔ ابزاری برند، یعنی برنامه داشتند پیامبری را که یهودیان انتظارش را می‌کشیدند نه در برابر خود بلکه در کنار خود داشته باشند. از سوی دیگر آنها در وجود محمد مصلح و داوری را می‌دیدند که می‌توانست میان‌شان آشتی برقرار سازد و جنگ‌های برادرکشی‌ایرا که قوای هر دو جانب را به تحلیل برده بود پایان بخشد. این نکته از آنرو هر چه بیشتر مبرهن بود که این دو قبیله تازه از جنگ بی‌امان بُعاث که بگونهٔ خاص پر از خونریزی و دهشت بود بیرون آمده بودند.[48] عایشه حتی می‌گفت که جنگ بعاث در واقع عطیهٔ خداوندی به پیامبرش بود[49] چون به سبب همین جنگ بود که موقف محمد به مثابهٔ داور تثبیت شد و او توانست به اثر آن سکناگزینی خود

پشت ما ایستاد خواهی بود.» محمد با لبخندی او را از حمایت بی‌دریغ خود اطمینان داد و گفت «بَلْ الدَّمَ الدَّمَ، وَالْهَدْمَ الْهَدْمَ ، أَنَا مِنْكُمْ وَأَنْتُمْ مِنِّی، أُحَارِبُ مَنْ حَارَبْتُمْ، وَأُسَالِمُ مَنْ سَالَمْتُمْ (خون در برابر خون، بربادی در برابر بربادی! من از شمایم و شما از منید، می‌جنگم با آنکه می‌جنگید و صلح می کنم با آنکه صلح می‌کنید).» در پایان دیدار، محمد با قرینه‌رسانی به حواریون دوازده‌گانهٔ عیسای مسیح، طلبید تا گروهی مشتمل بر دوازده نقیب (مهتر قوم) از سوی انصار تعیین گردد.

به موجودیت دو زن در میان هیئت انصار در عقبه در قرآن نیز اشاره شده است: «یَا أَیُّهَا النَّبِیُّ إِذَا جَاءَكَ الْمُؤْمِنَاتُ يُبَايِعْنَكَ عَلَى أَنْ لَا يُشْرِكْنَ بِاللَّهِ شَيْئًا وَلَا يَسْرِقْنَ وَلَا يَزْنِينَ وَلَا يَقْتُلْنَ أَوْلَادَهُنَّ وَلَا يَأْتِينَ بِبُهْتَانٍ يَفْتَرِينَهُ بَيْنَ أَيْدِيهِنَّ وَأَرْجُلِهِنَّ وَلَا يَعْصِينَكَ فِي مَعْرُوفٍ فَبَايِعْهُنَّ وَاسْتَغْفِرْ لَهُنَّ اللَّهَ إِنَّ اللَّهَ غَفُورٌ رَحِيمٌ – ای پیامبر! هنگامی‌که زنان مؤمن نزد تو آمدند تا با تو بیعت کنند بر آن که چیزی را با الله شریک نسازند، و دزدی نکنند، و مرتکب زنا نشوند، و فرزندان خود را نکشند، و بهتان و افترایی را پیش دست و پای خود نیاورند (که فرزندی را به دروغ به شوهران‌شان نسبت دهند)، و در کارهای نیک نافرمانی تو نکنند، پس با آن‌ها بیعت کن و از الله برای آن‌ها آمرزش بخواه، بی‌گمان الله آمرزندهٔ مهربان است (سورهٔ ممتحنه:۱۲)»

[48] البدایهٔ ابن کثیر ۱۸۱/۳ . اوس و خزرج هر دو در جستجوی رهبری بودند که مورد توافق هر دو قبیله باشد و بتواند آنها را متحد سازد و به سلطهٔ روزافزون یهودیان پایان بخشد. محمد این شرایط را داشت، به خصوص آنکه خود در جستجوی پناه‌گاهی بود که مردم یثرب می‌توانستند به وی پیشکش کنند. برای هر دو جانب این فرصتی بود که نباید از دست می‌رفت.

[49] صحیح بخاری ۱۳۷۷/۳؛ البدایهٔ ابن کثیر ۱۸۱/۳

در یثرب را قطعیت بخشد. با کسب اطمینان از پناهندگی سیاسی که به وی وعده شد، محمد به یاران خود هدایت داد تا یکجا با او به یثرب مهاجرت کنند.[۵۰] این هجرت نقطهٔ چرخشی در کارنامهٔ محمد بود و از همین‌رو بعدها به مثابهٔ نقطهٔ آغاز گاهنامه اسلامی برگزیده شد.

با کسب پشتیبانی اوس و خزرج محمد سر انجام به متحدین، و حمایت‌گران نیرومندی که نیاز داشت دست یافت. مددگاری این دو قبیله سرمایهٔ غیر قابل انکاری بود که محمد از آن بیشترین سود را برد.[۵۱] انصار بر اهمیت خود برای پیامبر و نقش قاطعی که در پیروزی کارنامه‌اش داشتند نیک واقف بودند و می‌دانستند که محمد پیروزی-های درخشان خود را مدیون آنها بود.[۵۲] وقتی سعد این حقیقت را به یاد آنها داد زمزمهٔ طولانی تأییدی سراسر سقیفه را در بر گرفت. اوسی‌ها و خزرجی‌ها به نشانهٔ موافقت به گفته‌های سعد با شادمانی بسوی همدیگر سر جنباندند.

خزیمه ابن ثابت[53] که لقب «ذوالشهادتین» داشت با تأیید گفته‌های سعد رشتهٔ سخن را بدست گرفت و با عصبیت قومی عداوت میان انصار مدینه و قبیلهٔ قریش را پیش

---

[۵۰] سیرهٔ حلبی ۲۷/۲؛ البدایهٔ ابن کثیر ۲۰۶/۳؛ مستدرک حاکم ۳/۳؛ مجمع البلدان یاقوت ۴۰۴/۴ . مدت ها پیش از پیمان با اوس و خزرج پیامبر اندیشهٔ ترک مکه را به سبب آزار و پیگردی که خود و پیروانش در زادگاه خود می کشیدند در سر می‌پرورانید. به بیان احادیث، درین ارتباط وی سه مقصدگاه را مد نظر داشت: یثرب، بحرین یا قنسرین در جنوب حلب (در سوریهٔ امروزی). بنابر دلایل شخصی محمد یثرب را که زادگاه مادرِ مادرکلانش بود ترجیح می‌داد.

[۵۱] در آن زمان حتی گفته می‌شد که «اکنون که محمد حمایت سعدان (دو سعد، یعنی سعد ابن معاذ و سعد ابن عباده) را کسب کرده است دیگر هیچ خوفی از هیچ کسی به دل ندارد.» (الاستیعاب ابن عبدالبر ۵۹۶/۲؛ تاریخ دمشق ابن عساکر ۲۴۵/۲۰)

[۵۲] صحیح بخاری ۱۳۷۶/۳-۱۳۷۹

[۵۳] برای زیست‌نامهٔ خزیمه ابن ثابت دیده شود: سِیَر ذهبی ۱۰۰/۴؛ الاستیعاب ابن عبدالبر ۴۴۸/۲؛ تاریخ دمشق ابن عساکر ۳۵۷/۱۶-۳۷۲؛ اُسد ابن اثیر ۶۱۰/۱؛ الإصابه ابن حجر ۲۳۹/۲-۲۴۱؛ ثقات ابن حبان ۱۰۷/۳-۱۰۸؛ المعارف ابن قتیبه ۱۴۹؛ تهذیب الکمال المزی ۲۴۳/۸-۲۴۵؛ طبقات ابن سعد ۳۷۸/۴-۳۸۰؛ المعجم الکبیر طبرانی ۸۲/۴

کشید: «ای جماعت انصار! اگر قدرت را به قریشییان واگذارید آنها تا پایان جهان بر شما حکمروا خواهند ماند! فراموش نکنید که خداوند در قرآن شما را «انصار» (یاری دهندگان) خوانده است. به موطن شما بود که فرستادهٔ خدا مهاجرت کرد، در سرزمین شماست که پیامبر جان سپرد. پس مردی را به امارت برگمارید که انصار را دل قوی دارد و قریشییان را بر جای‌شان نشاند!» شمار زیادی از انصار به علامهٔ تأیید و موافقت سر جنباندند و بر آن شدند تا بدون درنگِ بیشتر سعد را برگزینند. «سخن صائب بگفتی، ای خزیمه! ما را نیز گمان بر آنست که مر این امری را که در پیش است دوست ما سعد شایسته‌ترین گزینه‌یی‌ست که ما را باید.» این لحظهٔ شاذ و نادرِ تاریخی بود که اوس و خزرج روی نکته‌یی توافق می‌کردند و کسی که راه را برای صعود سعد ابن عبادهٔ خزرجی آماده می‌ساخت خزیمه ابن ثابت اوسی بود.

با پی‌بردن بر توافق نظر روی سعد، عده‌یی از مهاجرینی که در همایش نفوذ کرده بودند جبین پر آژنگ کردند و نگاه‌های حاکی از ترس و نگرانی میان هم مبادله نمودند. یکی از آنها پاورچین از سقیفه برآمد تا عمر ابن خطاب را بر جهتی که سیر مجلس گرفته بود آژیر دهد. کسی به رفتن پنهانی آن مرد توجه نکرد ولی بازتاب خاموشی مهاجرین از نظر عده‌یی از انصار پوشیده نماند. آن‌ها با هم سرگوشی کردند و محرمانه حرف‌هایی رد و بدل نمودند، سپس مردی از میان‌شان برخاست و گفت: «اگر مهاجرین اعتراض کنند و گویند "ما نخستین یاران پیامبر، هم تباران و مددگاران اوییم"، ما را چه پاسخی خواهد بود؟» ازین پرسش هیاهویی راه افتاد. ناگاه از آخر سقیفه صدای مردی بالاتر از غوغای همگان بلند شد: «خواهیم گفت "شما را امیری و ما را امیری". جز این هرگز نپذیریم!» همه چشم‌ها بسوی کسی چرخید که با پیشنهاد اینکه انصار و مهاجرین هریک برای خود امیر جداگانه انتخاب کنند در وحدت امت مسلمه درز انداخته بود. آن شخص حباب بن منذر بن جموح بن زید[۵۴]

---

[۵۴] برای ترسیم نمای حباب ابن منذر و نقش فعال او در اردوکشی‌های نظامی پیامبر از منابع ذیل کار گرفته شده است: الاستیعاب ابن عبدالبر ۳۱۶/۱؛ أُسد ابن اثیر ۴۳۶/۱-۴۳۷؛ الإصابه ابن حجر ۹/۲؛ طبقات ابن سعد ۵۶۷/۳-۵۶۸؛ المعجم الکبیر طبرانی ۴۵/۴؛ المغازی واقدی ۵۳/۱-۵۴، ۸۳-

خزرجی بود که تازه به سقیفه رسیده و به مجلس اندر آمده بود. وی در زیر نگاهان کنجکاو و منتظر حضار راه خود را با گام‌های استوار در میان سقیفه باز کرد و در کنار سعد بن عباده که با اشارهٔ سر به او سلام داد ایستاد.

آمدن حباب که به سبب هوشمندی و فراستش مورد تمجید و تحسین همگان بود با ولولهٔ شادمانی استقبال شد. وی یکی از نزدیکترین یاران محمد بود و در همه نبردهای پیغمبر اشتراک داشت. پیامبر اکثراً در کارزارهای نظامی از او مشوره می گرفت و چند بار نیرنگ‌های جنگی که حباب در گوشش زمزمه کرد از سوی جبرئیل تأیید گردید.[۵۵] مردی از انصار در موافقت با حباب صدا بلند کرد: «بیاد داشته باشید که آن فضیلتی که مهاجرین راست ما را نیز هست. اگر آنها با مهاجرت مفضل گردیدند معاضدت و نصرت ما به فرستادهٔ خدا نه کمتر ازیشان ما را فضیلت داده است! از ما نیز در قرآن یاد شده، پس مهاجرین را برما هیچ برتری نباشد. ازینروست که هر یکِ ما را امیری باید!»، اما سعد که با مفکوره یک اقلیم و دو فرمانروا زیاد سازگار نبود زیر لب نجوا کرد «و از همین جاست که جنجال آغاز می‌شود.» در واقع، انصار پیش از آن تجربهٔ تلخِ قدرت دوسره را آن هنگامی از سر گذشتانده بودند که اوس و خزرج هریک رهبران خود را داشتند، و آن تجربه جز کینه توزی و مخاصمت نبود. پیشنهاد حباب کاملاً در تطابق با عرف اعراب بود که بر اساس آن قدرت را مجمعی از ارباب با نفوذ اعمال می‌کرد. این پیشنهاد واقعگرایانه نیز بود چون نمی‌شد مهاجرین را به سبب شایستگی دینی و پیوندهای قومی با پیامبر کاملاً نادیده گرفت، ولی علی‌رغم استقبال عمومی پیشنهادی نبود که اتفاق آرا را توانستی حاصل کردن.

۸۵، ۱۷۸–۱۷۹، ۲۰۷–۲۰۸، ۲۵۶–۲۵۷، ۴۰۵/۲، ۵۸۸–۵۸۹، ۶۴۳–۶۴۴، ۶۶۲–۶۶۳، ۶۶۷، ۹۲۵/۳–۹۲۶، ۹۳۸، ۹۸۵ و ۹۹۶.

[۵۵] طبقات ابن سعد ۵۶۷/۳؛ ثمار القلوب ثعالبی ۲۸۸

درین هنگام اُسید ابن خُضَیر[۵۶] که عضو با نفوذ قبیلهٔ اوس بود ناگهان از جا بلند شد و گفت: «ای جماعت اوس! الله یقیناً مراحم خود را بر شما ارزانی داشته است، شما را "انصار" خوانده است و شهر تانرا سرزمین پناه و آسایش ساخته است، اما از یاد نبرید که قریشییان را بر شما تقدم است. از آنها متابعت کنید و آنچه گویند بپذیرید!» ازین گفته غریو و هیاهوی همگانی برخاست. کسی برتری قریش را پیش می‌کشید که حتی به آن قوم منتسب نبود! انصار را از گفتار اُسید نومیدی و سرگشتگی دست داد، ولی به هیچ وجه شگفتی بار نیاورد چون می‌دانستند که بیانات او در بارهٔ تقدم و برتری قریش روپوشی بود برای پنهان ساختن انگیزهٔ اصلی‌اش، چون اُسید هرگز حاضر نبود به هیچ فردی از قبیلهٔ خزرج که پدر او را در جنگ داخلی بُعاث کشته بود بیعت نماید. گذشته ازین، اُسید کینهٔ خیلی شخصی و خصوصی نیز از سعد ابن عباده به دل داشت. در هنگام ماجرای آتشزای اِفک (بهتان) اُسید پیغمبر را برانگیخته بود تا همه آنانی را که بیانات حاکی از اتهام زنا بر عایشه را دامن می‌زدند به قتل رساند. سعد که مدافع سرسخت افراد قبیلهٔ خود بود اُسید را متهم ساخته بود که این اندیشه را از آنرو به پیامبر القأ می‌کرد که می‌دانست فرد گنهکار مربوط به قبیلهٔ خزرج بود.[۵۷] این دو در آن روز با هم مشت و یخن شده بودند و نزدیک بود جنگ داخلی نوینی راه افتد. ازین ماجرا تنها چهار سال می‌گذشت.[۵۸]

چنین بود که وقتی حضار ستایش قریش را از زبان اُسید شنیدند همه دانستند که تسویهٔ حساب‌های شخصی در کار بود و آنچه بیان شد تلاشی بود برای خرابکاری و ناکام ساختن نامزدی سعد در کسب مقام رهبری مسلمانان. چهرهٔ سعد تاریک شد اما

---

[۵۶] صحیح بخاری ۱۳۸۴/۳؛ سِیَر ذهبی ۲۰۶/۳-۲۰۷ ؛ الاستیعاب ابن عبدالبر ۹۲/۱-۹۴؛ اُسد ابن اثیر ۱۱۱/۱-۱۱۳؛ الإصابه ابن حجر ۲۳۴/۱-۲۳۵؛ تهذیب الکمال المزی ۲۴۶/۳-۲۵۴؛ فضائل الصحابهٔ نسائی ۴۱؛ طبقات ابن سعد ۶۰۳/۳-۶۰۷

[۵۷] منظور ابن سلولِ جنجال برانگیز بود.

[۵۸] مصنف عبدالرزاق ۳۱۵/۵-۳۱۶؛ المغازی واقدی ۴۳۱/۲-۴۳۲

چیزی نگفت؛ نگاهش در نقطهٔ دوری میخکوب گردید و مشت‌هایش گره شدند. تَنِش را کاملاً می‌شد احساس کرد.

دشنام از هر سو بر اُسید باریدن گرفت و او که خود را تنها دید با خامُشی در خود خزید، لاکن در آن میان یکتن از او به دفاع برخاست. بشیر ابن سعد[59] صدا برکشید «حق با اُسید است! شما همی‌گویید که فرستادهٔ خدا را حامی و پشتیبان بوده‌اید، که چنین است، اما آیا از یاد برده‌اید که مهاجرین اندرین راه محنت بس بیشتر کشیده‌اند؟ پس الحذر! مبادا از آنانی گردید که خداوند اندر باب شان در قرآن فرموده است أَلَمْ تَرَ إِلَى الَّذِينَ بَدَّلُوا نِعْمَتَ اللَّهِ كُفْرًا وَأَحَلُّوا قَوْمَهُمْ دَارَ الْبَوَارِ – آیا ندیدی آن کسانی را که شکر نعمت الله را به کفران تبدیل کردند، و قوم خود را به سرای نابودی کشانیدند؟! (سورهٔ ابراهیم:۲۸)»

موجی از زمزمه‌ها بلند شد: «این بشیر را چه شده است؟! وی که چون سعد خزرجی است، حتی سعد را عم زاده است!» وزش زمزمه‌ها به زودی به توفانی مبدل شد: «عامل خصم اندر میان ماست! این کِرمی‌ست که در میوه است!» به زودی آشکار گشت که اُسید و بشیر یگانه «خائنین» در آن میان نبودند. عُوَیم بن ساعده[60] اظهار داشت: «ای جماعت انصار! شما نخستین کسانی بودید که در راه اعتلای دین جهاد کردید، از نخستین کسانی نباشید که بر روی مؤمنینِ به این دین دست بلند کنید! این امر را باید در قوم پیامبر به جای ماندن! سلطه را به آنانی واگذارید که مشیت و ارادهٔ خداوندی خواهد، به آنانی که بانگ دعوت ابراهیم خلیل‌الله را بلند کردند!» بیانی چنین کاسهٔ صبر و تحمل انصار را لبریز کرد. اکنون دیگر برای توجیه و به کرسی نشاندن برتری و اولویت قریش حرف تا ابراهیم نبی رسیده بود، و دردناکتر آنکه یکی

---

[59] الاستیعاب ابن عبدالبر ۱۷۲/۱-۱۷۳؛ أسد ابن اثیر ۲۳۱/۱؛ الإصابه ابن حجر ۴۴۲/۱؛ تهذیب الکمال المزی ۱۶۶/۴-۱۶۷؛ طبقات ابن سعد ۵۳۱/۳-۵۳۲؛ المعجم الکبیر طبرانی ۴۰/۲-۴۱

[60] سیَر ذهبی ۳۰۸/۳؛ الاستیعاب ابن عبدالبر ۱۲۴۸/۳؛ أسد ابن اثیر ۱۵/۴-۱۶؛ الإصابه ابن حجر ۶۱۹/۴-۶۲۰؛ تهذیب الکمال المزی ۴۶۶/۲۲-۴۶۸؛ طبقات ابن سعد ۴۵۹/۳-۴۶۰؛ المعجم الکبیر طبرانی ۱۳۹/۱۷-۱۴۱

از خودی‌ها چنین احتجاجی را پیش می‌کشید! اما شگفتی در شگفتی انصار را هنوز پایانی نبود چون خزرجی‌ای دفاع از مهاجرین را شورتر ساخت. معان ابن عدی[61] صدا برکشید: «ای انصار! گر شما را یقین بر آنست که سلطه را شما مستحقید پس بی درنگ مهاجرین قریش را مطلع کردن باید تا شما را بیعت کنند، و اگر آنانرا سزاوار دانید پس ایشان را از روی انقیاد گردن نهید!»

اینجا دیگر همه چیز روشن شد! این دیگر بحث و شور نه بلکه توطئه و دسیسه بود! همایش را جواسیس و عوامل بیگانه فرا گرفته بودند! انصار چون دیگی که به جوش آید به خروش آمدند و شگفت زدگی به زودی جایش را به خشم و غضب توفنده داد. نمی‌شد هرگز اجازه داد دنیا به کام خائنین و جواسیس بچرخد! معان و عویم چشم به چشم شدند و هر دو از جا برخاستند تا از سقیفه بیرون روند. همگان با چشم آنها را تعقیب کردند. کجا می‌رفتند؟ چرا می‌رفتند؟ پاسخ را زیاد درنگ نبود. پس از لحظاتی چند ابوبکر و عمر را دیدند که در حالیکه ابوعبیده ابن جراح آنانرا همراهی می‌کرد از دور پدیدار گردیدند. در پشت سر آنها شمار زیادی از مهاجرینی که در مدخل سقیفه یک دیگر را پس می‌زدند روان بودند. انصار از بیرون آمدن آن جماعت از دل تاریکی و سرازیر شدن‌شان به درون سقیفه گیج و منگ ماندند. سعد که بهت زده ورود ابوبکر و عمر را خیره می‌پایید از حباب و پسر خود قیس پرسید «این دو را اینجا چه کار؟ مگر ما را تدبیر آن نبود که مجلس کنیم و اغیار را آگاهی نرسد؟» اما آنها قابلیت یاران پیغمبر در استخبارِ سریع را دست کم گرفته بودند.

در مدینه همه کس بر همه کس جاسوس بود ...

---

[61] سِیَر ذهبی ۱۹۵/۳-۱۹۶؛ الاستیعاب ابن عبدالبر ۱۴۴۱/۴-۱۴۴۲؛ أُسد ابن اثیر ۴۶۲/۴؛ الإصابه ابن حجر ۱۵۱/۶؛ طبقات ابن سعد ۴۶۵/۳-۴۶۸

صحنهٔ ۳

در واقع نیز عمر ابن خطاب کسی را مؤظف ساخته بود تا بر حرکات انصار دیده‌بانی کند. به مجرد آنکه مخبر مخفی توظیف شده در سقیفه دید که انصار در آستانهٔ بیعت به سعد قرار داشتند - حتی پیش از آنکه صداهای مخالف بلند گردد - از مجلس برآمد و با شتاب خود را به عمر که در میان گروهی از مهاجرین در مسجد نشسته بود رساند و با نفس سوخته ندا داد «عمر، بشتاب! انصار برآنند تا به سعد بیعت کنند! سررشتهٔ کار را بدست گرفتن باید، پیش از آنکه کار از دست رود. باب فتنه چهارطاق باز است، گر کاری نکنی بلای جنگ خانمانسوز رسیدنی‌ست!»

عمر از جا برجست و در حالیکه به گزارش مفصل مخبری که در کنارش گام برمی داشت به دقت گوش می‌داد با گام‌های تند بسوی خانهٔ پیامبر، جایی که دوستش ابوبکر مشهور به ابن‌ابی‌قحافه خود را با خانوادهٔ متوفی منزوی ساخته بود روانه گشت. چون به آنجا رسید در دم دروازه بایستاد و با صدای رعد مانندش ابوبکر را فراخواند. وی به اتاقی که جنازه در آن بود داخل نشد چون نمی‌خواست در حضور اهل بیت محمد با دوستش صحبت کند، می‌خواست با همدستش دو به دو حرف زند. وقتی دید کسی بیرون نیامد بار دیگر نعره زد «ابن‌ابی‌قحافه! بدر آ! سخنی با تو گفتن دارم!»

ابوبکر دروازه را نیمه باز کرد.

— «بهل مرا، عمر! من کار دارم.»

— «نه، ترا گذاردن نتوانم. عجله باید!»

ابوبکر به ناچار برون آمد.

– «خیریت باشد؟»

حتی پیش از آنکه پاسخ سوال خود را گیرد از سیمای دگرگون دوستش دانست که ماجرای خطیری اتفاق افتیده است. عمر گفتش «انصار در سقیفه گرد آمده‌اند تا دست بیعت سعد را دهند. آنان با سعد میثاق خواهند کرد که "ترا برمی‌گزینیم و فرزندت را پس از تو." باید عجله کرد. کار باریک است!»

ابوبکر گویی از ابرها پایین افتاد. زیر لب با خود زمزمه کرد «چه زود! اصلاً وقت را تلف نکردند!.» وی که حواسش وقف دیده‌بانی بر اهل بیت پیغمبر شده بود تا کاری بدون آگاهی او نکنند از تجمع گروه دیگری غافل گردیده بود. چهرهٔ لاغرش متشنج گردید، جبین پر چین کرد و دست خود را با ناراحتی بر ریش تنک خود کشید. عمر ادامه داد «کسانی گزینش دو رهبر را پیش کشیدند: امیری مر انصار را و امیری مر مهاجرین را!»

– «چه اندیشی، چه تدبیر باید کرد؟»

– «همین حالا آنجا رفتن باید!»

– «عمر، مگر می‌نبینی که فرستادهٔ خدا را دفن ناکرده زینجا رفتن نتوانیم؟ اندکی بعد علی جنازه را غسل و کفن کند.»

عمر با قاطعیت جواب داد «اهل بیت را بهل جنازه را رسند. ما را کارهای مهمتری در پیش است.»

در برابر این پاسخ عمر، ابوبکر که عادتاً مردی خونسرد و خوددار بود نتوانست بهت و حیرت خود را پنهان دارد؛ آغاز به من من کرد اما چنگ عمر او را از گیجی و دلواپسی بیرون کشید. «هله بشتاب! رویم!»

ابوبکر دروازهٔ اتاقی را که پیکر بیجان پیغمبر در آن قرار داشت در عقب خود بست. نه او و نه هم عمر لازم دید علی پسر عم و داماد پیغمبر یا عباس عمویش[1] را در جریان گذارند چون بیشتر از هر چیز دیگری، لازم بود آن دو در همانجا بپایند و به دنبال

---

[1] طبقات ابن سعد ۴/۵-۳۴

ایشان به سقیفه نیایند ... بعدها انصار به سبب این فروگذاشت قصدی ابوبکر و عمر را سخت نکوهش کردند: «شما از وضعیت به نفع خود سود جستید! اهل بیت پیغمبر غرق در غم و اندوه تشییع جنازهٔ فرستادهٔ خدا بودند و شما با اغتنامِ فرصت بر سلطه و قدرت او چنگ یازیدید!»

عمر نمی‌خواست با یار خود به تنهایی در جمعیت انصار اندر شوند، پس بر آن شد تا ابوعبیده ابن جراح را با خویش همراه سازد. ابوعبیده مهاجری بود که در همه غزوات پیغمبر سهم گرفته بود و بیشترین بهادری‌اش آن بود که در هنگام جنگ بدر در سال ۶۲۴ پدر خود را که در جانب کفار می‌جنگید به قتل رسانده بود. به مناسبت آن واقعه حتی آیه‌یی آشکار گردید: «لَا تَجِدُ قَوْمًا يُؤْمِنُونَ بِاللَّهِ وَالْيَوْمِ الْآخِرِ يُوَادُّونَ مَنْ حَادَّ اللَّهَ وَرَسُولَهُ وَلَوْ كَانُوا آبَاءَهُمْ أَوْ أَبْنَاءَهُمْ أَوْ إِخْوَانَهُمْ أَوْ عَشِيرَتَهُمْ - (ای پیامبر!) هیچ قومی را که ایمان به الله و روز قیامت دارند نمی‌یابی که با کسانی‌که با الله و رسولش دشمنی و مخالفت می‌ورزند دوستی کنند، اگرچه پدران‌شان یا فرزندان‌شان یا برادران‌شان یا خویشاوندان‌شان باشند (سورهٔ مجادله:۲۲)»[۲] ابوعبیده همچنین گورکن مهاجرین بود چون آنانی که از مکه مهاجر شده بودند مردگان خود را به شیوه‌یی غیر از شیوهٔ اهل مدینه به خاک می‌سپردند. شاید به سبب نیاز به کندن قبر پیامبر بود که ابوعبیده در آن لحظه در نزدیک خانهٔ متوفی قرار داشت. وی با مهاجر دیگری در صحبت بود که شنید عمر از دور او را صدا می‌زد: «ابوعبیده، هان، اینجا بیا! با تو سخنی دارم.»

– «خیریت باشد؟»

عمر با نگرانی و جدیت جواب داد «ما را باید به سقیفه رفتن و با انصار که اندر آنجا گرد هم آمده‌اند دیدار کردن. آنها را عزم بر آنست تا دست بیعت سعد ابن عباده را دهند.» ابوعبیده تکان خورد. «چه!؟ آنها را توافق نظر حاصل آمده است؟ هرگز چنین نپنداشتمی!» عمر دستان خود را بسوی آسمان بلند کرد. «هیهات هیهات! کی را چنین تصوری توانستی بود؟ بیا، بشتاب! لحظه‌یی را از دست نتوان داد!»

---

[۲] تفسیر ابن کثیر ۵۴/۸؛ تفسیر قرطبی ۳۰۷/۱۷

– «اما چگونه توانم با تو روم!؟ من گور کن مهاجرینم، هر لحظه شاید مرا خواهند تا قبر فرستادهٔ خدا را حفر کنم!»

عمر با هیجان او را سرزنش کرد. «زهی بخت ناساز شان! آنان را باید بی تو به سر کردن!» در واقع هم، سر انجام نه ابوعبیده بلکه ابوطلحهٔ انصاری[۳] بود که گور محمد را کند و پیامبر نه به شیوهٔ مردم مکه بلکه به رسم مردم مدینه به خاک سپرده شد.[۴]

گروه سه نفری ابوبکر، عمر و ابوعبیده[۵] با گام‌های مصمم بسوی همایش‌گاه انصار راه افتادند و به دنبال شان اندک اندک سایر مهاجرین نیز با آمیزه‌یی از کنجکاوی و همبستگی عشیروی بدانسو رو کردند. ابوبکر و عمر، پیچیده در پارچه‌های بزرگ نخی یمنی، با شتاب و با فاصله از دیگران در پیشاپیش راه می‌پیمودند. کسی چیزی از گفت و شنود آنها که با سرهای خم شده بسوی همدگر با هم سرگوشی داشتند نمی‌توانست بشنود، حتی شمار زیاد مهاجرینی که به دنبال آنها راه افتاده بودند از چگونگی ماجرا آگاهی نداشتند، تنها اینرا می‌دانستند که به سقیفهٔ بنی‌ساعده روان بودند تا سراغ انصار را گیرند. در راه در میان صحبت‌ها کسی پرسید «علی کجاست؟ چرا با آن سه تن همراه نیست؟» یکی جواب داد «او در خانه با زنش، عمویش عباس و خواهرزاده‌اش زبیر ابن عوام[۶] و سایر کسانِ اهل بیت پایید.» آن دیگر گفت «نه، او با عمو و عم-

---

[۳] صحیح بخاری ۱۳۸۶/۳؛ الاستیعاب ابن عبدالبر ۵۵۳/۲–۵۵۵؛ اُسد ابن اثیر ۱۳۷/۲؛ سیرهٔ ابن هشام ۶۶۳/۲؛ الالمعارف ابن قتیبه ۲۷۱؛ تهذیب الکمال المزی ۷۵/۱۰–۷۷؛ طبقات ابن سعد ۵۰۴/۳–۵۰۸؛ المعجم الکبیر طبرانی ۹۰/۵–۹۳ . ابوطلحه که نامش زید ابن سهل بود به طایفهٔ بنی‌نجّار قبیلهٔ خزرج تعلق داشت.

[۴] سیرهٔ ابن حبان ۴۲۴/۲؛ اکتفأ کلاعی ۴۵۰/۱؛ طبری ۲۳۹/۲

[۵] از عایشه روایت است که پیامبر می‌گفت از همه اصحاب ابوبکر، عمر و ابوعبیده بیشتر در قلبش جا دارند (تاریخ الخلفأ سیوطی ۴۰). این حدیث در تناقض با روایات و احادیث دیگری قرار دارد که بر اساس آنها علی، جعفر، زید ابن حارثه، اسامه ابن زید، حذیفه ابن یمان و دیگران بیشتر به پیامبر نزدیک بودند و مورد مهر و اعتماد او قرار داشتند.

[۶] صحیح بخاری ۱۳۶۱/۳–۱۳۶۳؛ سیَر ذهبی ۴۱/۳–۴۸؛ تاریخ الخمیس دیاربکری ۱۷۲/۱–۱۷۳؛ الاستیعاب ابن عبدالبر ۵۱۰/۲–۵۱۷؛ اُسد ابن اثیر ۹۷/۲–۱۰۰؛ جامع الاصول ابن اثیر ۵/۹–۱۰؛

زادگانش برای آمادگی تکفین و تدفین در خانه با جنازه ماند.» کسی زان میان خود را پیش زد تا با سعید ابن زید که در جلو گروه گام برمی‌داشت بپیوندد. سعید ابن زید[۷] پسر عم و یازنهٔ عمر بود و با ابوبکر نیز پیوند خانوادگی داشت، بنابران احتمال می‌رفت از موضوع آگاهی داشته باشد.

– «ماجرا چیست؟ چرا به سقیفه می‌رویم؟»

– «روانیم تا با انصار مذاکره کنیم. آنان بیعت به ابوبکر را می‌نخواهند.»

– «چه؟ بیعت به ابوبکر؟ مگر ما که مهاجرینیم به ابوبکر بیعت کرده‌ایم؟ چه وقت؟»

ابن زید پاسخ داد «آری، پسر عمم عمر و تنی چند از مهاجرین بی درنگ پس از اعلام وفات فرستادهٔ خدا به ابوبکر بیعت کردند و حلف وفاداری به وی یاد نمودند. می‌ندانی که روزی هم بی قائد و رهبر بودن صلاح نباشد ... پس چون انصار را خبر بیعت به ابوبکر رسید سخت دژم شدند و گرد سعد ابن عباده جمع آمدند تا دست بیعت او را دهند. ابوبکر و عمر روانند تا ایشان را زین عزم باز دارند.»

الإصابه ابن حجر ۴۵۷/۲–۴۶۱؛ فضائل الصحابه ابن حنبل ۷۳۳/۲–۷۳۸؛ **صفة** الصفوه ابن جوزی ۱۲۸/۱–۱۳۰؛ مختصر ابن منظور ۱۱/۹–۲۸؛ السارف ابن قتیبه ۲۱۹ ۲۲۷؛ تهذیب الکمال المزی ۳۱۹/۹–۳۳۰؛ فضائل الصحابه نسائی ۳۲/۱–۳۳؛ طبقات ابن سعد ۱۰۰/۳–۱۱۴؛ المعجم الکبیر طبرانی ۱۱۸/۱–۱۲۵ . زبیر ابن عوام پسر صفیه بنت عبدالمطلب عمهٔ پیغمبر بود. در ضمن، پدر زبیر یعنی عوام ابن خویلد خسربرهٔ محمد (برادر خدیجه بنت خویلد نخستین همسر پیامبر) نیز بود.

[۷] کنز متقی ۶۳۳/۱۳؛ جامع الاحادیث سیوطی ۵۰۰/۲۵؛ طبقات ابن سعد ۲۶۵/۸؛ طبری ۲۳۶/۲ .

برای معلومات زیست‌نامه‌یی در بارهٔ سعید ابن زید که یکی از «العشرة المبشرون بالجنه (عشرهٔ مبشره یا ده تن بشارت داده شده به بهشت)» بود دیده شود: سِیَر ذهبی ۸۴/۳–۹۴؛ الاستیعاب ابن عبدالبر ۶۱۴/۲–۶۲۰؛ أسد ابن اثیر ۲۳۵/۲–۲۳۷؛ جامع الاصول ابن اثیر ۱۸/۹؛ الإصابه ابن حجر ۸۷/۳–۸۸؛ مسند ابن حنبل ۱۷۰/۳–۱۷۲؛ مختصر ابن منظور ۲۹۸/۹–۳۰۳؛ تهذیب الکمال المزی ۴۴۶/۱۰–۴۵۴؛ ؛ فضائل الصحابه نسائی ۲۷؛ طبقات ابن سعد ۳۷۹/۳–۳۸۵ . زن سعید ابن زید دختر عم او یعنی فاطمه بنت خطاب خواهر عمر بود و خواهرش عاتکه بنت زید با عبدالله پسر بزرگ ابوبکر مزاوجت کرده بود.

احادیث روی این نکته همنظر نیستند، اما چندین روایت از بیعت به ابوبکر در همان روز مرگ پیامبر سخن می‌گویند. بر اساس این روایات عمر در لحظات پس از اعلام خبر مرگ محمد همگان را گویا در برابر امر انجام شده قرار داد و اعلام داشت: «اینک مهتر ما ابوبکر! بیعت ورا سزاست. از او متابعت کنید!» آیا انصار از بیعت نهانی به ابوبکر بو برده و می‌خواستند با دادن دست بیعت در سقیفه به یکی از خودی‌ها مخالفت خود را با بیعت شتاب زده به ابوبکر نشان دهند؟ یا اینکه همایش سقیفه تدبیر پیشگیری کننده‌یی بود در برابر اشغال احتمالی مدینه توسط مهاجرین؟ احتمال بر آنست که انصار تصمیم تدویر جلسهٔ اضطراری در سقیفه را در عکس‌العمل در برابر این اقدام مهاجرین گرفته بودند، اقدامی که از نظر آنها قلدرانه بود و در آن نه سهمی داشتند و نه مورد استشاره قرار گرفته بودند. آنها مصمم بودند در پاسخ به اعلام یکجانبهٔ مهاجرین و برای تثبیت حاکمیت خود سعد ابن عباده را به رهبری خود برگزینند. گفتهٔ یکی از انصار این برنهاد را تأیید می‌دارد، آنگاه که در گردهمایی سقیفه بر مهاجرین بانگ داد: «ای جماعت قریش! گروهی از شما آمدند تا در پناه ما زندگی کنند، و اکنون شما خود را بر ما تحمیل کردن در سر دارید و همی‌خواهید با زبردستی در سر زمین خود ما بر ما سلطه گسترید؟!»[۸]

گاهنامهٔ آن روزهای سرنوشت‌ساز در حافظهٔ تاریخی مسلمان‌ها خیلی مغشوش و درهم برهم است. همه روی تاریخ وفات پیامبر که دوشنبه ۸ ژوئن سال ۶۳۲ بود و اینکه نشست سقیفه پیش از دفن محمد دایر شد توافق دارند،[۹] اما آنچه هیچکس به یقین نمی‌تواند بگوید اینست که آیا تاریخ دقیق این نشست شب سه شنبه بود یا شب چهارشنبه؟ آیا شورای انصار در روز مرگ پیامبر دایر شد یا روز بعد آن یا دو روز بعد؟ آیا باید بیان طبری را پذیرفت که می‌گوید تنها در روز سوم پس از مرگ پیامبر بود که ابوبکر به مدینه آمد؟[۱۰]

---

[۸] الکامل ابن اثیر ۱۸۹/۲

[۹] سیرهٔ ابن حبان ۴۲۴/۲؛ البدایهٔ ابن کثیر ۲۶۸/۵؛ اکتفأ کلاعی ۴۴۳/۱ و ۴۴۸

[۱۰] طبری ۲۳۳/۲

علی‌رغم این همه پرسش‌های بی‌جواب، توالی احتمالی جریانات را می‌توان از برابرگذاری روایات مختلف بازسازی کرد. وقتی پیامبر به روز دوشنبه جان داد ابوبکر در منزل خود نبود بلکه در خانهٔ همسر دوم خود در سُنح به سر می‌برد.[۱۱] خبر مرگ محمد احتمالاً در طی نخستین ساعات پنهان نگهداشته شد. فردای آن، روز سه شنبه، خبر در مدینه پخش شد و موجی از وحشت و دستپاچگی را باعث گردید چون شمار زیادی از مسلمانان – پیشتر از همه عمر – مرگ پیغمبر را با ناباوری انکار می کردند.[۱۲] ابن خطاب به جمعیت گرد آمده به دَور خانهٔ پیامبر هی داد می‌زد و تکرار می‌کرد که محمد نمرده، و هرکه را که خلاف آنرا می‌گفت به مرگ تهدید می‌کرد. وی شاید می‌خواست با این مانور وقت کمایی کند تا ابوبکر که در آن لحظات خطیر به گونهٔ شگفتی‌زا از مدینه غایب بود، سر رسد. انکار مرگ پیغمبر این امکان را می‌داد تا سیر حوادث تا زمانی که مسئلهٔ جانشینی در فضای آرام و بی شتاب حل گردد در حالت تعلیق نگهداشته شود.[۱۳]

نخستین جانشین آیندهٔ پیامبر دیرهنگامِ روز سه شنبه یا در جریان روز چهارشنبه از سُنح برگشت. وی بر جبین متوفی بوسه زد و در بیانیه‌یی به جمعیت گردآمده در برابر خانهٔ پیامبر جمله‌یی گفت که شهره گشت: «کسانی که محمد را می‌پرستند بدانند که محمد مرده است، ولی کسانی که خدا را می‌پرستند بدانند که خدا زندهٔ جاویدان است

---

[۱۱] البدایهٔ ابن کثیر ۲۶۵/۵؛ طبقات ابن سعد ۱۷۴/۳؛ طبری ۲۳۱/۲

[۱۲] چون همه فکر می‌کردند که پیغمبر دوباره زنده خواهد شد. (دیده شود هاله الوردی، *واپسین روزهای زندگی محمد*، ترجمهٔ حمید سیماب، فصل ۱۶)

[۱۳] این مسئله را در *واپسین روزهای زندگی محمد* – برگهٔ ۲۳۷، به تحلیل گرفته‌ایم و درین ارتباط قطعهٔ منتخب گویایی از شرح النهج ابن ابی‌الحدید را آورده‌ایم: «وقتی عمر خبر مرگ پیغمبر را شنید از نفاق و شقاق بر سر مسئلهٔ خلافت و ازینکه کسانی بخواهند وضع را برهم زنند بترسید (...) پس خیر و مصلحت را در آن دید که با شک اندر دلها فگندن و پیامبر را زنده وانمود کردن مردم را آرام سازد. بدین‌گونه وی موفق شد تا آنها را از هرگونه اقدام و عمل فتنه‌زا که ستیزه را دامن می‌زد مانع گردد (...) عمر آنچه لازم بود انجام داد تا دین و دولت را تا برگشتن ابوبکر از سُنح محفوظ نگهدارد.» (شرح النهج ابن ابی‌الحدید ۴۳/۲)

و هرگز نمی‌میرد!» این کلمات اعلام رسمی مرگ پیامبر بود. ابوبکر بی‌درنگ پس از اعلام این خبر مسلمانان را دعوت کرد تا در طول شب مشوره کنند و برای خود رهبری برگزینند. می‌توان پنداشت که برخی از مهاجرین در همان دم شتافتند تا به ابوبکر بیعت کنند. اعضای خانوادهٔ محمد، به خصوص علی، خود را در خانه محصور کردند تا به تغسیل و تکفین میت بپردازند. آنها نمی‌توانستند در مذاکرات سیاسی اشتراک کنند چون تشییع جنازه برای آنها اولویت داشت. علی بعدها اظهار داشت: «آیا همی پندارید که توانستمی آنگاه که جنازهٔ فرستادهٔ خدا هنوز دفن نشده بود از خانهٔ پیامبر بیرون روم، جنازه را فروگذارم و مر خلافت را جهد ورزم؟ مگر چنین چیزی را تصور توان کرد؟»[۱۴]

با آنکه نمی‌شود تاریخ دقیق برگزاری شورای سقیفهٔ بنی‌ساعده را تعیین نمود می‌توان انگاشت که همایش مذکور همزمان با آمادگی برای کفن و دفن شبانهٔ پیامبر صورت گرفت، چه شب سه شنبه ۹ ژوئن بوده باشد یا شب چهارشنبه ۱۰ ژوئن. اشارات زیادی این برنهاد را تأیید می‌دارند: نخست اینکه علی و آل‌هاشم با آنکه از ابوعبیده شایسته‌تر و سزاوارتر بودند تا ابوبکر و عمر را همراهی کنند در شورای سقیفه حضور نداشتند. همه متون سنی و شیعه همصدا این شایستگی و سزاواری را تأیید می‌دارند و در توجیه غیابت آنها این استدلال را پیش می‌کشند که علی و سایر اعضای خانوادهٔ پیامبر مشغول تغسیل و تکفین جنازه بودند.[۱۵]

گذشته ازین، چندین منبع اهل تسنن اذعان می‌دارند که ابوبکر و عمر در تشییع جنازهٔ پیغمبر اشتراک نداشتند، بی‌گمان چون در آن هنگام در سقیفه بودند.[۱۶] متون تأیید می‌دارند که ابوبکر نمی‌خواست در تغسیل و تکفین پیامبر سهم گیرد و این مناسک را به بهانهٔ آنکه تنها نزدیکترین خویشاوندان فرستادهٔ خدا باید به آن رسیدگی کنند به علی و اعضای خانوادهٔ هاشم واگذار شد. این سلوک ابوبکر بس شگفتی‌زا و پرسش-

---

[۱۴] الامامه و السیاسه ابن قتیبه ۳۰/۱؛ بحار الانوار مجلسی ۱۸۶/۲۸

[۱۵] انساب بلاذری ۲۶۳/۲؛ تاریخ یعقوبی ۸/۲

[۱۶] مصنف ابن ابی شیبه ۴۶۹/۱۳

انگیز است. آیا او خود را خویشاوند محمد نمی‌دانست؟ آیا خسر و نزدیکترین یار محمد نبود؟ آیا از نام پیوند نزدیک و خاص میان خود و پیامبر اولویت و حق تقدم خود را برای جانشینی پیمبر در سقیفهٔ بنی ساعده پیش نکشید و توجیه نکرد؟ همه اشارات و ادله ما را به این باور می‌رسانند که استدلال ابوبکر بهانه‌یی بیش نبود برای سرگرم ساختن اعضای خانوادهٔ محمد تا بتواند خود با عمر بی سر و صدا از آنجا دور شوند و بروند تا به مسئلهٔ خلافت رسیدگی کنند. گذشته از آن، آنگاه که می‌خواستند گور پیامبر را حفر کنند ابوعبیده گورکن مهاجرین هیچ جا یافت نمی‌شد چون در سقیفه بود. سر انجام ابوطلحهٔ انصاری گور پیامبر را به شیوهٔ عرفی مردم مدینه حفر کرد.

ابوبکر و عمر بی‌گمان می‌خواستند از دیگران پیشی گیرند و به تنهایی عمل کنند. آنها از تشییع جنازهٔ پیغمبر و انزوای آل‌هاشم سود بردند تا آنانرا از هرگونه تصمیم‌گیری سیاسی به دور نگهدارند. پرآشکار می‌نماید که انصار نیز با همین سنجش جرگهٔ بزرگ خود را همزمان با تشییع جنازهٔ محمد دایر کردند تا از مزاحمت مهاجرین که می پنداشتند سرگرم کفن و دفن خواهند بود برکنار مانند. و اما، انصار چستی و سرعت عمل ابوبکر و عمر را دست کم گرفته بودند. عمر بی درنگ و با شتاب ابوبکر را از اتاقی که جنازه در آن بود بیرون کشید و هر دو با گروهی از طرفداران‌شان در دل شب بسوی سقیفه شتافتند تا جایگاه خود را به مثابهٔ سروران نوین مدینه تثبت کنند.

پویهٔ شتابناک آنها در چند صد متری سقیفه با پدید آمدن ناگهانی دو مرد سکته یافت. دو تن انصاری، معان ابن عدی و عُوَیم بن ساعده، پس از صدا بلند کردن به جانبداری از قریش تازه از اجتماع سقیفه بیرون آمده بودند. آنها بر ابوبکر و عمر بانگ دادند:

– «کجا چنین شتابان!؟»

– «می‌رویم با انصار دیدار کنیم.»

– «از ما شنوید و ازین کار بگذرید! با آنان کاری نداشته باشید و هر آنچه کردن خواهید بدون آنها به سر رسانید!»

عمر پاسخ داد «نه، قسم به خدا! مرا سوگند است که خواهیم رفت و با آنان گفت و شنید خواهیم داشت!» وی با حرکت سادهٔ دست مزاحمین را کنار زد، ولی آنها اصرار ورزیدند و معان ندا داد: «نروید، تمنا می‌کنم! وضع به حد کفاف پیچیده و کلافه است، آنرا بدتر از بد نسازید!» اما عمر با تندخویی همیشگی دست بردار نبود. «بگذار رد شویم. باید با آنها حرف زنیم!»

ابوبکر و عمر گذشته ازینکه بر حقِ بالاستحقاق سروری خود اطمینان داشتند بر توانایی مجاب سازی خود نیز حساب می کردند. مهاجرین که از همان ابتدای دعوت محمد به پیامبر ایمان آورده بودند، پیگرد و آزار اشرافیت پارینهٔ قریش را یکجا با محمد و به خاطر او به جان خریده و کشیده بودند، و یکجا با او مکه را ترک و در مدینه پناه گرفته بودند، اکنون اشرافیت نوین قریش را که پایه‌های آن بر فضیلت دینی و پشتیبانی تزلزل ناپذیر از پیامبر قرار داشت تشکیل می‌دادند. ابوبکر، عمر و ابوعبیده نمایندگان تمام عیار این قشر بودند. آنها با آنکه به قبیلهٔ معتبر قریش تعلق داشتند منسوب به عشایر کمتر با اهمیت آن بودند چون به قصی بن کِلاب نیای مشترکی که قریشیان را متحد ساخته و آنها را به فرمانداری مکه رسانده بود نسب نمی‌رساندند.[۱۷] ابوعبیده به صورت خاص قریشی «درجه دو» گفته می‌شد چون متعلق به عشیرهٔ فرودستی بود که به آن «قریش الظواهر (قریش نما)» می‌گفتند و در قصبهٔ روستایی بادیه نشینان در حومهٔ مکه می‌زیست،[۱۸] اما گرویدن همین «قریش نماها» به محمد در ابتدای دعوت وی باعث اعتلای آنها گردیده بود. از تبارزات و پی‌آمدهای انقلاب دینی محمد یکی این بود که بنیاد نظام کهن را که به دست اشرافیت پارینه گردانده می‌شد لرزانده بود.[۱۹] محدثین گفت و شنید شیوایی میان عباس و ابوسفیان

---

[۱۷] المُنَمَق بغدادی ۸۱–۸۲؛ نهایة الأرب قلقشندی ۳۹۷–۳۹۸

[۱۸] المحبر بغدادی ۱۶۸–۱۶۹؛ مروج الذهب مسعودی ۵۹/۲؛ نهایة الأرب قلقشندی ۳۹۸

[۱۹] این دگرگونی ریشه‌یی با رسیدن ابوبکر و سپس عمر به خلافت تثبیت و مسجل شد، اما دیری دوام نکرد. به قدرت رسیدن عثمان خلیفهٔ سوم که از عشیرهٔ اشرافی بنی‌امیه بود به نحوی سروری و فرادستی «نجبای» قریش را اعاده کرد.

یعنی دو نمایندهٔ برجستهٔ این اشرافیت پیشین قریش را گزارش می‌دهند. عباس در برابر اظهارات ابوسفیان که با تحقیر و اهانت از عمر به سبب انتسابش به عشیرهٔ فرودست بنی‌عدی یاد می‌کرد خاطر نشان ساخت که زمانه دگرگون شده است: «عمر از آنانیست که اسلام او را فضیلت داده و در میان خلایق برکشیده است.»[20]

با ظهور دین جدید، عمر مانند ابوبکر و دیگران اکنون طبقهٔ نوین قدرتمند سیاسی را تشکیل می‌داد که باوجود خاستگاه محقر طبقاتی اکنون می‌توانستند در برابر اشرافیت پیشینهٔ قریش و نیز قبایل معتبر اوس و خزرج قد برافرازند و حتی آنها را در کسوف قرار دهند. اسلام در واقع (حد اقل در آن مقطع زمانی) چیدمان سلسله مراتب طبقاتی اجتماع را دگرگون ساخته بود.

از ابوبکر و عمر تا کنون به مثابهٔ پرشورترین پیروان و پشتیبانان محمد که در راه او هرگونه خطر را به جان خریده و حاضر به هرگونه قربانی بودند یاد می‌شود. مجموعه-های احادیث انباشته از حکایات و روایات وفاداری نستوه این دو به پیغمبرند، مانند ماجرای اهانتبار تنها گذاشته شدن پیامبر در حین خطبهٔ نماز جمعه به سبب برگشتن بازرگان روغن فروشی که تازه با متاع مرغوب از شام به مدینه برگشته بود. تنها تنی چند از نمازگزاران پاکدین که در آن جمله ابوبکر و عمر نیز شامل بودند برای شنیدن خطبه در مسجد باقی ماندند.[21]

گذشته ازین، ابوبکر و عمر با دادن دختران خود عایشه و حفصه به زنی به پیغمبر با وی پیوند خویشاوندی برقرار نموده و جایگاه خود را مستحکم ساخته بودند. از آن

---

[20] المغازی واقدی ۸۲۱/۲

[21] ازین واقعه در قرآن نیز تذکار به عمل آمده است: «وَإِذَا رَأَوْا تِجَارَةً أَوْ لَهْوًا انْفَضُّوا إِلَيْهَا وَتَرَكُوكَ قَائِمًا قُلْ مَا عِنْدَ اللَّهِ خَيْرٌ مِنَ اللَّهْوِ وَمِنَ التِّجَارَةِ وَاللَّهُ خَيْرُ الرَّازِقِينَ – (ای پیامبر)، این مردم سست ایمان چون تجارتی یا لهو و بازیچه‌یی بینند بدان شتابند و تو را ایستاده بر منبر رها کنند، بگو: آنچه در نزد الله است بهتر از سرگرمی و تجارت است، و الله بهترین روزی‌دهندگان است (سورهٔ جمعه:۱۱)» دیده شود تفسیر طبری ۳۸۶/۲۳؛ تفسیر قرطبی ۱۱۰/۱۸؛ تفسیر بغوی ۱۲۴/۸؛ الدر المنثور سیوطی ۱۶۵/۸

زمان به بعد آنها را در حلقهٔ مقربان خاص پیامبر می‌توان یافت که در تصمیم‌گیری‌ها مورد مشوره قرار گرفته و سهیم بودند و مورد احترام و حتی پروای پیغمبر قرار داشتند.[۲۲] در هنگام احتضار پیامبر عایشه و حفصه برای عروج سیاسی پدران‌شان سخت کوشیدند. برخی روایات گویند که ابوبکر حتی پیشنهاد کرد که پیغمبر بیمار در خانهٔ او مورد تیمار و پرستاری قرار گیرد.[۲۳] در لحظات خطیر پیش از مرگ پیامبر، این دو خسر محمد بیشترین بهره را از حضور دختران‌شان بر بالین مرد محتضر بردند چون از طریق آنان در جریان همه آنچه واقع می‌شد قرار می‌گرفتند و از همین رو توانستند مدیریت اوضاع را به دست گیرند.[۲۴]

ازین جاست که در آن روز آنان ملتهبانه ولی با اطمینان و اعتماد بر خود سوی سقیفه شتافتند، چون نمی‌توانستند اجازه دهند حقِ بالاستحقاق میراثی‌شان از زیر ریش‌شان ربوده شود. اما انصار چنین دیدی نداشتند. باور آنها آن بود که بدون حمایت و پشتیبانی آنها، سرنوشت اسلام چه می‌شد؟ و بدون آن حمایت و پشتیبانی، آیا محمد جز بیگانه‌یی در رأس فرقهٔ مخفی کوچکی کسی توانستی بود؟

[۲۲] تاریخ الخلفأ سیوطی ۴۲-۴۵ . سیوطی حدیثی را از پیامبر نقل می‌کند که گفته است ابوبکر وعمر در زمین مانند جبرئیل و میکائیل درآسمان هستند. (تاریخ الخلفأ سیوطی ۴۳)

[۲۳] المنتظم ابن جوزی ۴/۲۶

[۲٤] برای جزئیات این موضوع دیده شود: هاله الوردی، *واپسین روزهای زندگی محمد*، ترجمهٔ حمید سیماب، به خصوص فصول ۸ و ۱۳

صحنهٔ ۴

آنشب انصارِ گردآمده در سقیفهٔ بنی‌ساعده صدای گام‌هایی را شنیدند و آوازه‌یی به گوش‌شان رسید که کسانی بسوی سقیفه در پویه اند. جمعیت خاموش شد و گوش‌ها تیز گردید. ناگهان از دل سیاهی شبح سه مردی پدیدار گشت که با بدرقهٔ تنی چند دیگر به درون سقیفه ریختند. در پشت سرشان گروهی بهم فشرده در مدخل ایوانِ سایبان‌دار جمع گردیده بودند. انصارِ گردآمده ابوبکر، عمر و ابوعبیده را که با گام‌های مصمم داخل ایوان شدند – گویی آمادهٔ یورش بودند – بی‌درنگ شناختند. جمعیت به سه تن تازه وارد ناخوانده چنان خیره شده بود که گویی آنها را برای نخستین بار می‌دید. نگاه‌های نگران بر عمر دیرتر از دو تن دیگر می‌پایید. حضور این مرد شرزه و پرخاشگر شگون خوب نداشت.[1] سعد، قیس و حباب بالاخص با خصومت آشکار سوی او چشم دوخته بودند.

عمر که به پنجاه سالگی نزدیک می‌شد پوست سپید با گونه‌های اندکی سرخگون[2] و ریش نوک‌دار خضاب شده داشت که تا میانهٔ سینه‌اش می‌رسید و با کلهٔ تاس و

---

[1] منابع حدیث همه یکصدا از سرشت ژیان عمر می‌گویند و بیان می‌دارند که همگان، به شمول پیامبر، از او می‌ترسیدند. هیثمی می‌نویسد که شیطان خود از عمر بیمناک بود! (مجمع الزوائد هیثمی ۷۰/۹)

[2] (یادداشت مترجم) در جای دیگری (هاله الوردی، *واپسین روزهای زندگی محمد*، ترجمهٔ حمید سیماب، صفحهٔ ۱۱۹) تذکار یافته که عمر (با شباهت رسانی به مادرکلانش که حبشی نسب بود)

صیقلی‌اش ناجور می‌نمود. وی به راستی غول قامتی بود با شانه های پهن و قد خیلی بلند. گفته می‌شد که وقتی بر اسپ سوار می‌شد می‌پنداشتی که ایستاد است چون لِنگ‌های درازش به زمین می رسیدند.[۳] در کنار او ابوبکر کوچک جثه می‌نمود. این مرد شصت و اند ساله آنقدر لاغر بود که مرط (لُنگ) که به دور خود می پیچید[۴] همواره از باسنش فرو می‌لغزید. وی چهرهٔ استخوانی با استخوان‌های متبارز رخسار و پیشانی بلند داشت، اما خوش سیما بود، با پوست سپید صدفی که ریش تنکی آنرا پوشانده بود. چشمان کوچک قهوه‌یی رنگش که در کاسه فرو رفته بودند با نگاه های نافذی می‌درخشیدند.[۵]

تنی چند از انصار که روی نیم تختی در برابر سعد نشسته بودند با حرکتی خود به خودی جا خالی کردند و ابوبکر و عمر و ابوعبیده بدون منتظر ماندن به تعارف کسی جای آنها را گرفتند. ابوبکر در میانه نشست. عمر با مشت‌های گره کرده بر باسن در دست راست و ابوعبیده با بازوان قات شده روی شکم در سمت چپ او جا گرفتند. آنان در تقارن و هم آراستگی کامل در برابر سعد در میان حباب و قیس قرار داشتند. سه تن مهاجر به چهره‌های بهت‌زدهٔ انصار در سوسوی روشنایی چراغ‌چوب‌ها خیره شدند اما نتوانستند هویت فردی را که پیچیده در پتو بر بالشت بزرگی تکیه زده و روی نیم تختی دراز کشیده بود اما چهره‌اش در تاریکی فرو رفته بود تشخیص دهند. عمر از کسانی که کنارش ایستاد بودند پرسید «این کیست؟» کسی جواب داد «این سعد ابن عباده است. او بیمار است.» عمر نتوانست نیشخندی حاکی از رضائیت را پنهان

سیمای سیاه چرده داشت. این تناقض‌گویی به سبب عدم مطابقتی است که اکثراً میان متون مختلف دیده می‌شود.

[۳] برای تصویر پردازی نمای ظاهری عمر، بصورت اخص مراجعه شود به الریاض النضره محب‌الدین طبری ۲۷۴/۲-۲۷۵.

[۴] (یادداشت مترجم) از روایات و متون آن زمان بر می‌آید که پوشیدن ایزار در آن روزگار مروج نبود و بجای آن مردمان بر گرد خود مرط (لُنگ) می‌بستند.

[۵] برای تصویر پردازی نمای ظاهری ابوبکر، بصورت اخص مراجعه شود به الریاض النضره محب-الدین طبری ۸۳/۱-۸۴؛ تاریخ الخلفأ سیوطی ۳۰

دارد. ناتوانی جسمی حریف برای او اطمینان بخش بود. در کنجی دو مرد را از دیگران کمی جدا ایستاده دید و با شناختن چهره‌های بشیر و اُسید دزدکی نگاهی آگنده از تفاهم و همداستانی با آنها مبادله کرد.

ابوبکر به نوبهٔ خود با نگاه دورانی جمعیت را پایید و در فرجام بر روی سعد میخکوب شد. آن دو با نگاهی حاکی از احترام متقابل به یکدیگر سلام کردند. آنها با هم خوب می‌شناختند، به یکدیگر احترام داشتند و با پیوند ازدواج با هم خویشاوند بودند. قیس پسر سعد قریبه خواهر ابوبکر را به زنی گرفته بود[۶] و ابوبکر خود حبیبه (کنیه‌اش بنت خارجه) عم زادهٔ دور سعد را در عقد ازدواج خود داشت.[۷] گذشته از آن، سعد و ابوبکر هردو با داشتن خصیصهٔ قوی وفاداری، وقار و واقع بینی از نگاه شخصیت نیز همسان بودند. وقتی مباحثات سقیفه به سطح قالمقال کوچه و بازار تنزل می‌کرد هر دو دم فرو می‌بستند و حرفی نمی‌زدند.

ابوبکر سر رشتهٔ سخن را بدست گرفت: «سعد، برگوی به من، موضوع از چه قرار است؟» سعد پاسخ داد «أنَا رَجُلٌ مِنْكُمْ (من از شمایم)!»[۸] این پاسخ مؤدبانه بدون آنکه تَنِش را فرونشاند به یکبارگی فضا را آرام ساخت. مهاجرین و انصار کماکان با نگرانی همدگر را وارانداز می‌کردند. کسی جرئت نداشت لب به سخن گشاید. نفس‌ها در سینه‌ها قید بود. لحظهٔ درازی، شاید «ساعتی» به گفتهٔ واقدی،[۹] سپری شد. گذشت زمان به درازا کشید تا حدی که گویی از پویه باز ایستاد. سکوت منجمد شد و سنگین و سنگین‌تر شده می‌رفت.

ابوذؤیب شاعر که با دقت و بدون پلک زدن چهره‌ها را از روزنه وارانداز می‌کرد در شگفت بود که چه کسی آن سکوت سنگین‌پا را خواهد شکست. ناگهان سعد را دید

---

[۶] طبقات ابن سعد ۲۴۹/۸ . در برخی نسخه‌ها قَرِیبه نه بلکه قُرَیبه می‌خوانیم.

[۷] حبیبه زن خزرجی از عشیرهٔ بنی‌حارث بود. ابوبکر در روز مرگ پیغمبر در خانهٔ همین زوجهٔ خود در سُنح بسر می‌برد.

[۸] احتمال زیاد بر آنست که این پاسخ به مفهوم امروزی «در خدمتم!» باشد (توضیح مترجم)

[۹] رِدَّه واقدی ۳۵

که با دست سوی مردی اشاره کرد که از جا بلند شد و آهسته ولی با اطمینان، همچون بیدقی که جهت آغاز بازی شطرنج آهسته پیش آورده می‌شود، بسوی مرکز سقیفه راه باز کرد. لبخند گشاده‌یی بر لبان ابوذؤیب نقش بست. بسوی کسی که در کنارش ایستاده بود خم شد و با هیجان نجوا کرد: «بالاخره جر و بحث را آغاز می کنند! ثابت ابن قیس[10] صحبت می‌کند! او را که می‌شناسی، خطیب انصار است!»

در عرف اعراب، هر قبیله «خطیب» یا «متکلم» خود را داشت که به نحوی سخن-گوی رسمی قبیله بود که در گفتگوها و حرافی‌های سیاسی میان قبایل و عشایر نقش عمده و اساسی را بازی می‌کرد. رجزخوانی‌های این بازیگران مهیب، همانند کارزار یلان و جهان پهلوانان در نبردگاه، سلاح نیرومندی بود که می‌توانست تصامیم عمدهٔ جمعی را پشتوانه دهد یا متأثر سازد. با خطیبِ قبیله اکثراً شاعرانی همراه می‌بودند که سروده‌های شان بر ذهن اعراب که در برابر نیروی تشویقی و القائی فصاحت و بلاغت و مرجعیت سخن سخت حساس بود، بیشترین اثر را می‌داشت. اشعار سروده شده که لب به لب برداشته می‌شد و سینه به سینه انتشار می‌یافت نقش تعیین کننده در شکل دهی «افکار عامهٔ» آن زمان داشت. جرگهٔ سقیفه که میان رجزخوانی‌ها و اشعار فی-البداهه در تناوب بود کاملاً با این عرف اجدادی اعراب سازگاری داشت، و از هیچ نبود که «شاعر رسمی» پیامبر حسن ابن ثابت[11] نیز در جرگهٔ سقیفهٔ بنی‌ساعده حضور داشت.

پس از مبادلهٔ نگاهی آگنده از همدستی و همداستانی با سعد، ثابت ابن قیس مغرورانه قد افراشت و پس از بر زبان راندن کلمهٔ شهادت چنین به سخن آغاز کرد: «ای گروه

---

[10] نام مکمل او ثابت ابن قیس ابن شماس بود (سِیَر ذهبی ۱۹۰/۳-۱۹۲؛ الاستیعاب ابن عبدالبر ۲۰۰/۱-۲۰۳؛ اُسد ابن اثیر ۲۷۵/۱-۲۷۶؛ جامع الاصول ابن اثیر ۹۳/۹-۹۵؛ فضائل الصحابه نسائی ۳۷؛ المعجم الکبیر طبرانی ۶۵/۲-۷۱)

[11] الاغانی ابوالفرج اصفهانی ۱۰۵/۴-۱۲۶؛ الاستیعاب ابن عبدالبر ۳۴۱/۱-۳۵۱؛ اُسد ابن اثیر ۴۸۲/۱-۴۸۴؛ الإصابهٔ ابن حجر ۵۵/۲-۵۷؛ مختصر ابن منظور ۲۸۹/۶-۳۰۴؛ فضائل الصحابه نسائی ۵۷؛ المعجم الکبیر طبرانی ۳۷/۴-۴۳

مهاجرین! شما را از همه بهتر آگاهی بر آنست که فرستادهٔ خدا سال‌ها در مکه بماند و با آنکه خداوند او را بر آن می‌داشت تا پیام و دعوت خود را با مرحمت و به گونهٔ صلح آمیز بگستراند، از همتباران قوم خود جز ایذا و آزار ندید. پس باری تعالی ورا مهاجرت فرمود و قتال (کشتار) را فرمان داد. آنگاه بود که ما انصار او شدیم و شهر ما ورا پناهگاه و سرزمین امن شد. و شما با او آمدید. از برای حمایت شما ما دار و ندار خود را، پول خود را و مال خود را، با شما اندر میان گذاشتیم، شما را سرپناه دادیم و با رفق و مدارا نواختیم. پس ما انصار الله (یاری دهندگان خداوند) وکتیبة الاسلام (گُردان اسلام) هستیم. در بیان این فضیلت ماست که خداوند در قرآن همی‌فرماید: "وَالَّذِينَ تَبَوَّءُوا الدَّارَ وَالْإِيمَانَ مِنْ قَبْلِهِمْ يُحِبُّونَ مَنْ هَاجَرَ إِلَيْهِمْ وَلَا يَجِدُونَ فِي صُدُورِهِمْ حَاجَةً مِمَّا أُوتُوا وَيُؤْثِرُونَ عَلَىٰ أَنْفُسِهِمْ وَلَوْ كَانَ بِهِمْ خَصَاصَةٌ ۚ وَمَنْ يُوقَ شُحَّ نَفْسِهِ فَأُولَٰئِكَ هُمُ الْمُفْلِحُونَ - و کسانی‌که پیش از آنان در دیار خود (مدینه) جای گرفتند و ایمان آورده بودند، کسانی را که به سوی‌شان هجرت کنند دوست می‌دارند، و در دل‌های خود از آنچه به مهاجران داده شده احساس حسد نمی‌کنند، و آن‌ها را بر خود مقدم می‌دارند، هرچند خودشان نیازمند باشند، و کسانی‌که از بخل و حرص نفس خویش باز داشته شده‌اند، پس آن‌ها رستگارانند (سورهٔ حشر: ۹)" توانم آیات بیشتری اندرین باب برخوانم، و این را شما نیک دانید که فرستادهٔ خدا نیز بارها ما را ستوده و بزرگ داشته است.» ابوبکر می‌شنید و با تأیید سر می‌جنباند. ثابت ادامه داد: «همانا که پیامبر ازین جهان رحلت فرمود بی آنکه جانشینی بگمارد. وی ما را هِشت تا سرور خود را خود گزینیم چون آسوده خاطر از آن بود که امتش نیک گزینشی خواهد داشت و مسلمین طریق ضلالت نخواهند پیمود.»

با این تذکار ناگهان رنگ عمر پرید و نتوانست از تکانی از روی ناراحتی جلوگیرد. جز ابوبکر هیچ کس در آن روز نمی دانست که این عمر بود که پیامبر را از دیکته کردن وصیتش باز داشته بود[۱۲] ... ابوبکر رو سوی عمر گرداند و نگاه معنی داری با او مبادله

[۱۲] دیده شود: هاله الوردی، *واپسین روزهای زندگی محمد*، ترجمهٔ حمید سیماب، فصل ۱۲

کرد. ثابت به سخنانش ادامه داد: «ما انصار الله ایم و امامت به درستی ما را سزاست.» مهاجرینِ گرد آمده در مدخل سقیفه بنای داد و فریاد را گذاشتند. ابوبکر با اشارهٔ دست از آنها خواست تا خاموش باشند. وی در کنار خود پای عمر را احساس می‌کرد که از فرط ناراحتی پَرِّش داشت. خطیب انصار با آوازی مالامال از قدرت و تحکم ادامه داد: «شما، ای جماعت مهاجرین، فریقی هستید که پس از گریز از مکه به ما پناه آوردید و اکنون گروهی از شمایان را سر آنست که قدرت را در سرزمین خود ما به زور از ما بازگیرید.»

ازین گفته عمر ناگهان با خشم برجست و در حالیکه غضب از سر و صورتش می‌بارید بر ثابت داد زد «بشنو، ای تو ...» ابوبکر بی‌درنگ به بازویش چنگ انداخت، چشم در چشمش دوخت و آمرانه فرمود «خموش باش و بر جایت نشین!»

– «مگر نشنیدی که چه گفت؟»
– «همه آنچه را بگفت نیک بشنفتم!»
– «بهل مرا! مر ایشان را گفتنیی دارم که هر آینه آنانرا در جا میخکوب خواهد کرد!»

ابوبکر با خشم به چشمان عمر دید. «نه، حرفی هم اجازت نیست! من خود با آنها سخن خواهم زد. اگر حرفی داری پس از من توانی گفتن.» عمرِ سرکش و بی‌پروا چشمان خود را پایین انداخت و مطیعانه بر جایش نشست. بُنگسی در گوش‌هایش طنین انداز شد و رجزش تا ابد در گلو خفه ماند.

انصار از اینکه ابوبکرِ آرام و نرم خوی چنان به آسانی و با تحکم بر عمرِ خشمگین و عربده‌گر چیرگی نشان داد به حیرت اندر شدند. با وجود ظاهر دژم و ساده‌اش، ابوبکر می‌توانست همدمِ ژیان و بدخیم خود را به لرزه اندازد و در صورت ضرورت درنگی نداشت از ریشش گیرد و او را سر جایش نشاند.[۱۳] او شخصیت مغلقی داشت که مخلوط معمایی ملایمت و صلابت بود. در زیر نرمش سیمای پارسایش و در پشت

---

[۱۳] الکامل ابن کثیر ۱۹۵/۲؛ البدایهٔ ابن کثیر ۳۳۶/۶؛ طبری ۲۴۶/۲

آواز ضعیف و چشمان آمادهٔ اشکریزی‌اش نهادی شرزه و قاطعیتی تزلزل ناپذیر نهان بود. همگان از همنوایی ظریف ولی نافذی که میان ابوبکر و عمر وجود داشت در شگفت بودند. آنها جفت نابیوسیده‌یی را تشکیل می‌دادند.[۱۴]

اگر ابوبکر آنچنان عمر را به خاموشی واداشت از آنرو بود که از عواقب فاجعه‌بار خون گرمی و تندخویی او هراسناک بود، چون وی خود نه برای ستیزه و پرخاش بل برای گفتگو و مذاکره آمده بود. وی شیوهٔ برخورد خود را که نرمش پذیر و سیاستمدارانه بود بر شیوهٔ خشن و زمخت یاور خود ترجیح می‌داد. عمر که نمی‌خواست ابوبکر را آزرده سازد با خموشی از میدان کنار رفت و آنرا برای دوستش واگذاشت. ابوبکر بی آنکه از جا برخیزد رو سوی ثابت ابن قیس کرد و صدایش بی آنکه فریاد شود بلند شد و تا بُن سقیفه رسید. وی صاف و آرام سخن می‌گفت: «ای ثابت، در همه آنچه اندر باب فضیلت انصار بگفتی تردیدی نیست. شما بزرگترین پشتیبان اسلام بوده‌اید؛ به سرزمین شما بود که مهاجر شدیم و پناه یافتیم. سابقهٔ شما در اسلام نیز بی تردید است. شما برادران ما در دین، انباز ما در ایمان و حامی ما در برابر دشمن بوده اید. ما را سرپناه دادید، از ما دلجویی کردید و به داد ما رسیدید که خداوند جزای خیرتان دهاد. فرستادهٔ خدا همی فرمود "اگر روزی از رودی گذشتن بایدمی، رودی گزیدیمی که انصارش از بهر گذشتن بگزیدی." بیشتر صحابهٔ فرستادهٔ خدا از قبایل شماست و پس از نخستین مهاجرین نزد ما گرامی ترینید.»

انصار در حالیکه بر چهرهٔ دل‌انگیز ابوبکر چشم دوخته بودند سخنان او را با دل و جان می‌نیوشیدند. ابوبکر ناگهان متوجه شد که آمدنش به آنجا نه از بهر تمجید و ستایش حریفان بود، پس لحظه‌یی دم در کشید و سپس رشتهٔ سخن را دوباره از سر گرفت: «و اما، یاد آرید که ما مهاجرین نخستین کسانی بودیم که به اسلام ایمان آوردیم، نخستین کسانی بودیم که دعوت محمد را لبیک گفتیم. خداوند در کتابش ذکر ما را پیش از شما آورده است، آنجا که می‌فرماید "وَالسَّابِقُونَ الْأَوَّلُونَ مِنَ الْمُهَاجِرِينَ

---

[۱۴] آیا روی تصادف بود که در فردای مهاجرت به مدینه پیامبر از آنها خواست تا با هم پیمان برادری عقد کنند؟ (طبقات ابن سعد ۱۷۴/۳)

وَالْأَنْصَارِ وَالَّذِينَ اتَّبَعُوهُمْ بِإِحْسَانٍ رَضِيَ اللَّهُ عَنْهُمْ وَرَضُوا عَنْهُ - و پیشگامانِ نخستین از مهاجرین و انصار و کسانی‌که به نیکی از آن‌ها پیروی کردند، الله از آن‌ها خشنود گشت و آنها نیز از او خشنود شدند (سورهٔ توبه:۱۰۰)" به یاد آرید که خداوند محمد را زمانی برای ارشاد پرستش و نیایش خدای یگانه فرستاد که همتبارانش اصنامی از سنگ و چوب را نماز می‌بردند. اعراب از متابعت فرستادهٔ خدا سر باز زدند چون فروهِشتن دین نیاکان خود را نمی‌پسندیدند، پس خداوند مهاجرین را با این سرفرازی بزرگ نوازش فرمود که نخستین کسانی باشندکه با ایمان آوری به پیامبرش از فرستاده‌اش حمایت کنند و یکجا با او آزمون‌های آزار و آسیب را بگذرانند. ما در کنار فرستادهٔ خدا قربانی دادیم و با آنکه شمار مان اندک بود استقامت ورزیدیم و صبر کردیم. خداوند در قرآن می‌فرماید "لِلْفُقَرَاءِ الْمُهَاجِرِينَ الَّذِينَ أُخْرِجُوا مِنْ دِيَارِهِمْ وَأَمْوَالِهِمْ يَبْتَغُونَ فَضْلًا مِنَ اللَّهِ وَرِضْوَانًا وَيَنْصُرُونَ اللَّهَ وَرَسُولَهُ أُولَٰئِكَ هُمُ الصَّادِقُونَ — این اموال برای فقرای مهاجری است که از خانه و اموال‌شان بیرون رانده شدند، از الله فضل و خشنودی می‌طلبند و الله و پیامبرش را یاری می‌کنند، آن‌ها راستگویانند (سورهٔ حشر:۸)" ما بودیم که محمد را در شکنج آغاز دعوتش دلداری دادیم و صلای او را در زمانی پذیرفتیم که دیگران او را دروغگو و فریبکار می‌خواندند. ما نخستین کسانی بر روی زمین بودیم که خدای یگانه را پرستش کردیم و به فرستاده‌اش ایمان آوردیم. چنین است که خداوند در کتابش ما را «صادقین» یعنی راستگویان خوانده است، آنجا که می‌فرماید "يَا أَيُّهَا الَّذِينَ آمَنُوا اتَّقُوا اللَّهَ وَكُونُوا مَعَ الصَّادِقِينَ — ای کسانی‌که ایمان آورده‌اید، از الله بترسید، و با راستگویان باشید (سورهٔ توبه: ۱۱۹)"»

سخنان ابوبکر زمزمه‌یی از تأیید را برانگیخت. خاموشی انصار در برابر استدلال نرم ولی نیرومند ابوبکر او را هرچه دلاورتر ساخت. ابوذؤیب با رضائیت سر می‌جنباند و زیر لب می‌گفت «آفرین! آفرین!». چنان می‌نمود که ناورد فصاحت و بلاغتی که در برابر چشمانش جریان داشت در نوع خود بهترین خواهد بود.

تذکار تقدم و سابقهٔ مهاجرین در دین و ایمان و تمسک‌جویی به آن با رسم باستانی «مفاخره» اعراب کاملاً سازگار بود. در شورای سران و بزرگان قبایل، هر قبیله یا

طایفه دفتر مباهات و ستایش‌نامهٔ خود را برمی‌خواند تا برتری و افضلیت خود را تثبیت کند. این مفاخره و خودستایی در دورهٔ پیش از اسلام بر محور معیارات اشرافی اصل و نسب، معیارات قهرمانی رشادت‌ها و بهادری‌های جنگی، و معیارات ادبی فصاحت و بلاغت می‌چرخید. جریان آن شبِ سقیفه شاهد ظهور معیار جدید و قبلاً شنیده نشده‌یی یعنی افضلیت در دین بود که با تقدم و سابقه در ایمان آوری مغالطه می‌شد. با این معیار، مهاجرین تهمتن‌های بی چون و چرای سابقه در دین بودند و این امتیاز خود را نیک می‌دانستند. آگاهی بر این موضوع از آن هر چه بیشتر بود که اسلام آوری اوس و خزرج تدریجی، خودخواهانه و حتی فرصت‌طلبانه بود، در حالی که اسلام آوری مهاجرین خود انگیخته، بی‌ریا و حتی حماسی و قهرمانانه بود. انصار پیگرد و آزاری را که مهاجرین در مکه کشیده بودند از سر نگذشتانده بودند بلکه برخلاف بیشترین سود و امتیاز سیاسی، اقتصادی و حتی نمادین را از استقرار پیامبر در میان خود برده بودند.

انصار جرئت مخالفت با گفته‌های ابوبکر را که در همان لحظه سه آیهٔ قرآن را به نفع مهاجرین ردیف کرده بود نداشتند. کی را زهرهٔ آن بود که روی آن حرف‌ها حرفی زند؟ ابوبکر سکان مجلس را بدست گرفته بود، نمی‌دانست مسیر آن کدام سو بود اما احساس می‌کرد که زمام را در دست دارد و صلابت و نرمش زمامداری‌اش تحسین همگان را برانگیخته است. سعد ابن عباده با ناراحتی چیرگی معنوی و روانی ابوبکر را متوجه بود و احساس می‌کرد که در کسوف رفته است. و اما عمر با شادمانی و تمجید ابروهای پرپشت خود را بالا زده و لبخند گشاده‌یی بر لب داشت. وی دست خود را به نشانهٔ سپاس و تمجیدِ بلاغت ابوبکر در دست او گذاشت و بعدها اذعان کرد که آنچه دوست بزرگوارش در آن شب بیان داشت بهتر از هر بیانیه‌یی بود که عمر خود می توانست ایراد کند.

ابوبکر که همواره بر خود تسلط و اعتماد داشت در صدد تحکیم موضع برتر خود برآمد و ادامه داد: «ای جماعت انصار! آیا نیازی هست به یادِ شما دهم که همه مهاجرین را رشتهٔ همخونی با فرستادهٔ خدا پیوند می‌دهد؟ مهاجرین همه از رگ و ریشهٔ اویند، همه از قبیلهٔ اویند، و آنهم چه قبیله‌یی! قبیلهٔ قریش!» وقتی عمر طنین نام قبیلهٔ خود

را به مثابهٔ وِرد جادویی در سقیفه شنید لبخندی از رضائیت بر چهره‌اش نقش بست، ولی سعد ابن عباده از خشم و عصبانیت چنان چهره درهم کشید که از نظر هیچکس پوشیده نماند. آخر کی را از کینه‌اش در برابر قریشییان آگاهی نبود؟

ابوبکر به پا خاست و در حالیکه در چشمان حضار می‌نگریست گویی پیکر باریک خود را پُنداند و به خطابهٔ غرای خود ادامه داد: «برادرانم! همه می‌دانید که قبیلهٔ قریش که قبیلهٔ فرستادهٔ خدا و همه مهاجرین است اشرف قبایل عرب است، والاتبارترین است و نام‌آورترین وجوه (شخصیت‌ها) در میان اعراب از آن برخاسته اند. قبیلهٔ ما محور مرکزی عربستان و قلب تپندهٔ آنست. از نظر تعداد نیز پرشمارترین است.» با دیدن اینکه هیچیک از حضار سخنان او را قطع نکرد، ابوبکر پس از استدلالِ برتری نسب و کثرت جمعیت آهسته آهسته به عرصهٔ مقدسات لغزید: « آیا نیازی هست به یادِ شما دهم که میهن قریشییان مکه یعنی سرزمین مقدسی‌ست که ابراهیم خلیل‌الله در آنجا می‌زیست و به دعوت وحدانیت می‌پرداخت؟» وی در ادامه برشمرد که چگونه فِهر ابن مالک نیای مشترک همه قریشییان از قبیلهٔ کنانه یعنی از گروه قومی‌ای بود که نسب آن به عدنان از نوادگان اسماعیل فرزند ابراهیم نبی می‌رسید، به بیان دیگر قریشییان از اعراب شمال بودند در حالیکه اوس و خزرج از قبایل یمنی یعنی اعراب جنوبی برخاسته بودند.

ابوبکر به سخنان خود ادامه داد: «اعراب هیچگاه امامت و امارت هیچ قبیلهٔ دیگری را نخواهند پذیرفت. از همین روست که پیامبر فرمود "هَذَا الشَّأْنُ بَعْدِي فِي قُرَيْشٍ (این امر بزرگ پس از من در میان قریش پاییدنیست)".» پس بسوی سعد دید و با لحن مصرانه پرسید «آیا فرستادهٔ خدا نفرمود که "الأَئِمَّةُ مِنْ قُرَيْش (امامان از قریشند)"؟» ابوبکر در حالیکه چشم در چشم رقیب دوخته بود واژهٔ آخری را با فشار و تأکید ادا کرد و سپس با صدای بلندتری او را مخاطب ساخته گفت: «سعد، به اینان برگوی، تو چون همهٔ ما این را از پیامبر شنیدی، مگر نشنیدی؟» شگفتی در سیمای انصار پدیدار گشت. سعد خاموش ماند و کوشید خونسردی خود را حفظ کند. ابوبکر که همچنان به او خیره نگاه می‌کرد به تکرار پرسید «سعد، حرف بزن، تو آنجا با ما نشسته بودی

وقتی پیامبر گفت "الأَئِمَّةُ مِنْ قُرَيْش!" مگر چنین نیست؟» سعد که در سه‌کنجی گیر مانده بود سرانجام من من کرد و با آوازی که به مشکل شنیده می‌شد لفظ «آری» از لبانش بیرون ریخت.

ابوبکر نفس راحتی از سینه برآورد. او با پنداشت اینکه استدلال تباری که همین اکنون به مثابهٔ توس برنده برکشید مباحثه را پایان داده بود احساس پیروزی می‌کرد. مهاجرین باور داشتند که تنها انتساب به قریش، یعنی والاتبارترین و نیرومندترین قبیلهٔ عرب، آنها را مستحقِ بی چون و چرای قدرت می‌ساخت.

در واقع هم قریشی‌ها مدت‌ها پیش از سپیدهٔ اسلام از آبرو و اعتبار بی‌مانندی در میان قبایل عرب برخوردار بودند.[۱۵] آنها از آغاز سدهٔ پنجم میلادی متولیان کعبه در مکه گردیدند[۱۶] و از یُمنِ آن امتیاز سترگِ نمادینی را حائز شدند که برایشان منفعت هنگفت مادی نیز ببار می‌آورد، چون حج حتی در آن زمان تجارت بس پررونقی بود. کار و بار بازارگانی قریشییان، با گرمی بازارِ داد و ستد با شام در تابستان و با یمن در زمستان، از مکه کانون و چرخگاه تمام عیار «تجارت بین‌المللی» ساخته بود. این مرکزیت با «ایلاف» (الفت و اُنس، یا به بیان دیگر پیمان) قریش که توسط هاشم نیای پیامبر در حدود سال ۴۶۷ میلادی نهایی شد مسجل گردید. بر اساس این «ایلاف قریش» همه قبایل عرب متعهد بودند کاروان‌های تجاری را که از مناطق‌شان می‌گذشتند در برابر کسب سود مالی یا سهمی در منفعت معاملات تجارتی حفاظت و حمایت نمایند.[۱۷] ایجاد چنین یک «بازار مشترک» در عربستان باعث تشنج

---

[۱۵] دیده شود (منجمله) انساب بلاذری ۶۷/۵۵/۱؛ صحیح بخاری ۱۲۸۹/۳-۱۲۹۱؛ سیرهٔ ابن هشام ۱۱۷/۱-۱۵۵؛ مروج الذهب مسعودی ۲۷۵/۲-۲۸۰ و ۵۷/۲-۶۱

[۱۶] مصنف عبدالرزاق ۳۱۹/۵

[۱۷] از «ایلاف قریش» معروف در قرآن ذکر به عمل آمده است: «لِإِيلَافِ قُرَيْشٍ إِيلَافِهِمْ رِحْلَةَ الشِّتَاءِ وَالصَّيْفِ – برای شکر الفت و انس قریش، الفت آن‌ها در سفرهای (تجاری) زمستانی (به یمن) و تابستانی (به شام) (سورهٔ قریش: ۱-۲)» برای مطالعهٔ تاریخچهٔ این پیمان تجاری منجملهٔ سایر آثار به متون ذیل مراجعه شود: المُنَمّق بغدادی ۴۱-۴۷؛ و از آثار معاصرین:

زدایی و رفع خشونت بین‌القومی گردیده فضایی از صلح و آرامش را به بار آورد. قرآن از همین رو از مکه با نام «بلد الامین» (شهر امن و آرامش) یاد می کند (وَهَذَا الْبَلَدِ الْأَمِينِ – سوگند به این شهر امن (سورهٔ تین:۳)).[18] از آنجا که امنیت و مصونیت شرط لازمی و ناگزیر رونق تجارتی است قریشییان برخلاف اکثر قبایل دیگر عرب که پیشهٔشان دزدی و غارتگری بود دستبرد و تاخت و تاز را نمی‌پذیرفتند. آنها برای حراست از بازارگانی و تجارت ترجیح می‌دادند اختلافات و مشاجرات شانرا از راه تدبیر و سیاست حل کنند. رویهٔ نرمش‌پذیر ابوبکر در سقیفه نمایانگر همین ذهنیت بود.

قریش با آنکه از وجاهت و نفوذ اقتصادی و نمادینی که آنها را بر اقوام دیگر سلطه و زبردستی می‌بخشید برخوردار بود هیچگاه خود را به مثابهٔ یک قدرت نهادینهٔ سیاسی بر سایر اعراب تحمیل نکرد، و این علی‌رغم دار الندوه (کنکاش‌خانه) یا ساختار بین-البینی میان یک شورای شهری و انجمن بازرگانی‌ای بود که نیای آنها قصی ابن کِلاب بنیاد گذاشته بود و می توانست به ذات خود نطفهٔ یک قدرت مرکزی باشد. بدین ترتیب از میان همه قبایل عرب قریش یگانه قبیله‌یی بود که بینش سیاسی داشت و بر خود و بنیاد معنوی خود آگاه بود. تعهد پذیری قریش چوکات پایا و مؤثری را برای پیمان‌های تجاری، حل منازعات، قرارهای سیاسی و حتی مدیریت امور داخل شهر فراهم می‌کرد. پیمان‌هایی چون ایلاف قریش و حلف‌الفضول (سوگند فرهمندان)[19] نمایانگر آنست که قریشییان التزامات معنوی (آبرو، منفعت همگانی،

Victor Sahhâb, *Îlâf Quraysh. Rihlat al-shitâ' wa-l-sayf* (Beyrouth, Compunashr, 1992)

[18] دیده شود (منجمله) تفسیر بیضاوی ۳۲۳/۵؛ تفسیر ابن عاشور ۴۲۲/۳۰؛ تفسیر رازی ۲۱۲/۳۲

[19] المُنَمَق بغدادی ۵۲–۵۸، ۱۸۶–۱۸۸، ۲۷۵؛ انساب بلاذری ۲۷۹/۲–۲۸۲؛ البدایهٔ ابن کثیر ۳۵۵/۲؛ تاریخ یعقوبی ۳۳۸/۱ .

قریشییان به منظور تضمین ادامهٔ سیستم تجاری‌ایکه ایجاد کرده و (همانند تولیت کعبه) ماهرانه مدیریت می‌کردند، و از روی نگرانی برای حفظ تفوق معنوی خود بالای سایر قبایل و صیانت از آبرو و اعتبار خود (که برای هر بازارگانی حتمی و لابد است) نوعی آیین نامه‌یی را که به نام «حلف الفضول» یاد می‌شد بر خود وضع نموده بودند که بر اساس آن هر فرد قبیله مکلف بود از هر

همزیستی و غیره) را در محور کار و فعالیت خود قرار می‌دادند. ازین نگاه، معنویت قریشی بر ذهنیت بادیه‌نشینی که همواره آمادهٔ خشونت و عملکردهای بدوی بود چیرگی داشت. پیغمبر بیست ساله بود که یکجا با عموهایش در انعقاد حلف‌الفضول سهم گرفت.[۲۰] نظام نامهٔ مکه و نیز پیمان‌های عقبه و صلح‌نامهٔ حدیبیه که محمد پسانترها بر متحدین و مخالفین خود وضع کرد او را به مثابهٔ وارث شایستهٔ آن سنت سیاسی متبارز ساخت که توسط اعضای قبیلهٔ نامدارش بنیاد نهاده شده بود. داعیهٔ محمد سیادت قریش را مسلم و محرز ساخت، ولی قبایل عرب این داعیه را بصورت همگانی تنها پس از فتح مکه و ایمان آوری (بیش و کم قلبی و صادقانه) همتبارانش پذیرفتند.

بدین گونه، قریشییان بر این آگاه بودند که دیهیم عزت و اعتباری را به سر داشتند که نمی‌شد انکار کرد، و برگهای برندهٔ مهتری و سروری‌ایرا در دست داشتند که پدیدآوری دین جدید به دست یکی از خودی‌های آنها بر آن مُهر قطعیت زده بود.

همین آگاهی ابوبکر و عمر را بر آن داشت تا از نام انتساب به این قبیله دعوی زعامت و قدرت کنند. حدیث «الأَیِمَةُّ مِنْ قرُیَش»[۲۱] که برتری و شایستگی قبیلهٔ پیغمبر را در

شخصی که در ساحهٔ قبیلهٔ شان معروض ستم و جفا می‌شد دفاع و از او در احقاق حقوقش پشتیبانی نماید. به بیان ابن کثیر، حلف الفضول شریفانه‌ترین پیمان و تعهدی بود که میان اعراب جاری بود و وجاهت قریش و شهرت آنها را به مثابهٔ سروران نجیب، سوداگران راستکار و متولیان شایستهٔ معبد تأیید و تثبیت کرد.

[۲۰] به گفتهٔ پیامبر «بیست سال داشتم که یکجا با عموهایم در انعقاد حلف‌الفضول سهم گرفتم.» (مسند ابن حنبل ۳۰۱/۲) محمد بر این سوگند چنان پایدار ایستاد که حتی پس از ظهور اسلام نیز آنرا فسخ نکرد (البدایهٔ ابن کثیر ۳۵۵/۲)

[۲۱] همین حدیث را خلفای مختلفی که همه از قریش بودند به گونهٔ خستگی ناپذیر به مثابهٔ حجتی برای تثبیت مشروعیت اتوریتهٔ سیاسی خود پیش می‌کشیدند (سنن بیهقی ۲۴۳/۸–۲۴۷؛ تاریخ الخلفأ سیوطی ۱۳–۱۵). تصادفی نیست که ابن حجر عسقلانی اثر کاملی زیر نام «لذة العیش فی طرق حدیث **الأئمة** من قریش» را به این حدیثی که وزنهٔ سیاسی آن بر محدثین پوشیده نبود اختصاص داده است. موجودیت چنین کتابی نشان می‌دهد که القأ این حدیث به دیگران کم از کم کار دشواری

کسب و نگهداشت قدرت تصدیق می‌داشت بعدها بار بار توسط طرفداران خلیفهٔ اول ذهن‌کوب دیگران می‌گردید.[۲۲]

پس از آنکه ابوبکر توانست تصدیق برتری قریش را از دهان حریف برون کشد بیشتر از پیش به پیروزی خود مطمئن گردید، پس چنین ادامه داد: «ازینروست که ما برای توارث سلطه و قدرت پیامبر سزاوارتریم، و نپذیرفتن مهتری و پیشینگی ما ظلم باشد. پس ای جماعت انصار، حسد نورزید و بر فضیلت و رواداری ایکه خداوند با رحمت خداوندی خود بر برادران مهاجر تان ارزانی داشته است رشک نبرید.»

بود و اذهان ناموافق چنان نامتقاعد می‌ماندند که چند سال بعدتر معاویه حجت برتری قریش را در قرآن مطالبه کرد و همصحبت او که فردی انصاری بود در پاسخ او آیاتی از قرآن را آورد که کفر و ناسپاسی قریشییان و عزم آنها بر مقابله با اسلام را برمی‌کشید. انصاری‌های سقیفه آن شب این حضور ذهن را نداشتند که نقل این حدیث را به چالش کشند و نطق غرای ابوبکر را با این ردِ حجت مقابله کنند. ابوبکر با چنان اطمینان سخن می‌راند که دانسته نمی‌شود از چه رو در شامگاه زندگی اظهار پشیمانی کرد که چرا از فرستادهٔ خدا در مورد جانشینی‌اش استعلام نکرده بود؟ این ندامت از کسی که در سقیفهٔ بنی‌ساعده بر حقانیت ادعای قریشییان چنان باورمندانه استدلال می‌کرد از بهر چه بود؟ در واقع، حدیث «الأَئِمَةُ مِنْ قُرَیْش» را شماری از واقعیت‌های پیش از جرگهٔ سقیفه و پس از آن رد می‌کنند. عایشه زنِ دلخواه محمد و دختر ابوبکر در حدیث مشهوری اظهار می‌دارد که شوهرش زید ابن حارثه را – اگر زنده می‌بود – به جانشینی خود برمی‌گزید، ولی زید که پسرخواندهٔ سابق پیامبر بود نه از قبیلهٔ قریش بلکه از قبیلهٔ بنی‌کلب بود (طبقات ابن سعد ۴۶/۳). همچنین بعدها عمر در هنگامی که خلیفهٔ دوم بود پس از مرگ ابوعبیده ابن جراح در نظر داشت معاذ ابن جبل انصاری را به جانشینی خود نامزد سازد. حدیث دیگری از پیامبر بیان می‌دارد که مشروعیت امام نه از نسب بلکه از فضل است: «پس بشنوید و اطاعت کنید تا زمانی که احکام کتاب الله را میان‌تان برپا می‌دارد، ولو سرورتان عَبْدٌ مُجَدَّعٌ (بردهٔ سیاهی با گوش‌های بریده) باشد»

[۲۲] الاخبار ابن بکّار ۴۹۷–۴۹۸ . پس از جرگهٔ سقیفه حارث ابن هشام مخزومی اظهار داشت «مرا سوگند است که گر حدیث "الأَئِمَةُ مِنْ قُرَیْش" از فرستادهٔ خدا نبودی انصار هرگز این امر را تن در ندادی چون سروری آنانرا سزیدی، ولی این بیانِ پیامبر حجت موجه بود. حتی اگر از قریش فردِ فریدی ماندی، خداوند قدرت او را ارزانی داشتی.»

درین هنگام بشیر ابن سعد خزرجی میان حرفش دوید: «ای وای، نه، بر شما حسد می‌نورزیم و هرگز نخواهیم ورزید، ای ابوبکر! همه آنچه بگفتی صائب است و باید بدانی که شماها نیز در قلب‌های مان عزیزترینید. حرف اینست که ما را از آینده اندیشه است، هراس از آن داریم که روزی قدرت در دست کسانی افتد که نه از شمایان باشند و نه از مایان. در روزی چنین ما را چه بر سر آید؟ اگر امروز مردی را از میان مهاجرین گزینید ما را از دست بیعت بدو دادن هراسی نباشد، اما آیندهٔمان را تضمیناتی باید که چون شخص برگزیده درگذرد خَلَفش از انصار بوَد.»

این پیشنهادِ تناوبِ جاگزینی مهاجرین را بی‌موازنه ساخت. چنین حرکتی را در شطرنجی که بازی می‌کردند انتظار نداشتند، چون آمده بودند تا یک مشکل ضروری و بی‌درنگ را حل کنند و پیش بین تدبیر دراز مدت حریفان نبودند. عمر یکبار دیگر مجبور شد خشم خود را فروخورد. با دیدن سکوت مهاجرین حباب ابن منذر صدا بلند کرد و داوبالایی نمود: «شما بر آنید که قدرت قریش را برگردد، پس چنین باد! یکی از شما ما را پذیرفتنی‌ست. اما بیایید بپنداریم که بعدها قدرت قریشییانی را رسد که پدران یا فرزندان‌شانرا کشته‌ایم، آنان انتقام خواهند ستاند! گر درین امر قریشی دیگری باز هم مهاجر را خَلَف گردد پر آشکار است که ما برای همیش بی‌نصیب مانیم و آن پایان کار ما خواهد بود.» حباب بر نکته‌یی بس حساس و پر اهمیت انگشت گذاشته بود. در طی ده سالی که محمد در مدینه بسر برد با شدت و سرسختی در برابر قریشییان مکه که در کفر و انکار مانده بودند جنگیده بود و آن عده انصار که در آن جنگ‌ها او را معاضدت کرده بودند قریشییان زیادی را به قتل رسانده بودند. با آگاهی بر اینکه در امری که روی آن بحث و مشاجره داشتند مهاجر بودن شرط اساسی نه بلکه شرط ضمنی بود، انصار ترس از آن داشتند که جانشینان آیندهٔ انبازان شان قریشییانی باشند تلافی خواه با حساب‌های سنگین تسویه نشده. آنها در دم نمی خواستند در موقف دفاعی که آنها را بالفعل در موضع ضعیف قرار می‌داد باقی بمانند.

ازهمینرو بود که حباب ادامه داد: «به یاد آرید! فرستادهٔ خدا هر زمانی که مهاجری را برای این یا آن ماموریت توظیف می‌کرد مردی از انصار را با او انباز می‌ساخت. بیایید

این سنت را امروز ادامه دهیم و در قدرت شریک هم باشیم!» شمار زیادی از انصار به نشانۀ موافقت سر جنباندند و ظاهراً فراموش کردند که همزیستی آنها با مهاجرین حتی در زمان حیات پیامبر نیز یکسره گل و گلزار و کمالِ صلح و صفا نبود. اوس و خزرج اگر در ابتدا با دادن نان و جا و حتی زنان خود[۲۳] به مهاجرینی که از آزار و پیگرد گریخته بودند پناه دادند، به زودی دریافتند که همه پناهندگان دست و دل‌پاک نبودند. انصار اکثراً از ناسپاسی مهاجرین می‌نالیدند و می‌گفتند «چنانست که سگی را خوراک دهی و دستت را بگزد!»[۲۴] برای ایجاد روحیۀ همبستگی میان مهاجرین و انصار محمد در فردای جا به جایی در مدینه اصل «مؤاخات» (برادری) را میان شان بنیاد گذاشت[۲۵] ولی گام بیشتری درین زمینه برداشته نشد. زندگی باهمی مهاجرین و انصار وضع پیچیده‌یی را به وجود آورده بود. این همزیستی اکثراً شاهد زد و خوردهایی میان این دو گروه بود، مانند زمانی که بالای استفاده از چاهی جنگ مغلوبۀ شدیدی میان شان راه افتاد. برخی از انصار چون ابن سلول که نمونۀ کامل منافقت بود[۲۶] و حضور محمد را در مدینه هرگز نتوانسته بود بپذیرد از ریختن تیل بر آتش دریغ نمی‌کردند و این احساسِ انصار را دامن می‌زدند که آنها نه آنکه به مهاجرین پناه داده بودند بلکه تابع و منقاد آنها گردیده بودند. انصار حضور مهاجرین در شهر شان را تا آن حد غیر قابل تحمل یافتند که آنها را تحریم کردند تا به اثر گرسنگی و فاقگی وادار شوند از شهر شان بیرون روند. قرآن به این وضعیت چنین اشاره می‌کند: «هُمُ الَّذِينَ يَقُولُونَ لَا تُنْفِقُوا عَلَىٰ مَنْ عِنْدَ رَسُولِ اللَّهِ حَتَّىٰ يَنْفَضُّوا – آن‌ها کسانی هستند که می‌گویند: برآنان که نزد

---

[۲۳] صحیح بخاری ۱۳۷۸/۳

[۲۴] الکامل ابن کثیر ۷۶/۲–۷۷؛ سیرۀ ابن هشام ۲۹۰/۲–۲۹۱

[۲۵] صحیح بخاری ۱۴۳۲/۳

[۲۶] ابن کثیر فصلی از سیرة النبی خود را به منافقت و ریاکاری ابن سلول اختصاص داده است. این شخص از پیامبر سخت کینه به دل داشت چون می‌پنداشت که محمد او را از رسیدن به مقام امارت مدینه محروم ساخته و خود جایش را گرفته بود. (دلائل بیهقی ۵۲/۴–۵۸، الکامل ابن کثیر ۷۷/۲)

رسول الله هستند چیزی انفاق نکنید تا پراگنده شوند (سورهٔ منافقون:۷)»[۲۷] پیامبر اکثراً برای حل منازعات مهاجرین و انصار پا در میانی می‌کرد، اما چنین میانجیگری کار آسانی نبود و بارها با هزاران مشکل توانست از برخورد مسلحانه میان طرفین جلوگیری کند.[۲۸]

یکی از دلایل عمدهٔ خصومت و کینه توزی میان مهاجرین و انصار تقسیم غنایم و حاصل غارت و چپاول بود. در ابتدا انصار با دست و دل گشاده می‌پذیرفتند که پیامبر در تقسیم غنایم مهاجرین را بر آنها امتیاز و اولویت دهد چون پناهنده بودند و مستمند. روزی پس از غارت قبیلهٔ بنی‌نضیر پیغمبر پیشنهاد کرد که غنیمت به دست آمده یکسره به مهاجرین داده شود تا بتوانند هر یک از خود خانه‌یی داشته باشند و بیشتر مزاحم انصاری که در خانه‌های خود از آنها پذیرایی می‌کردند نگردند. انصار شاید به امید اینکه با چنین تدبیری از زحمت مهمانان ناخوانده رهایی خواهند یافت این پیشنهاد را پذیرفتند.[۲۹] مگر با گذشت سال‌ها و بهبود شرایط مادی مهاجرین مسئلهٔ تقسیم نابرابر غنایم انصار را هر چه بیشتر ناراضی و نگران می‌ساخت، تا حدی که آشکارا و به صراحت از امتیاز دهی و دو بینی پیامبر که مهاجرین را ممتاز می‌داشت انتقاد می‌کردند.[۳۰]

---

[۲۷] تفسیر طبری ۴۰۲/۲۳-۴۰۳؛ تفسیر زمخشری ۵۴۱/۴-۵۴۲

[۲۸] روزی فردی انصاری با مهاجری گلاویز شد. همرستگان هر دو سو به کمک جانب خودی شتافتند. چون پیامبر از ماجرا آگاه شد با خشم به آنان حالی داشت که زمان چنین سلوک و رویه گذشته بود، و اظهار داشت «مشاجرات را دیگر نه با پشتیبانی قومی بلکه با قوانین اسلامی باید حل کرد.» (صحیح بخاری ۱۲۹۶/۳؛ سیرهٔ حلبی ۳۸۷/۲)

[۲۹] سیرهٔ حلبی ۳۶۴/۲-۳۶۵؛ تفسیر قرطبی ۲۳/۱۸-۲۴؛ المغازی واقدی ۳۷۹/۱

[۳۰] سیرهٔ ابن هشام ۴۹۸/۲-۵۰۰؛ روض الأنف سهیلی ۳۶۴/۷-۳۶۵؛ طبری ۱۷۶/۲-۱۷۷ . سرزنش‌های انصار روزی به گوش پیامبر رسید و سخت او را خشمگین ساخت. وی سعد ابن عباده را که سخنگوی انصار بود فراخواند و سعد گلایه‌ها و شکایات انصار را به صراحت برشمرد و گفت «انصار گویند که در روز نیاز و احتیاج از بهر جنگیدن و قتال به ما به چشم یار و یاور بینی اما چون نوبت به بخشِ غنایم رسد مردان قبیله‌ات را امتیاز دهی و ارجح شمری». پیامبر لحظه‌یی اندیشید و

با در نظر داشت اینهمه، جریانات جرگهٔ سقیفه هوای آشنای تجربهٔ مجربه و سرگذشتِ قبلاً از سر گذشته را داشت: مهاجرین و انصار بر سر جانشینی محمد همانگونه مشاجره و مجادله می‌کردند که در گذشته روی تقسیم غنایم جنگی جنجال می‌نمودند. دین اسلام گویی تشبث اقتصادی‌ای بود که هر یک از جوانب می‌خواست سهم خود را از منفعت حاصله از سرمایه گذاری خود به دست آرد. مهاجرین سرمایهٔ ابتدایی را تهیه نموده بودند و انصار در آن شریک شدند و سرمایه گذاری کردند. اکنون که تشبث‌شان رونق یافته بود جنجال بر سر این بود که مفاد بیشتر را کی بردارد، متشبث نخستین یا سهمدار؟ مردانی که آن شب در سقیفه گرد آمده بودند همه تاجر و بازارگان بودند و مذاکرات سیاسی به سرعت شکل چانه زدن را به خود گرفت. پیروان دینِ تجارت کنون بنیاد تجارت جدیدی را می‌گذاشتند: تجارت دین.

پیشنهاد حباب مبنی بر تقسیم قدرت ابوبکر را که انتظار چنین مقاومتی را نداشت ناراحت ساخت، و چون در یافتن کلمات و استدلالات برای پاسخگویی درماند خاموشی اختیار کرد تا ذهن و افکار خود را تنظیم کند. چشمهای انصار بر او دوخته شدند. هیچ کس حرفی نمی‌زد. ابوذؤیب چهره ها را یک یک از نظر گذشتاند. پاسخ حباب را چه کسی خواهد داد؟ چه خواهد گفت؟ به باور مرد شاعر، اینکه ابوبکر خموشی انصار را در برابر بیانیهٔ غرا و برهان و استدلال استوار و محکم خود اقناع و

گفت «انصار را فراخوان. با آنان سخن خواهم زد.» وقتی انصار آمدند با خشم و سرزنش آنها را مخاطب ساخته گفت «از یاد بردید که گمراه بودید و منِ تان به راه راست هدایت کردم؟ از یاد بردید که بینوا بودید و منِ تان ثروتمند و دنیا دار کردم؟ از یاد بردید که دشمنِ هم بودید و منِ تان یک دست و متحد کردم؟» انصار که از فره و هیبت پیغمبر مرعوب شده بودند جرئت نکردند شکایات خود را در حضورش تکرار کنند، پس گفتند «آری، این فضل و مرحمت خداوند و فرستاده‌اش را اذعان می‌داریم و سپاس می‌گذاریم.» لحن محمد ازین پاسخ نرمتر گردید و گفت «و من هم نیکویی‌ها و شایستگی‌های شما را اذعان می‌دارم. شما مرا یاور و پشتیبان بوده‌اید. سوگند به خداوند که هر طریقی که شما در پیش گیرید من نیز همان در پیش گیرم.» با این نوازش پیامبر انصار از دعوی گذشتند.

ایجاب پنداشته بود اشتباهی بیش نبود، چون فراست سیاسی اوس و خزرج را دست کم گرفته بود.

ابوبکر مجبور شد لحن مدارا جویانه‌تری اختیار کند. دیگر نمی‌شد مهتری و برتری قبیله یا غبطه و حسد ورزی را پیش کشید. راهی جز آنکه به انصار سهمی در قدرت داده شود وجود نداشت، پس لب به سخن گشود و اظهار داشت «شما برادرانِ ما و همراه و همتای مایید و هیچ امری را بی صلا و مشورهٔ شما به سر رسانیدن نتوان. این امرِ هذا باید میان ما چون دو پلهٔ نخود منقسم گردد. ما امرأییم و شما وزرأیید.» با دادن این امتیاز ابوبکر باز هم جانب حزم و احتیاط را از دست نداد و مهاجرین را در مقام برتر نگهداشت: مناسبت میان مهاجرین وانصار مناسبتِ امیر و وزیر بود.

مهاجرین شاه و انصار فرزین! با دیدن اینکه مهاجرین گردن نهادند انصار را لبخند بر لبان آمد. سعد ازین پی‌آمد خشنود بود. به زعم او، همرستگانش خوب چانه زده بودند. از روی خستگی و به امید اینکه گفتگو هرچه زودتر به پایان رسد، پاسخ داد «آری، حق با توست، ای ابوبکر؛ ما وزراییم و شما امرأیید.»

اما ابوبکرِ گربز و حیله‌گر احساس کرد که در پشت تأیید سعد شاید تدبیری نهان بود تا جرگه را بدون نتیجهٔ قطعی پایان دهد. از نظر او، نمی‌شد همایش را چنین بی‌نتیجه ختم کرد. پس تصمیم گرفت تا برگ نوینی بازی کند، بنابران وجههٔ دیگری از مسئله را مطرح کرد: «و اما، اگر قدرت خزرج را برگردد اوس گوید "چرا ما را باز نگردد؟" و اگر به اوس برگردد خزرج گوید "چرا ما را باز نگردد؟" از یاد نبرید که میان تان کشتارهایی شده که کسی فراموش نکرده و زخمهایی خورده‌اید که التیام ندارند.» با چنین فرو کردن تیغ در زخم کهن، ابوبکر القأ کرد که مهاجرین کماکان حائز نقشی بودند که پیامبر داشت، یعنی داور بی‌طرفی که صلح را میان قبایل رقیب مدینه حفظ توانستی کرد. انصار از بهت و حیرت در برابر این احتجاج خاموش ماندند. با استفاده از شگفت‌زدگی آنها، ابوبکر شتافت تا پیش از آنکه تنور سرد شود نانِ خود پزد. بدون آنکه از جا برخیزد، دست عمر را که در کنار راستش نشسته بود و دست ابوعبیده را که

در پهلوی چپش بود به دست گرفت و خطاب به جمعیت گفت: «اینک به یکی ازین دو، که هر یک شایستهٔ این امرند، به هر یک که خواهید دست بیعت دهید!»

این دیگر شاهکاری بود استادانه! تا آن لحظه همگان گمان می‌بردند که ابوبکر برای مطرح ساختن خود دلیل و برهان می‌آورد، اما اینک او آن دوی دیگر را پیش کشیده بود. با این مانور ابوبکر بی‌گمان می‌خواست انصار را نامستقر و نامتعادل سازد. هر مذاکره‌یی جنگ اعصاب است و اینرا مهاجرین خوب می‌دانستند. همهمه‌یی سراسر سقیفه را فرا گرفت. همه با یکدگر هیجان زده نجوا و سرگوشی آغازیدند. ابوذؤیب با چشمان از حدقه برآمده از کسی که در کنارش بود پرسید «این ابوبکر چه خواهد کردن؟ مگر او یگانه داوخواه نیست؟ این چه حالی‌ست!!؟» مرد شاعر در شگفتی و شگفت زدگی تنها نبود. عمر را شنید که از بهت و حیرت بانگ داد «چگونه توانی چنین گفتن، ای ابوبکر!؟ این تویی که دست بیعت ترا شاید. تو سرور ما و بهترینِ مایی! فرستادهٔ خدا ترا بیشتر از ما گرامی می‌داشت!» بعدها عمر اعتراف کرد که چنان پیشنهاد نابیوسیدهٔ همدمش او را سخت غافلگیر و مضطرب ساخته بود.

ابوبکر با وانمود اینکه اعتراض عمر را نشنیده به وی گفت «دستت را فراز آر! بیعت من به توست!»

- «تو از من وارسته‌تر و فرهمندتری!»
- «و تو از من تواناتری!»
- «توانایی‌ام را در پای فرهمندی تو گذارم!»

ابوبکر سوی ابوعبیده رو گرداند. «دستت را فراز آر تا بیعت ترا دهم. مگر تو نه آنی که پیامبر "امین‌الاُمه"اش خواندی؟»[۳۱] عمر به گوش‌های خود باور نداشت و چشمانش از فرط حیرت گرد شدند. ابوبکر با حرکتی نهانی آهسته او را لگدی زد و نگاهی دزدکی با او مبادله کرد. عمر بی درنگ پیام را دریافت و همبازی شد و با اصرار از ابوعبیده خواست تا دست فراز آرد. این یک با درک هدف بیان نشدهٔ آن دوی دیگر

---

[۳۱] صحیح بخاری ۱۳۶۹/۳؛ البدایهٔ ابن کثیر ۳۷۷/۵؛ تاریخ الخلفأ سیوطی ۴۱

دانست که نقشش چه بود. با حیرت مبالغوی و روی درهم‌کشی یک بازیگر ماهر به عمر پاسخ داد «از آن گاه که مشرف به اسلام شدی حرفی سخیفتر ازین از تو نشنیده‌ام! من در امام و ابوبکر در قفا!!؟ مگر این عقل را درست آید!؟»

انصار خاموشانه با نگاه‌های شگفت زده و پرسش‌گر به یکدیگر می‌دیدند و نمی‌دانستند چگونه عکس‌العمل نشان دهند. ابوذؤیب از فرط حیرت منگ شده بود. کنکاش‌ها سمتی شگفت به خود گرفته بودند! این سه تن چه بازی‌ای در پیش داشتند؟ ابوبکر، عمر و ابوعبیده چون نمایشِ نکو تنظیم شدۀ شعبده‌بازان یا چون ترفندی که غرض از آن گیج ساختن بیننده باشد گوی را به همدگر پرتاب می‌کردند. بوی نیرنگ و ساخته‌کاری به مشام همگان می‌رسید.

صحنهٔ ۵

غُم‌غُم و غرولند انصار بلند و بلندتر می‌شد. دغل‌کاری عیان بود و انصار خود را گیر مانده احساس می‌کردند. حباب ابن منذر بر آن شد تا آواز بلند کند، پس از جا برجست و بر مردان اردوگاه خود بانگ برداشت: «گوش فرا دهید! فریب نخورید و از حق تان نگذرید! تنها در سرزمین شما بود که خداوند آشکارا و در ملإ عام مورد پرستش قرار گرفت! تنها در مساجد شما بود که نماز برپا گردید، و با شمشیر شما بود که اعراب به اسلام گرویدند! پس قدرت شما را باید!» حباب آنقدر خروش برآورد و فریاد زد که آوازش گرفت. «زمام امور خویش به دست خود گیرید! همگان در پناه حمایت شما می‌زیینند، کی را زهرهٔ آن باشد که روی حرف‌تان حرف زند؟ کی را زهرهٔ آن باشد که حق‌تان انکار کند؟ شما پرشمارید و ارباب دارایی و اعتبار، مگر بی‌باکید و بی‌پروا. متحد و یک دست بمانید ورنه همه چیز از دست دهید! و اگر اینان به حرف شما گوش می‌ننهند، پس تنها یک چاره باقی‌ست ...» ابن منذر مکث کرد. دل و فکر همگان گویی بر لبانش آویخته بود. سپس رو سوی مهاجرین گرداند: «اشتراک در قدرت: امیری مر انصار را و امیری مر مهاجرین را!»

مهاجرین با این پیشنهاد میخکوب شدند و آشفته دنبال پاسخ می‌گردیدند که یکی از همپیمانان کمیابی که در میان انصار داشتند به داد شان رسید. اُسید ابن خُضَیر که پیش از رسیدن ابوبکر به طرفداری از مهاجرین آواز برکشیده بود بانگ برآورد «چه بد می‌کنی، ای خیره چشم!؟» همدمش بشیر ابن سعد نیز صدا بلند کرد: «مگر فهم

نداری و درنمی‌یابی؟ دو شهریار در یک اقلیم؟ این تضمینی‌ست بی چون و چرا مر ستیزه را!» در برابر این اعتراضات حباب خواست سخن خود را توجیه کند. «مرا به نام خداوند سوگندست، ای اُسید و ای بشیر، که جز حفظ آبرو و دفاع از حق شما نخواستمی.» با این گفته سر فرو افگند و گامی به پس گذاشت اما آنانی که او را می شناختند می‌دانستند که چنین زود از میدان بدر نمی‌رود. ابوبکر احساس کرد که باید مداخله کند. «نه، شما وزرایید و ما امراً. قدرت باید بر قریش برقرار ماند چون قبیله-ییست که ...» حباب میان حرفش دوید: «همگان دانند که چه خواهی گفتن، و ما سخنت را شنیده‌ایم. بدان که آنچه تو گویی ما می‌نپذیریم. سهمی برابر در قدرت، اینست آنچه خواهیم، امیری از شما و امیری از ما. مگر تو خود همین دم از دو نیم یک نخود نگفتی؟ سخنت همین نبود؟ با امیری از شما و امیری از ما، گر امیر قریشی خطایی کند امیر انصاری آنرا راست سازد و عکس آن نیز همچنین.» حباب باور داشت که قدرتِ دو سره تضمین برابری و تعادل بود ولی باقی همگان آنرا مایهٔ ناگزیر ستیزه و پرخاش می‌دانستند.

ابوبکر از آن سرگیجه بود که می‌دانست حباب ابن منذر مردی بود زرنگ و سرسخت که می‌توانست شمار زیادی از انصار را به دنبال خود بسیج کند، ازینرو در پی راه برون رفت از مخمصه افتاد:

- «برگوی به من، ای حباب، از چه ترسی به دل داری؟»
- «ابوبکرا ! نیک دانی که ما را از تو خوفی نباشد!» حباب مکثی کرد و نگاه معنی داری سوی عمر افگند، سپس ادامه داد:

«اما آنکه مرا از او ترس در دل است اخلاف توست که پس از تو آیند ... گر قریشی دیگری ترا خلف گردد، آن ما را مصیبتی باشد عظیم. این را به تو برگفته‌ایم، ما را با آنان معضل بسیار است و آنانرا از ما طلب خون بی‌شمار!»

حباب با آرامش صحبت می‌کرد. مردی بود بزرگوار و عالی جناب. ابوبکر خواست او را مطمئن سازد.

- «خوب، اگر بینی که اوضاع نه بر وفق مراد است، قدرت را چنگ یازیدن حرفی ندارد ...»

- «ای دریغ! نیک دانی که در آن گاه کاری چنین در حیطهٔ امکان نگنجد!»

ابوبکر خاموش ماند چون در نهان‌خانهٔ جانش می‌دانست که خوف و ترسِ حباب کاملاً برحق بود. بحث در مسیر گردشِ پَرکار افتاده بود.

سازگاری و تفاهم انصار و مهاجرین درجا زده بود، گویی تقابل حقوق موهوم‌شان راه را بر آنها بسته بود، اما لجاجت و خیره سری یگانه دلیل بن بست نبود. مبارزهٔ پیشکسوتان دو اردوگاه برای کسب قدرت سیاسی‌ای بود که پیشینه نداشت و تعریف و نیمرخ آن مبهم و ناشناخته بود. آشکار نبود که مشاجره و مناقشه در سقیفه روی چیست، روی جانشینی پیامبر یا تعیین رهبر قومی؟ کلمهٔ «خلافت» را نه مهاجرین و نه انصار، هیچ یک بر زبان نیاورده بود. مفهوم «خلیفه» به معنی «جانشین» آنچنان که در قرآن آمده بود و اشاره به آدم به مثابهٔ جانشین خدا بر روی زمین داشت – «وَإِذْ قَالَ رَبُّكَ لِلْمَلَائِكَةِ إِنِّي جَاعِلٌ فِي الْأَرْضِ خَلِيفَةً – و بیاد بیاور هنگامی را که پروردگارت به فرشتگان گفت: من در زمین جانشینی قرار خواهم داد (سورهٔ بقره:۳۰)» – هنوز به درستی در اذهان ننشسته بود. یاران پیامبر واژه‌های مبهمی چون «امامت» و مشتق لفظی آن «امام» به معنی کسی که در امام یعنی در پیشاپیش دیگران قرار دارد، یا واژه های عام و چندمعنایی «امر» به مفهوم کار یا موضوع یا دستور و مشتق لفظی آن «امیر» را بکار می‌بردند.

مشکل مهاجرین و انصار در تعریف و بنیادگذاری قدرت نوپایی که روی آن جدال و ستیزه داشتند دو چیز بود: از یکسو از مدت‌ها پیش از اسلام سلطه و اختیارات رئیس یا زعیم قوم یا قبیله در عربستان نهادینه نشده و امتیازاتش بر اساس یک قرارداد یا آیین‌نامهٔ منظم و دقیق تعیین نشده بود. باشندگان عربستانِ باستان مقامات قومی و قبیلوی را به گونهٔ سپنج، منحصر به فرد و سر دستی می‌گزیدند. تا حدی، «خلافت» شکلی ازین نوع سلطهٔ سیاسی بود. گذشته از آن، یک مشخصهٔ کاملاً نوینِ وضعیت بر پیچیدگی و چالش ابتکاری که قرار بود در سقیفه به آن دست یازیده شود می‌افزود،

و آن اینکه برای نخستین بار آنچه مطرح بود مسئلهٔ سادهٔ تعیین رئیس یا سرور گروه همگون و متجانسی چون یک قبیله نه، بلکه گزینش رهبر یک مجتمع ناهمگون و غیرمتجانسی بود که دسته‌یی از قبایل ناساز چون اوس و خزرج و قریش را بهم یکجا می‌ساخت. اعراب با چنین شکل قدرت فراقبیلوی یا ماورأقبیلوی پیش از اسلام و پیش از محمد آشنا نبودند. گذشته از آن، رهبری که برمی‌گزیدند در واقع قرار بود در جایگاه پیغمبر بنشیند، و چون اتوریته‌ایکه به او داده می‌شد به سبب قدسیت آن مطلق بود، چنین قدرت و صلاحیت پیشینه نداشت. اعراب هنوز با مفهوم چنین سلطه‌یی آشنا نبودند چون قدرت در قبیله همواره به گونهٔ گروهی توسط دسته‌یی از شیوخ و امیران ثروتمند و متنفذ اِعمال می‌گردید. حتی در قبیلهٔ قریش که فرهنگ پیشرفته‌تر سیاسی داشت نیز قدرت پس از قصی ابن کِلاب در میان برادران و افدرزادگان مختلف اشتراکی بود. پس از طلیعهٔ اسلام مفکورهٔ تجسم قدرت مرکزی در وجود یک شخص (همانا پیغمبر) شکل گرفت و از همینرو با مخالفت و مقاومت شدید مواجه شد. مهاجرین می‌خواستند این شکل جدید قدرتِ یک پارچه را که پیامبر بنیاد نهاده بود نگهدارند، که این کار عرف و سنت دیرینهٔ عربی را می‌شکست و زمینه را برای پذیراندن یک فرد واحد به مثابهٔ جانشین پیغمبر دشوارتر می‌ساخت. انصار دو امیر می خواستند در حالیکه مهاجرین مفکورهٔ سلسله مراتب امیر و وزیر را پیش می‌کشیدند. بدین‌گونه، آنچه در سقیفه جریان داشت تقابل دو عشیره نبود بلکه تصادم دو درک و دو دریافت– یکی عمودی و دیگر افقی – از قدرت سیاسی بود.

دلیل دیگرِ درجا زدگی و رکود مذاکرات تحمیل سنجهٔ نوینی برای گزینش رهبر جدید، یعنی معیار فضیلت دینی بود که روی آن همچشمی شدیدی میان مهاجرین و انصار جریان داشت. پیش از جرگهٔ سقیفه – که چرخشگاه واقعی در تاریخ عربستان بود – معیارهای گزینش رهبر (چنان که دیدیم) ناپایدار و نوسانی بود و بیشتر حول شاخصه‌های نسب، وضعیت اقتصادی، توان جنگاوری و حتی فصاحت و بلاغت می چرخید. از آن گذشته، تعریف قدرتی که اصحاب محمد بالای آن مجادله داشتند به سببی دشوارتر بود که کسی که باید جانشینش برگزیده می‌شد، یعنی پیامبر، خود بی-

بدیل و غیرقابل تعویض بود. هیچ‌یک از کسانی که در سقیفه بودند، صرف نظر از مزیت و فضیلت‌شان نمی‌توانست سلطهٔ معنوی منحصر به فرد محمد را داشته باشد. قدرت و صلاحیت بی‌مانندی که «مصطفی» (برگزیده) بودن به محمد داده بود نه قابل انتقال بود و نه قابل تجدید، بلکه در بهترین حالت صرف می‌توانست قابل تقلید باشد. ازین‌رو، جانشین محمدِ مصطفی تنها می‌توانست به گونهٔ سپنج و مؤقتی اِعمال سلطه کند و تنها جانشین و نمودگار آن سلطهٔ مقدسی باشد که برای همیش ناپدید شده بود. کسی که جای محمد را می‌گرفت وارث او نه بلکه وصی و قیّم او بود، و چون محمد را در آستانهٔ مرگش از دیکته کردن وصیت‌نامه‌اش مانع شده بودند، سلطه و صلاحیت جانشینش به معنی واقعی کلمه بر خلأ اتکا داشت. ازین‌رو قرآن و حدیث جای وصیت‌نامهٔ پس از مرگ را می‌گرفت و به همین سبب بود که ابوبکر پس از آنکه به مقام خلافت رسید دقت داشت که برای توجیه هر یک از تصامیم و فیصله‌های سیاسی‌اش حدیثی یا آیه‌یی از قرآن را که گاه تنها او به خاطر می‌داشت ذهن‌کوب کند ...

و اما، برای دمِ نقد، ابوبکر گویی بر تناقضات آن لحظه و آن وضعیت آگاه بود و از همین‌رو سنجه‌های دوگانهٔ دنیای پارین و دنیای نوین یعنی برتری قبیله و فضیلت دینی را پیش می‌کشید. با بهره‌گیری از آسیمگی آشکار ابوبکر، حباب در ادامه افزود: «آنگاه که من و تو دیگر درین جهان نباشیم و فرزندانِ انصار را خوار و ذلیل دارند، هیچ چیزی را هیچ کسی تغییر دادن نتواند.»

ناگهان صدای تندرآسایی آرامش این گفت و شنید خویشتن‌دارانه را در هم شکست: «پس در آن صورت بشتاب تا زودتر ازین جهان روی!» حباب رو گرداند تا ببیند چه کسی چنین گستاخانه بر وی آواز داده بود، و در برابر خود پیکر غول‌آسای عمر را با گونه‌های آتش گرفته دید. عمر که دیگر کاسهٔ صبرش لبریز شده بود خشمگین و بی‌تاب بود. سیاست‌بازی مداراجویانه کاری از پیش نبرده بود، حالا نوبت تهدید و زورگویی بود. ابوذؤیب که از هیجان می‌لرزید زیر لب با خود گفت «اینک معرکه

شروع شد!» وی می‌دانست که مداخلهٔ عمر مذاکرات را به سمت نوینی جهت خواهد داد. آیا ابوبکر باز هم او را به خموش بودن امر خواهد کرد؟

عمر ابن خطاب و حباب ابن منذر لحظه‌یی با چشمان ناوردجو یکدیگر را پاییدند. هر دو سرشت برتری‌جویانه داشتند و یکدیگر را خوب می‌شناختند و از مدت‌ها پیش با هم کینه می‌ورزیدند. عمر با آواز غوری که از شدت خشم خفه شده بود فریاد زد «آنچه همین دم بگفتی چرندی بیش نیست! دو امیر؟ مر یک دین را دو پیشوا؟ این ضلالت است! دو تیغ در یک نیام نتوان گنجید. آنچه تو گویی بربادی دین است و حرص دنیا: خدا یکی، اسلام یکی، پس پیشوای عامل قدرت باید یکی! از خدا بترسید، تو و آنانی که با تویند، و قدرت و سلطه را به مردی واگذارید که اجماع مهاجرین و انصار بر وی باشد. بدان که اعراب هرگز نپذیرند که سلطه مر کسی را باشد که از قبیلهٔ فرستادهٔ خدا نیست. وانگهی، که را زهرهٔ آن بوَد که قدرتِ محمد و ارثیهٔ او را انکار کند؟ ما خویشان همخون پیامبریم و هر که جرئت کند حق ما را برمُخد، رذل و سفله باشد!»

در گفت و شنیدی که با ابوبکر داشت حباب تا حدی خود را در تنگنا می‌دید چون شیوهٔ بحث ملایم و خویشتن‌دارانهٔ ابوبکر به او اجازه نمی‌داد آواز خود را زیاد بلند سازد اما مداخلهٔ بدجنسانهٔ عمر او را ازین تنگنا رها ساخت تا خود نیز خشونت نشان دهد. وی در حالی که کینه‌توزانه بسوی عمر چشم دوخته و انگشت اتهام بسوی او نشانه گرفته بود به انصار گفت «به سخنان این آدم و همراهانش گوش فراندهید، ور نه قریشییان تا ابد بر شما سروری کنند و از همه حقوق‌تان محروم دارند!» مکثی کرد، نفس گرفت و در حالی که خیره در چشم عمر می‌دید ادامه داد: «و اگر آنان ما را آنچه خواهان آنیم ندهند ... پس آنانرا از سرزمین خویش راندن باید!» حباب سر انجام جمله‌ایرا که از دیر باز در گلویش گرفته بود از دهان برون انداخت. تهدید برون راندن چون ضربهٔ تیغی فرود آمد و انجمن را ناگهان کرخت ساخت. موج ضربتی‌ای گویی سقیفه را درنوردید و خروشِ بلند شده چنان بود که حباب ناگهان خاموش شد تا اثر بمبی را که پرتاب کرده بود مشاهده کند. او مهاجرین را یکبار دیگر به وضعیت بی-

وطنی و بی‌خانمانی برگشتانده بود. در حالیکه قلبش به شدت می‌کوبید آثار ترس را در سیمای ابوبکر و صعود خشم را در چهرهٔ عمر مشاهده می‌کرد.

ابوذؤیب بی‌درنگ رو سوی ابوبکر گرداند تا چیزی از بازتاب او از نگاهش پوشیده نماند . ابوبکر را دید که با جبین آژنگین پیشانی خود را می‌مالید، گویی سرش به دیواری نامرئی تصادم کرده بود: اگر انصار تهدید خود را پیاده سازند، مهاجرین کجا روند؟ گزینهٔ برگشت به مکه از تصور بیرون بود چون می‌دانست مقدم‌شان در آنجا گرامی نخواهد بود. پیغمبر خود پس از فتح بدون جنگِ آن شهر مقدس با آنکه شهر نیاکانش بود و کعبه در آن جا داشت دوباره در آن مسکن نگرفته بود. گذشته از آن، اینکه مدینه حتی پس از تسخیر مکه پایتخت اسلام باقی‌ماند دعوی حقانیت و مشروعیت انصار را پایه داده و بلندپروازی آنها را بال و پر می‌داد. اگر فرستادهٔ خدا خود نمی‌توانست در مکه گذاره کند، ابوبکر چگونه گذاره می‌توانست؟ و به کسانی که همه عربستان را به جنگ کشانیده بودند چه کسی پناه می‌داد؟ آیا سرنوشت مهاجرین باید در به دری در بادیه و صحرا باشد؟ اگر از مدینه رانده شوند آنچه برای شان مطرح خواهد بود نه تسلط بر مدینه بلکه تنازع بقا خواهد بود. عرقی که از سر و روی عمر لولیدن گرفت در روشنایی مشعل‌های افروخته از تارَکش بازتاب می‌یافت. ابوبکر مصرانه بسوی سعد می‌دید، گویی از او تمنای کمک داشت، اما نگاه سعد از او طفره می‌رفت.

با دیدن ابروهای در هم کشیده و چهره‌های دژم مهاجرین لبخندی بر لبان حباب نقش بست. دلشاد از ضربتی که به حریف زده بود، خواست بهره‌مندی از آشفتگی آنها را بیشتر سازد، پس بادی به سینه انداخت و بانگ برآورد «به یاد آرید که "اناأجُذیلها المحَکک وعُذیقها المرجب"!»[۱] در واقع، حباب مشاور جنگی پیامبر بود و از همینرو او را «ذو الرأی» (صاحب اندیشه و نظر) می‌خواندند. آنچه حباب با این گفته به یاد

---

[۱] این اصطلاح برای وصف مردی زرنگ و قابل اعتماد زبانزد اعراب بادیه نشین بود. معنی آن چنین است: «منم آن پایه‌یی که شاخه‌های نخل خم شده از میوه را بلند گیرد، منم آن ستونی که شترهای گَرگین آیند و خود را بر آن سایند»

حاضرین داد بینش و فراستش بود، سپس ادامه داد: «به تکرار گویم، ای جماعت قریش، امیری از میان ما و امیری از میان شما، و اگر می‌نپذیرید، من، شیربچهٔ تیرهٔ هژبران، سوگند خورم که جز با زبان کین و جنگ بیش ازین با شما سخن نخواهم گفت! کیست هماورد من، اندر آید به میدان!»

حباب با هر تپش نبض خود ضربهٔ برخورد خون با پرده‌های گوشش را احساس می‌ کرد. سخنان اخیرش غوغایی برانگیخته بود. برخی انصار با احساس غرور غریو شادباش برمی‌آوردند در حالیکه دیگران با مآل اندیشی با نجوا میان هم به نقد آن می‌پرداختند. مهاجرین گردآمده در مدخل سقیفه با فریادهای اعتراض سرزنش و ناخشنودی خود را ابراز می‌کردند. ابوذؤیب از آرزدگی و عصبانیت چهره درهم کشید چون هیاهوی برخاسته مانع شنیدنش می‌شد. سقیفه بهم ریخته بود، همه کس همزمان سخن می‌زد و آوازها بلند و بلندتر می‌شد. ابوبکر و سعد نگاهی حاکی از تفاهم و درماندگی مبادله کردند. زمام اوضاع کاملاً از دست‌شان رفته بود.

حباب در میان میدانِ سرپوشیده ایستاده بود و با غرور و مباهات بر اینکه چنین بازتابی برانگیخته بود به اطراف خود می‌دید. با دلگرمی از شادباش‌های تنی چند از انصار فریاد زد «آن کس که جرئت کند و حرفی بالای حرفم گذارد، سوگند می‌خورم که با گرزم پوزه‌اش را خواهم شکست!» چون حرف به زورگویی و خشونت رسید عمر خود را در محیط آشنا و دلخواه خود یافت. بسوی حباب گام برداشت و بر او نعره زد «خدایت بِکُشاد، بچهٔ خر!» حباب نیز با تهدید گامی به سوی او برداشت. چهره به چهره و چشم در چشم، دیدگان‌شان یکدیگر را به مبارزه می‌طلبید و نَفَس‌های پر کین شان با هم می‌آمیخت. حباب با رضائیت از پس دادن توهین در برابر توهین با خشم غرید «تو، عمر را، خدا بکشاد!»

در یک آن همه خاموش شدند و همه چشمها بسوی دو یَل چرخید. هیچکس ازینکه حرف رویارویی آن دو بدینجا کشیده بود در شگفت نبود چون همه پیشینهٔ کینه‌ورزی

دیرینهٔ آنها را که حتی پیامبر خود نتوانسته بود رفع سازد[۲] می‌دانستند. با رویارویی تهدید آمیز آن دو هیاهو و آشفتگی در سقیفه بالا گرفت، از هر سو طعنه و دشنام می بارید و دست‌ها برای زدن بالا شد. ابوذؤیب گیج شده بود: جلیل‌القدرترین اصحاب پیامبر چون رندان کوچه و بازار زد و خورد داشتند. آیا اینها همان پارسایان پرفضیلتی بودند که مسلمین باید از آنها سرمشق می‌گرفتند؟

صدایی از میان آن همه غوغا و هیاهو بلند گردید: «ای جماعت انصار، شما اولین کسانی بودید که ما را پشت و پناه شدید، اولین کسانی نباشید که ما را به خاک و خون کشید!» ابوذؤیب گردن فراز آورد تا ببیند این حرفِ چه کسی بود، و ابوعبیده ابن جراح سرمهاجر سومی را که تا آن دم خاموش بود دید که سرانجام بر آن شده بود تا با پادرمیانی بکوشد اعصاب همه را آرام سازد. وی از جا برخاسته و اینسو و آنسو گام برمی‌داشت و با چشمان درخشان و لبخندی با دهان نیمه بی‌دندان از مهاجرین می خواست تا پا در میانی او را بپذیرند. ابوبکر با اشارهٔ پلک‌ها خموشانه سپاس خود را از وی ابراز داشت.

سخنگویی پُس‌پُس‌گونهٔ ابوعبیده به سبب دندان‌های نقصمندش معمولاً باعث خندهٔ دیگران می‌شد. وی هفت سال پیش در طی جنگ اُحد دندان‌های پیشروی خود را هنگامی از دست داد که حلقه‌های جوشن را که به اثر ضربهٔ کاری در گونهٔ پیغمبر جا گرفته بودند بدر آورد.[۳] اما امروز هیچکس را سر آن نبود که طرز سخنگویی او را به سخره گیرد. در حقیقت، انصار با تعجب به او می‌دیدند چون حضور او را تقریباً فراموش کرده بودند. آنها از همدگر می‌پرسیدند «او اینجا چه می‌کند؟ مگر نه اینست که همین اکنون او را بباید در کارِ کندن قبر فرستادهٔ خدا بودن؟» برخی حتی با تحقیر می‌گفتند «او کجا و اینجا کجا! او را اینجا چه کار؟» ابوعبیده نه از رسوخ ابوبکر برخوردار بود و نه ترسی را که عمر القأ می‌کرد در دیگران می‌دمید، ولی آنچه بیان داشت همگان را برانگیخت تا به خود آیند.

---

[۲] الامامه و السیاسه ابن قتیبه ۲۵/۱

[۳] مسند ابن حنبل ۲۱۹/۳؛ الریاض النضره محب‌الدین طبری ۳۴۵/۴-۳۴۶

عمر از فرصت استفاده کرد تا لهجهٔ کمی آشتی‌جویانه‌تری اختیار کند: «ای جماعت انصار، شما همپیمان و همبستهٔ مایید! با ما دار و ندار خود را در میان گذاشته‌اید، چگونه توانید امروز خصم ما گردید؟ چگونه توانید امروز در میان امت مسلمه مسبب فتنه و نفاق گردید؟ بر ما حسد نورزید، خداوند تبارک و تعالی‌ست که ما را امتیازِ قیادت و زعامت بخشیده است.» درین هنگام با نگاهی بسوی سعد ابن عباده افزود «گذشته از آن، اویی که ورا زعیم خواهید، زعامت را شایسته نبوَد!»

این دیگر حرفی بود بیرون از چوکات. ثابت ابن قیس، در حالیکه چهره‌اش از خشم برافروخته بود، با آواز غضبناک بانگ برآورد «نه، ای عمر، این حرفی‌ست خطا! سعد از بهر رهبری ساخته شده است، از هر که بیشتر سروری او را سزاست. او اینجا در خانهٔ خود کدخداست، و شما دریوزه‌گرانی بیش نیستید!» درین اثنا حسن ابن ثابت در میان خروش مهاجرین آغاز به برخوانی اشعار مدحیه در ثنای سعد و انصار کرد. فضا را تنش تاب ناپذیری فرا گرفته بود. حاضرین بیتاب شده بودند و به همدیگر دشنام می‌دادند. حتی بشیر ابن سعد که در آغاز گفتگوها در دفاع از مهاجرین آواز بلند کرده بود گویی تغییر عقیده داده به عمر گفت «قدرت باید چون دو پلهٔ نخود میان ما تقسیم گردد!» عمر به سردی سویش دید. «تو هم جانب آنان را بگرفتی، ای یک چشم![4]» بشیر سر خود را پایین انداخت چون مانند بیشترینه کسانی که آنجا بودند از آتش مزاجی و شرزگی عمر بیمناک بود. عمر ادامه داد «سوگند بخور که از پیامبر نشنیدی که "الائمه من قریش"؟»

— «آری شنیدم.»

— «پس مشاجره روی آن چه صرفه‌یی دارد؟»

---

[4] (توضیح مترجم) «عورأ» یا «اعور» (یک چشم) دشنام بسیار غلیظ قدیمی بود.

در میان آنهمه غوغا و هیاهو زید ابن ثابت[۵] که کاتب وحی پیغمبر بود برخاست و همسلِکان خود را مخاطب قرار داد: «ای جماعت انصار، به یاد آرید که پیامبر خود مهاجر بود؛ جانشینش را از میان مهاجرین باید گزید. ما همانگونه که یار و یاور و همپیمان محمد بودیم یار و یاور و همپیمان قائم مقامش خواهیم بود.» بشیر با عجله حرف او را تأیید کرد و در دفاع از مهاجرین در برابر انصارِ خودی گفت «مرحمت خداوندی شامل حال ما بود که پایدارترین همپیمانان فرستادهٔ خدا بودیم، در کنار او و خاص به خاطر اطاعت امر و کسب رضای خدا و رسولش جنگیدیم. برحق نباشد از کسانی که از ما شایسته‌ترند قدرت را غصب کردن. پیامبر از قریش بود و مردان قبیله‌اش توارث و جانشینی‌اش را واجدترینند. پس از خدا بترسید و با آنها خصومت نورزید! ای انصار، ظلم نکنید و اعتراض و پرخاش را بس کنید!»

موقف‌گیری بشیر ابن سعد حباب را مات و مبهوت ساخت. «چه نیازت بود که چنین گویی، ای بشیر؟ آیا بر افدرزاده‌ات سعد رشک می‌بری چون همه آماده‌اند به وی بیعت کنند؟»

– «نه، خطا گفتی و اشتباه کردی! همه آنچه خواهم اینست که بالای آنچه حق بالاستحقاق دیگران است با آنها دعوی نکنیم.»

ابوبکر با دلشادی از رویکرد نابیوسیدهٔ بشیر که راه برون رفت از مخمصه را برایش باز کرده بود بر او آواز داد «راست‌گویی‌ات را شادباش گویم!» موقف زید و بشیر در جبههٔ متحد انصار رخنه انداخت و آنها را سست کرد، پس بر آن شدند تا نااستواری موقف خود را به مثابهٔ فرجامین داو در میدان قمار اندازند. ثابت ابن زید برگ توس را بیرون کشید: «چون مُصِّر بر آنید که قدرت در قریش مستقر ماند و از اهل بیت بیرون نشود، پس چنین باد! ما جز به علی مر کسی را دست بیعت فراز نآریم!»

---

[۵] برای شرح سیرهٔ زید ابن ثابت دیده شود: سِیَر ذهبی ۴/۶۷–۷۴؛ الاستیعاب ابن عبدالبر ۲/۵۳۷–۵۴۰؛ أُسد ابن اثیر ۲/۱۲۶–۱۲۷؛ الإصابهٔ ابن حجر ۲/۴۹۰–۴۹۲؛ مختصر ابن منظور ۹/۱۱۴–۱۲۲؛ المعارف ابن قتیبه ۲۶۰؛ طبقات ابن سعد ۲/۳۵۸–۳۶۲؛ المعجم الکبیر طبرانی ۵/۱۰۶–۱۰۹

این پیشنهاد همان اندازه که انکار ناپذیر بود غیر منتظره نیز بود. مهاجرین در تله افتیده بودند. همه استدلالات و براهینی که تا کنون پیش می‌کشیدند — دینی، سنتی، برتری قومی، قرابت خانوادگی به پیامبر — بیشتر از همه به علی می‌خواند و او را برمی‌کشید. ابوذؤیب مهاجرین را می‌دید که با بهت و حیرت سوی یکدیگر می‌دیدند. آنها می‌پنداشتند که با سرگرم ساختن علی با کفن و دفن پیامبر او را کنار زده بودند اما اینک نام علی چون غرش توفان در سقیفه طنین انداخته بود، گویی پیشرَو و چاووش جنگ‌های داخلی آینده بود که بانگ برمی‌کشید.

ابوبکر و عمر سوی یکدیگر دیدند. اکنون چه باید گفت؟ چه باید کرد؟

صحنهٔ ۶

ابوبکر و عمر به سوی یکدیگر خم شدند تا با صدای پستی با هم صحبت نمایند. انصاری که در پیرامون‌شان بودند با خاموشی گوش‌ها را تیز کردند تا شمه‌یی از گفتگوی آنها را بشنوند ولی چیزی دستگیرشان نشد. پس از لحظه‌یی عمر از جا برخاست: «شما را آگهی باشد که فرستادهٔ خدا ابوبکر را برگماشت تا در نیابت از وی نماز را امامت کند. کی را جرئت آن باشد که از ابوبکر مقامی را بازگیرد که پیغمبر بر وی روا داشت؟ چگونه توانید آنی را برنگزینید که پیامبر خود برگزیده بود؟» صداهایی اینسو و آنسو بلند شد: «نه، العیاذ بالله! هرگز چنین جسارتی نتوان کرد!» مهاجرین نفسی به راحت کشیدند، چون عمر راه برون رفت از تنگنا را یافته بود. مسئله دیگر بر سر گزینش میان قریش و انصار نبود. ابوبکر به مثابهٔ یک شخص پیش کشیده شده بود، نه به مثابهٔ نماد و نمایندهٔ یک قبیله.

عکس‌العمل ابوبکر در برابر این آخرین استدلال عمر شگفتی آور بود. به جای آنکه از نامزدی خویش پشتیبانی کند، ابوبکر با شتاب به انصار اظهار داشت «من داوطلب نیَّم. گر اطاعتِ مرا خواهید، اینک ابوعبیده و اینک عمر؛ یکی از آنان را برگزینید و حلف وفاداری مر او را دهید. من سلطه و قدرت می‌نخواهم. مهاجر دیگری برگزینید» و تکرار کرد، «عمر را یا دیگری را!» عمر با شگفتی توأم با ارادت به سویش می‌دید. برای دومین بار، ابوبکر قدرت را رد کرده بود. ولی ابوبکر غافل از آن بود که با این کار خود را در تله انداخته بود. ثابت ابن قیس این نکته را با فراست دریافت، پس با لبخند گشاده‌یی بر لبان به نقطهٔ میانین سقیفه آمد و مهاجرین را مخاطب ساخت: «ای گروه

مهاجرین! گواه باشید که دوستتان از اوامر پیامبر سر همی‌پیچد! مگر همین دم خود نگفتید که فرستادهٔ خدا ابوبکر را سپرد تا امامت نماز را به جای وی نیابت کند؟ نیک بنگرید که فرمودهٔ پیغمبر را اهمال همی‌کند و مر مقامی را که فرستادهٔ خدا بهر آن نفسِ او را برگزید عمر و ابوعبیده را پیش همی‌کشد.» ثابت همچنان لبخند بر لبان داشت و با مباهات بر پاسخ زیرکانه‌یی که به جا و به موقع داده بود سوی عمر و ابوعبیده اشاره کرد و ادامه داد «چگونه توانید به این دو اقتدا کنید آنگاه که فرستادهٔ خدا ابوبکر را بر آنها ارجح و اقدم داشته است، مگر اینکه ...» با این گفته گامی بسوی عمر نزدیکتر شد و در حالی که خیره بسوی او می‌دید افزود «... مگر اینکه آنچه اندر باب نیابت پیامبر و امامت نماز گفتند ترفند و دروغی بیش نبود؟!»[1]

ابوبکر که در تناقض‌گویی با پشتاره گیر آمده بود نگاهش را پایین انداخت و نمی‌دانست چه کند، اما عمر به دادش رسید و ثابت را چنین پاسخ داد: «آنچه تو گویی یاوه باشد. چه کسی گوید که ما جز آنکه پیغمبر برگزید، کسی خواهیم برگزیدن؟» سپس رو به سوی همدمش ابوبکر گرداند و گفت «و تو، آنچه تو نیز گویی لاطائل است و باطل! چگونه لحظه‌یی باور توانی کرد که تو زنده‌یی و ابوعبیده یا من بر تو پیشی گیریم و سروری کنیم؟» سپس با اشاره به آیهٔ قرآنی، افزود «مگر از یاد برده‌ای که تو "ثانیَ اثنین (نفر دوم از دو نفر)"[2] هستی، آنکه پیغمبر را در غار یار بود؟ تو بر

---

[1] متون اهل تسنن از دیر باز احتجاج امامت نماز توسط ابوبکر را برای تثبیت مشروعیت خلیفهٔ اول پیش کشیده‌اند، ولی ما در جای دیگری نشان داده‌ایم که حتی در میان محدثین سنی نیز روی این نکته توافق نظر وجود ندارد. دیده شود: هاله الوردی، واپسین روزهای زندگی محمد، ترجمهٔ حمید سیماب، فصل ۱۳

[2] اشاره به این آیهٔ قرآنی است: «إِلَّا تَنْصُرُوهُ فَقَدْ نَصَرَهُ اللَّهُ إِذْ أَخْرَجَهُ الَّذِينَ كَفَرُوا ثَانِيَ اثْنَيْنِ إِذْ هُمَا فِي الْغَارِ إِذْ يَقُولُ لِصَاحِبِهِ لَا تَحْزَنْ إِنَّ اللَّهَ مَعَنَا — اگر او (پیامبر) را یاری نکنید، به راستی که الله او را یاری کرد آنگاه که کافران او را (از مکه) بیرون کردند نفر دوم از دو نفری که در غار بودند به یار خود (ابوبکر) می‌گفت: اندوهگین مباش، یقیناً الله با ماست (سورهٔ توبه:۴۰)» دلائل بیهقی ۴۷۱/۲-۴۸۲ . دیده شود (منجمله) تفسیر ابوحیان ۴۲۱/۵؛ تفسیر بغوی ۴۹/۴؛ تفسیر زمخشری ۲۷۲/۲ .

جای فرستادهٔ خدا در محراب بایستادی و همه دانیم که نماز دین را بنیادست. کی را یارای آن باشد که با تو همچشمی کند؟ مرا از گرفتن آنچه پیامبر ترا داده است پسندیده‌تر آن باشد که سر از تن جدا گردد! باری، تو از ما همه مهتر و مسن‌تری، این امتیازی‌ست که هیچ کسش انکار می‌نتواند.» درینجا اشارهٔ عمر به سنت پیش از اسلام بود که مهتری و ارشدیت را بس پربها می داد، چنانکه یکی از واژه‌هایی که در عربی به معنی «صاحب اختیار» است همانا کلمهٔ «شیخ» است که معنی لغوی آن «پیر» می‌باشد (درست همانند مفهوم باستانی «سناتور» لاتینی که مفاهیم پختگی و اختیار داری را در خود دارد). در واقع، لقب ابوبکر «ذوشیبة المسلمین (مو سپیدِ مسلمانان)» بود.[۳] بدین گونه، عمر به مبانی کهنِ گزینش رهبر برگشته بود، در حالیکه پیامبر خود به آنها زیاد پابند نبود، چنانکه چند روزی پیش از مرگش فرماندهی ارتش را به جوانی که همانا دلبندش اسامه ابن زید بود سپرده بود که باعث رنجش سایر اصحابش گردید.[۴]

با بهره‌گیری از بُهت زدگی انصار، عمر شتافت تا ترفند را به سرانجام رساند. با اشارهٔ انگشت به سوی ابوبکر، حاضرین را گواه گرفت: «اعراب جز این مرد هیچ دیگری را نپذیرند و دستور هیچ دیگری را تاب نیارند، چون امارت تنها او را سزاست.» درنگی کرد، سینه پر باد نمود و آژنگ بر جبین انداخت. «مرا به نام پروردگار سوگند است که هر که را در برابر ما ایستد از دم تیغ کشیم!» عمر مجبور بود دامنهٔ سخن را هر چه زودتر برچیند چون فرصت از دست می‌رفت و پیمان باید بسته می‌شد، پس افزود «هله، بشتابید، همه بیایید و بیعت کنید!» وی با این گفتار دست سوی ابوبکر دراز کرد تا به وی بیعت کند ولی درین هنگام بشیر ابن سعد از جا برجست تا بر او پیشی گیرد. «قسم است به الله تبارک و تعالی که هیچ دیگری در تحلیف و بیعت بر من سبقت نگیرد!» وا شگفتا! اینک فردی از انصار می‌شتافت تا به مهاجری بیعت کند! حباب ابن منذر از دور بر بشیر بانگ برآورد «ای تو شرف باخته! چنین کنی چون بر افدرزاده‌ات

---

[۳] تاریخ الخلفأ سیوطی ۴۷

[۴] سیرهٔ ابن هشام ۶۵۰/۲؛ طبقات ابن سعد ۱۹۰/۲؛ المغازی واقدی ۱۱۱۸/۳

سعد رشک بری و حسد ورزی! تاب نداری او را امیر بینی!» اما بشیر او را وقع نگذاشت چون اردوگاه خود را گزیده بود. وقتی اَوسیان خشوعِ مهتری از خزرجیان را دیدند شتافتند تا پس نمانند. سرکردهٔشان اُسید ابن خُضَیر که در پیشاپیش ایشان بود به همتباران خود گفت «اگر خزرج امروز قدرت به دست گیرد تا پایان جهان بر شما سروری کنند و شما هیچ طَرفی از آن نبندید! پس برخیزید و به ابوبکر بیعت کنید!» اُسید بسوی ابوبکر گام برداشت و دست او را به نشان بیعت در میان دستان خود گرفت. سایر اعضای طایفه‌اش در زیر نگاهان شگفت زدهٔ مهاجرین که کمتر انتظار چنین سرانجام زود رسی را داشتند نیز شتافتند تا چنان کنند.

می‌توان انگاشت که عناد اوس در برابر خزرج توفنده‌تر از بی‌اعتمادی‌شان نسبت به قریش بود. اوس می‌پنداشت – شاید هم بجا می‌پنداشت – که گاهی می‌شود با حریف آسانتر از همردیف کنار آمد و معامله کرد. در واقع در گذشته، آنگاه که جنگ داخلی میان اوس و خزرج در اوج بود، اوس تلاش کرده بود تا با پیمان بستن با قریش بر خزرج چیره گردد.[5] همان روال امروز در سقیفه دوباره نقش بسته بود. با در نظر داشت گذشتهٔ پر آشوب روابط میان اوس و خزرج ابوذؤیب ناگهان پی‌برد که نمای جبههٔ متحد انصار در سقیفه ظاهرسازی و نمایشی بیش نبود. تنها خزرجی‌ها روی سعد اجماع و همرایی داشتند (آنهم نه تام و تمام) و همانا خزرج بود که از اوس خواسته بود تا به سقیفه آیند و بر آنها پذیرانده بود تا سعد را به مهتری برگزینند.

آنجا که مهاجرین با بهره‌گیری از سنتِ قریشیِ مذاکره و معامله صفوف خود را فشرده ساختند، انصار کماکان ارثیهٔ وزنین جنگهای باهمی را بر دوشِ دل حمل می‌کردند و نفاق و شقاق خود را به نمایش می‌گذاشتند. قریشیان در پیشبرد مذاکرات سیاسی پیشینه و تجربه داشتند، و مهاجرین با آگاهی بر اینکه متحدین بالفعل هم بودند توانستند بروز هرگونه رقابت داخلی میان خود را پنهان نگهدارند. گذشته از آن، آنها با خوشرویی حاضر بودند در برابر یکدیگر تمکین کنند. همبستگی آنها پایه و بنیاد

---

[5] المُنَمَق بغدادی ۲۶۸–۲۷۰

نیرومندی‌شان بود و به آنها اجازه داده بود از درزها و شگاف‌های بیشمار در دژ وحدت و یکپارچگی اوس و خزرج نفوذ کرده آنرا تخریب نمایند. ابوبکر و عمر ازین درزها بهره بردند تا بر انصار در سرزمین خودشان چیره گردند و سروری یابند، درست همان‌گونه که ده سال پیشتر محمد خود نیز چنان کرده بود.

ابوذؤیب انصار را می‌دید که مطیعانه و سر به زیر یک یک پیش می‌آمدند تا به ابوبکر امیر جدید بیعت کنند. آنها گرد او حلقه زده بودند و برای نوبت گرفتن یکدیگر را آرنج می‌زدند. سرمستی در فضا موج می‌زد و فریادهای «الله اکبر» همه جا در سقیفه طنین انداز بود. شاعر مهاجر حارث ابن هشام از جا برخاست و به برخوانی اشعاری پرداخت که شنوندگان را بیشتر هیجان و انگیزه می‌داد. مهاجرین گویی می‌خواستند با نعره-های تکبیر بی‌میل‌های بی‌جوش و خروش را برانگیزند. برخی انصار یکدیگر را می پاییدند و با سستی و دو دلی بسوی ابوبکر پا پیش می‌گذاشتند.

به زودی پیش آمدن‌های تک تک به انبوه و ازدحام مبدل گردید. مردم همدیگر را اینسو آنسو تیله می‌کردند، آرنج می‌زدند و حتی زیر پا می‌کردند. کسانیکه می‌رفتند تا به ابوبکر بیعت کنند با کسانی که با ناخوشی و آشفتگی می‌خواستند آنجا را ترک کنند تنه می‌زدند. در انبوه فشردهٔ مردانی که در گرداگرد ابوبکر و عمر هجوم آورده بودند ابوذؤیب دیگر هیچ‌یک از آن دو را دیدن نمی‌توانست. در آن لحظه سقیفه در نگاه او با آنهمه آمد و شد به سوق (بازاری) می‌ماند که مشتریان در آن می‌شتافتند تا سود و سودای منفعت‌باری را از دست ندهند. آیا جرگه پایان یافته بود؟ آیا انصار گردن مانده و تسلیم شده بودند؟ چشمان ابوذؤیب سعد را جُست و او را دید که هنوز در جایش بود و سوی پسر خود قیس اشاره می‌کرد تا کمکش کند برخیزد. ابوذؤیب با حیرت از خود پرسید «چه؟ مگر او هم قصد آن دارد تا رود و به ابوبکر بیعت کند؟ مگر این ممکن تواند بود؟»

سعد به مشکل سر پا ایستاد و هنوز موازنهٔ خود را نیافته بود که خود را در میان انبوه جمعیتی یافت که هجوم آن پسرش را از نظرش ناپدید ساخت. فریاد برآورد «پسرم کجاست؟!» ولی با حالت نزاری که داشت از پا درآمد، افتاد و لگدمال شد. هیچ کس

به او توجهی نمی‌کرد، جز ابوذؤیب که چشم از او بر نمی‌داشت. با دیدن زمینگیری او، ابوذؤیب با همه توان فریاد زد «هان، هشدارید! سعد را لگدمال کرده‌اید!» عمر که او نیز سعد را زیر چشم داشت با خشم بانگ داد «خدایش مرگ دهاد! اوست که سرچشمهٔ نفاق است!» ناگهان سرها بسوی نیم تختی که سعد روی آن قرار داشت چرخید. نیم تخت خالی بود و سعد بر زمین. با یک جهش همه سوی او شتافتند، برخی برای کمک کردنش، برخی در بازتاب به ناسزا گویی عمر برای آزار رساندنش. قلب ابوذؤیب به شدت در سینه می‌تپید. «آه خدایا! او را خواهند کشت!» مشاجرهٔ جدیدی میان کسانی که به یاری او شتافته بودند و کسانی که می‌خواستند او را بیازارند در پیش روی سعد درگرفت. عمر خود با خروش «مرگ بر سعد ابن عباده! سعد ابن عباده مرده باد!» این هیاهوی اوباشانه را دامن می‌زد. مشت‌ها از هر سو بر سر و روی یکدگر باریدن گرفت. بهم ریختگی و آشفتگی همه جا چیره بود. خزرجی‌ها برگرد سعد سپر انسانی ساختند تا از گزند نگهدارندش، دیگران فشار می‌آوردند و آنان را تیله می‌کردند. کسی فریاد زد «او را خواهید کشت! هشدارید، بیمارست! سخت بیمار است!» عمر که گویی زنجیرها را گسسته بود با اصرار بانگ می‌داد «بمیراد! هرکه در برابر ما در مخالفت ایستد، خواهیمش کشت!»

حباب که دیگر طاقتش طاق شده بود دست برد و تیغ از نیام برکشید، اما انصار شتافتند و از بازوانش بگرفتند و تیغ از وی دور کردند. با چهرهٔ آتشین فریاد زد «ز من شکیبایی و آرامش خواهید همی؟ همین دم فرزندان تانرا با چشم شهود بینم که تشنه لب دم دروازهٔ اینان جرعه آبی را به دریوزه ایستاده‌اند و اینان آنرا ازیشان دریغ دارند!» حباب آشفته و متلاطم بود و با تکانی خود را از چنگ مردانی که او را تنگ گرفته بودند رهانید و نعره زد «مرا سوگند است که گر کسی جرئتِ آن کند که در برابرم ایستد نابودش کنم!» عمر بر وی بغرید «خدایت بکشاد!» و حباب با خشم پاسخ داد «مرگت باد! ترا بکشاد!» دو مرد ژیان دست به گلوی هم انداختند و چون دو گاو وحشی به جان هم افتادند. عرق وحشت بر ابوذؤیب مستولی شد و فریاد در گلویش خفه گردید. عمر با تنهٔ غول آسا خود را عقب کشید و با حرکتی ناگهانی مشت

کوبنده‌یی به سینهٔ حباب زد. حباب ناوید و پس پس رفت و بر زمین افتاد. با سر و روی خاک آگین بی‌درنگ برخاست و با چشمان از حدقه برآمده بر عمر یورش برد و خروشید «قسم به نام خدا که من و همه مردان تیره و تبارم با تو درآویزیم و فرو نگذاریم!» به جای پاسخ عمر ضربهٔ آذرخش آسایی بر رویش زد که بینی‌اش را شکست. چیغی از درد در سقیفه پیچید. چشمها همه سوی حباب چرخیدند و کسانی هم شتافتند تا از عمر دورش سازند.

مرد زخم خورده مات و مبهوت در حالت نیمه بیهوشی بر روی نیم تخت نشست. ابوذؤیب فوران دشنام را از دهان او می‌شنید. عمر که بی هماورد در میان سقیفه ایستاده بود دستان خود را بهم آورد و با تبختر انگشتان خود را ترکاند، گویی می‌گفت «نفر بعدی بفرمایید!» اما کسی سوی او نیامد. با حرکتی خود بخودی همه با احتیاط خود را عقب کشیدند. تنها سعد ابن عباده که او را از جا برخیزانده بودند و پیش روی نیم تختی ایستاده بود که تا چندی پیش روی آن دراز کشیده بود از دور بر وی ندا داد «خدا را گواه گیرم، ای عمر، که گر اندک توانی داشتمی تو و یارانت را غرش شیری شنواندمی که چون موش پی سوراخ می‌بگردیدید!»

ناگهان سکوتی چیره گردید. عمر را دیدند که با چشم خونبار به سوی سعد نزدیک شد و در برابر او ایستاد. دو مرد با نگاه‌های خشمگین خون یکدیگر می‌ستاندند. همه نفس در سینه قید کردند. عمر چه کردن می‌خواست؟ آیا بر سعد وار می‌کرد؟ ابوذؤیب از وحشت و دلهره دست بر دهان گذاشت.

اما نه ... عمر را جرئت وار کردن نبود. در حالی که خیره بر سعد چشم دوخته بود فریاد زد، «بکُشید او را که خدایش بکشاد! مرگ باد بر این منافق!» سپس آواز خود را پست ساخت و افزود «همی خواستم تا لگدمالت کنم تا له شوی و چشمانت از کاسه بدر آید!» سعد فرصتی برای پاسخ نداشت چون جنبیدن انبوهِ پیرامون چون خیزاب جهنده‌یی او را دوباره نقش زمین ساخت و بار دوم زیر پا شد. عمر از زمینگیری حریف بهره گرفت و ضربه‌یی بر او وار کرد، ولی ضربه‌اش خطا رفت. درین هنگام قیس خود را به کمک پدر رساند. انبوه او را نیز تیله کرد ولی با تنهٔ ستبر مردمان را پس زد و

توانست از میان ازدحام ره گشاید و خود را تا پدر رساند که روی زمین غلتیده بود. پدر را برداشت و با قد راست کردن خود را با عمر چهره به چهره یافت. برای لحظه‌یی کینه و نفرت متقابل هر دو را خشک و کرخت ساخت. ابوذؤیب می‌دانست که آن دو در گذشته روی ماجرای سر به مُهر پول با هم ستیزه داشتند[۶] و چنان می‌نمود که آن پرخاش و جدال را هیچ یک فراموش نکرده بود. بدون اندکترین تردید قیس ناگهان بر ریش انبوه عمر چنگ انداخت و با تهدید غرید «تاری از موی سر پدرم را ضایع کن و دندانی در دهانت باقی نخواهی یافت!» چهرهٔ خوش سیمای قیس از خشم کبود شده بود، زنخ بی مویش می‌لرزید و منخرینش می‌شگفت و می‌پلاسید. عمر می دانست که اینک دیگر با حریف مهیبی مقابل است که نمی‌شود چون حباب به آسانی هماوردش شد، پس عقب نشینی کرد.

***

سعد که به دست پسرش از زمین برخیزانده شده بود و از خشم نزدیک بود دیوانه شود امر کرد تا او را خانه برند، پس با اتکا بر پسرش و با بدن افگار و بیان تهدیدهای گوناگون در میان ناله‌های درد سقیفه را ترک کرد. وی در حالیکه از تلخی احساس نفسش بند آمده بود پیش از برآمدن از سقیفه با تحقیر به عمر گفت «گر بیمار نبودمی، نشانت دادمی که چه کردن توانستمی!» سپس با خطاب به ابوبکر که با نگاه پوزش خواهانه سوی او می‌دید، گفت «شما گروه مهاجرین امارت را از من دریغ داشتید و همدست با همتبارانم مرا در شکنج دارید تا حلف بیعت ترا دهم.» ابوبکر با لحن زاری آمیز پاسخ داد «هرگز نه، آنچه از تو همی خواهیم آنست که رأی اکثریت را تمکین کنی.» عمر میان حرف ابوبکر دوید و تهدید آمیز به سعد گفت «و اگر جرئت کنی تخم نفاق بپاشی ما را در سر از تن جدا کردنت درنگی نباشد!» سعد با نفرت و انزجار سویش دید، لنگر خود را بر شانهٔ پسرش انداخت و آهسته گفت «زینجا

---

[۶] مختصر ابن منظور ۱۰۵/۲۱

رویم!» او در آن لحظه نمی‌دانست که سالکی چند بعدتر عمر تهدید خود را بجا کرده و امر اعدام او را صادر خواهد کرد.

بعدها، هنگام یادآوری این ماجرا، عمر از آن به عنوان یک «فلتة»[۷] (کار ناآگاهانه و بی‌اندیشه) و یک «تَغِرَّة» (عمل بدجنسانه) یاد می‌کرد.[۸] کینه‌توزی‌های گذشته در «برنامهٔ ژنیتیک» افتراقات بنیاد داشت و مفاهمات سیاسی جامعهٔ مسلمانان بر بستر همین خاطرات سیر می‌کرد. حاصل همه زحمات و تلاش‌هایی که محمد در طول زندگی‌اش برای برقراری اخوت و برادری میان امتش کشید فقط ساعتی چند پس از مرگش چون خانهٔ مقوایی فرو ریخت. محمد این را پیشبین بود. وی چند روزی پیش از جان دادن، آنگاه که به زیارت گورستان بقیع الغرقد رفت، اندیشه و نگرانی خود را خطاب به مردگان بیان داشته بود: «السلام‌علیکم یا اهل‌القبور! ای آنانی‌که از بلاهایی که بر زنده‌ها می‌رسد برکنارید! نفاق در آفاق پدیدار است! فتنه‌ها چون پاره‌های شبِ سیاه یکی پس از دیگری هجوم می‌آورند؛ پایان یک فتنه سرآغاز فتنهٔ دیگرست و فتنه‌های پسین بدتر از فتنه‌های پیشین‌اند.»[۹]

اگر دست آهنین تازه وارد ابوبکر در صحنهٔ تاریخ اسلام نمی‌بود، پارگی و گسستی که در ماجرای فلاکتبار سقیفه تبارز یافت به بسیار سادگی می‌توانست به جنگ داخلی مسلمانان منجر گردد. دست آهنین ابوبکر، پوشیده در دستکش مخملین، بزودی توانست خشونت انباشته شدهٔ بالقوهٔ داخلی را به مبارزهٔ بر ضد «کفار» و سایر مرتدین

---

[۷] انساب بلاذری ۲۶۲/۲

[۸] هنگام شرح منازعات و مناقشاتی که در جرگهٔ سقیفهٔ بنی‌ساعده اتفاق افتاد، محی‌الدین ابن عربی با آگاهی بر اینکه ذکر آن ماجراها برای خاطرهٔ اصحاب رسول ننگین و شرم آور بود، اعتراف می‌کند که از ذکر جزئیات تلخ آن شورا با خموشی می‌گذرد. (محاضرة الابرار ابن عربی ۷ و ۵۰)

[۹] مسند ابن حنبل ۳۷۶/۲۵؛ طبقات ابن سعد ۲۰۴/۲؛ سنن دارمی ۵۰/۱؛ مستدرک حاکم ۵۷/۳؛ اکتفأ کلاعی ۴۲۱/۱؛ طبری ۲۲۶/۲؛ المعجم الکبیر طبرانی ۳۴۶/۲۲ . دیده شود: هاله الوردی، *واپسین روزهای زندگی محمد*، ترجمهٔ حمید سیماب، صفحهٔ ۹۸

برگرداند و برای آن مخرج و مجرای برون رفت بیابد. اما شبح این پارگی و گسست هیچگاه تارانده نشد بلکه در حالت نطفه‌ای در کمین باقی ماند، در زیر سطح رشد کرد و بیست و چهار سال بعد در جنگ و خونریزی‌ای خود را نمایان ساخت که بگونهٔ برگشت ناپذیر مسلمانان را به دو گروه سنی و شیعه منقسم نمود.

سعد ابن عباده در زیر نگاهان اندیشناک ابوبکر و عمر سقیفه را ترک کرد. شیخین نمی‌دانستند که رفتن او نشانهٔ تسلیم بود یا عقب نشینی ستراتیژیک، ولی می‌دانستند که آن سرور مغرور چنین آسان از میدان بدر نمی‌رود. آنان نگاه حاکی از همدستی و همداستانی گناه آلود میان هم مبادله کردند که گویی می‌گفت «جنجال پایان نیافته، ولی وقت آنست که به مرحلهٔ بعدی بگذریم.» پس تصمیم گرفتند که بی درنگ به مسجد مدینه روند چون شتاب در کار بود. درسیاست پیروزی اکثراً در چابکی نهفته است.

گروه بزرگی از مردان به دنبال‌شان از سقیفه برآمد. چنگ‌یازی ناتمام قدرت صحنهٔ «این جهانی» سقیفه را ترک کرد تا اتمام خود را در خطهٔ «آن جهانی» مسجد بجوید. آیا ابوبکر و عمر در آن هنگام می‌دانستند که با این حرکت چهرهٔ دینی و لاهوتی قدرت سیاسی اسلام را به گونهٔ زدوده‌نشدنی داغ می‌زدند؟

ابوذؤیب مهاجرین و برخی انصار را می‌دید که سقیفه را ترک می‌کردند. صحنه آهسته آهسته از کسانی که آنجا بودند تهی می‌گردید. تنی چند از انصار با چهره‌های افسرده، برخی با جامه‌های خاک‌آگین و برخی با دستارهای پاره و بر گردن افتیده در سقیفه باقیماندند. هیجان و آشفتگی بزرگِ پیشین جای خود را به خاموشی سنگینی داده بود که نجوایی اینجا و آنجا آنرا می‌شکست. دسته‌های کوچک افراد در تختان بیرون سقیفه گرد هم ایستاده بودند و با آواز پست صحبت می‌کردند. ابوذؤیب تصمیم گرفت تا به دنبال دیگران به مسجد مدینه رود تا ببیند در آنجا چه خبر بود

صحنهٔ ۷

مهاجرین، شماری از انصار و تنی چند از سَیل‌بینان به دنبال ابوبکر و عمر به سوی مسجد مدینه راه افتیدند. ابوذؤیب که کمی دورتر از دیگران در عقب همه روان بود ازینکه کوچه‌های تاریک مدینه را در آن وقت شب چنان مزدحم می‌دید تعجب کرد. شمار زیادی از مردان مسلح در اطراف مسجد جا گرفته بودند که بیشترشان از قبیلهٔ وحشت‌انگیز و آشوبگر بنی‌اسلم بودند که در پیرامون مدینه بود و باش داشتند.[۱] همه در بارهٔ حضور آنان از همدگر می‌پرسیدند. آیا برای بیعت به ابوبکر آمده بودند؟ آیا اجیران زرخریدی بودند که جهت تأمین سلطهٔ خلیفهٔ جدید بر شهر گماشته شده بودند؟ در واقع، کمتر کسی غافل از آن بود که در روز مرگ پیامبر ابوبکر به گونهٔ پرسش برانگیزی از مدینه به رهایش‌گاه دومش در سُنح رفته بود، جایی که به گفتهٔ محدثین بیت المال (صندوقچهٔ) مقفلی در خانه داشت.[۲] آیا رفته بود تا از آن برای عمل فتنه‌آمیزی پول بردارد تا در لحظهٔ معین دستش را قوی دارد؟ از آنجا که احتضار پیغمبر چند روز به درازا کشیده بود، ناممکن نبود که ابوبکر برای چنین احتمالی آمادگی می‌گرفت. همین احتمال می‌توانست حضور مردان قبیلهٔ بنی‌اسلم را که مشهور به رو نگرداندن از هیچگونه پستی و دنائت به خاطر پول بودند توضیح دارد. چند سال پیشتر هنگام اسلام آوردن قبیلهٔ بنی‌تمیم، مردی به نام أقرع بن حابس حتی پیامبر را

---

[۱] طبری ۲۴۴/۲

[۲] تاریخ دمشق ابن عساکر ۳۲۰/۳۰؛ الکامل ابن اثیر ۲۶۴/۲؛ کنز متقی ۶۱۴/۵؛ تاریخ الخلفأ سیوطی ۶۴؛ طبقات ابن سعد ۲۱۳/۳

به سبب همپیمان شدن با این غارتگرانِ حجاج مورد سرزنش قرار داده بود ولی پیامبر در پاسخ گفته بود «می‌دانی، مردان قبیلهٔ تو نیز از اینان بهتر نیستند!»[3] بر اساس بیان شمار زیادی از مفسرین[4]، قبیلهٔ بنی‌اسلم از جملهٔ قبایل بادیه نشینی بود که ریاکاری و منافقت‌شان در قرآن تقبیح گردیده بود: «وَمِمَّنْ حَوْلَكُمْ مِنَ الْأَعْرَابِ مُنَافِقُونَ وَمِنْ أَهْلِ الْمَدِينَةِ مَرَدُوا عَلَى النِّفَاقِ – و از میان اعراب بادیه‌نشین که پیرامون شما هستند گروهی منافقند، و از اهل مدینه نیز گروهی خوی نفاق گرفته‌اند (سورهٔ توبه:۱۰۱)»

باری، آمدن مردان قبیلهٔ بنی‌اسلم به مدینه در آن اوضاع آنچنان سرنوشت ساز بود[5] که با دیدن حضور پر رنگ آنها در کوی و برزن مدینه عمر نفسی به راحت کشید و در حالیکه چشمانش از شادی برق می‌زد زیر لب زمزمه کرد «اکنون دیگر ما را ظفر مسجل است!»[6] بر اساس برخی روایات، عمر با دلگرمی از حضور این شبه نظامیان ایله جاری به خانه‌هایی که گروه‌های کوچک مسلمانان در آن سنگر گرفته بودند می رفت، آنها را بیرون می‌کشید و با جبر و اکراه به مسجد مدینه می‌برد تا به ابوبکر بیعت کنند. حتی گفته می‌شود که در راه مسجد پیروان خلیفهٔ جدید هر کسی از ناراضییان را که سر راه‌شان می‌آمد مورد لت و کوب قرار می‌دادند.[7] آن چنان که حوادث بعدی نشان داد، وقتی پای تأمین منافعش در میان می‌بود ابوبکرِ دپلومات و بیزار از خشونت آنقدر هم از خشونت و زورگویی در برابر مخالفین بیزار نبود.

مسلمانان پرشماری که ساعتی پیشتر در سقیفه ازدحام آورده بودند اینک در مسجد مدینه گفتار و کردار ابوبکر و عمر را با دقت تعقیب می‌کردند. ابوذؤیب آن دو را می

---

[3] صحیح بخاری ۱۲۹۴/۴

[4] دیده شود به گونهٔ مثال الدرّ المنثور سیوطی ۲۷۳/۴؛ تفسیر ابن عاشور ۱۹/۱۱؛ تفسیر رازی ۱۳۰/۱۶؛ تفسیر زمخشری ۳۰۵/۲

[5] ابن اثیر می‌گوید که از برکت حضور نیرومند مردان قبیلهٔ بنی‌اسلم موقف ابوبکر مستحکم گردید (الکامل ابن اثیر ۱۹۲/۲)

[6] طبری ۲۴۴/۲

[7] شرح النهج ابن ابی الحدید ۲۱۹/۱؛ السقیفه و فدک جوهری ۴۸؛ کتاب سُلَیم ۱۳۹

دید که به گفتهٔ ابن بکّار «بتَزِفُّهُ زَفًّا (با دبدبه و مراسم)»[۸] در میان انبوهی از هوا داران بسوی منبر راه می‌گشودند. با رسیدن به چند قدمی منبر ابوبکر ناگهان در جا ایستاد. وقتی عمر متوجه شد که دوستش دیگر در کنارش نیست، رو گرداند و پرسید «چه شده؟ چرا ایستادی؟» خلیفهٔ جدید سوی منبر چنان خیره می‌دید که گویی به زمین میخکوب شده و پرسشِ یارش را نشنیده بود. عمر با اصرار از بازویش گرفت «هین، بیا، گام پیش نِه، بر شو به منبر!» صحابی نامدار پیامبر انس ابن مالک بعدها گواهی داد که عمر با آمیزه‌یی از تشدد ابوبکر را بسوی منبر راند.[۹]

ابوبکر در جا خشک شده بود. چنان می‌نمود که دیدن منبر او را وحشت زده ساخته و جرئت گام پیش گذاشتن را از او گرفته بود، تو گویی شبح دوستش محمد را که هنوز به خاک سپرده نشده بود در آنجا می‌دید. منبر آگنده از حضور محمد بود. ابوذؤیب در سیمای لاغر و رنگ پریدهٔ ابوبکر ترسی را می‌دید که خود در کابوس شب پیشتر احساس کرده بود. آیا ستارهٔ سعد ذابح بر ابوبکر نیز ظاهر شده بود؟ آیا ابوبکر نیز چون او آنرا به مثابهٔ چاووش و طلایهٔ حمام خونی می انگاشت که در آستانه قرار داشت؟ ابوبکر مردی بود سخت روشن بین، و شاید یگانه صحابی پیامبر بود که بر ماهیت ترسناک گامهایی که قرار بود بردارد از پیش آگاهی داشت.[۱۰]

با دیدن اینکه ابوبکر کرخت و بی‌جنبش ایستاد بود، عمر وارد عمل شد. وی در حالیکه همدمش خموشانه سوی او می‌دید بر منبر بر شد[۱۱] و با اتخاذ نقش رئیس

---

[۸] الاخبار ابن بکّار ۴۶۳

[۹] مصنف عبدالرزاق ۴۳۸/۵؛ صحیح بخاری ۲۶۳۹/۶؛ تاریخ دمشق ابن عساکر ۲۸۷/۳۰؛ فتح الباری ابن حجر ۲۰۹/۱۳

[۱۰] بحار الانوار مجلسی ۲۱۳/۲۸ . برخی روایات شیعی بر آنند که ابوبکر پس از اجتماع سقیفهٔ بنی-ساعده به مدت سه روز خود را در خانه محصور کرد و جرئت نمی‌کرد برون شود یا اقدام به کاری کند، و به اصرار و پافشاری عمر و ابوعبیده ابن جراح بود که سرانجام حاضر شد به مسجد مدینه رود و بیعت عام مردم را قبول کند.

[۱۱] البدایهٔ ابن کثیر ۲۶۸/۵؛ الریاض النضره محب‌الدین طبری ۲۴۰/۱

تشریفاتِ تفویض مقام رشتهٔ سخن را به دست گرفت.[۱۲] با آوازی رعد مانند نخست کلمهٔ شهادت بر زبان راند و سپس ازینکه روز پیشتر مرگ پیامبر را انکار کرده بود پوزش خواست. «ای کاش فرستادهٔ خدا زنده بودی و ما را در آنچه بباید کردن ارشاد فرمودی! اما او ما را قرآن به جا ماند، که بهترین رهنمون همانست.» بیشتر مسلمانان حاضر در مسجد ناآگاه از آن بودند که پیامبر خواسته بود از خود وصیت‌نامه‌یی بگذارد و همین عمر بود که او را با گفتن اینکه «درد بر وی غالب آمده و نمی‌داند چه می‌گوید. ما کتاب الله را داریم و این ما را بسنده است» مانع شده بود.[۱۳] عمر سپس، در حالیکه به سوی ابوبکر می‌دید با لحن جدی و مؤقر ادامه داد: «خدای را مشیت آن رفته است که گرد این مرد جمع گردیم که یار غار فرستادهٔ خدا و ثانیَ اثنین (نفر دوم از دو نفر)[۱۴] است. وی امین الامور بودن را شایسته ترین باشد.» عمر با مراعات احتیاط از تکرار این ادعا که پیامبر ابوبکر را برای نیابت از خود به پیشنمازی گزیده بود ابأ ورزید چون می‌دانست که کسانی از میان حضار می‌توانستند بطلان این ادعای مشکوک را مبرهن سازند. در میان خاموشی‌ایکه آواز تندرآسایش چیره ساخته بود، عمر با لحنی که هر آن آمرانه‌تر می‌شد به حضار فرمود «برخیزید و ابوبکر را دست بیعت پیش آرید!» این فرمان آخری برای هیچکس شکی باقی نگذاشت که اجتماع مسجد از بهر چه بود: همه می‌دانستند که هدف همان بود که محدثین و سیره نویسان آنرا «بیعت عام» خوانده‌اند و غرض آن تأیید بیعتِ فی‌البداهه و پر هرج و مرجی بود که در سقیفه انجام شده بود.[۱۵]

---

[۱۲] سیرهٔ ابن حبان ۴۲۳/۲-۴۲۴؛ سیرهٔ ابن هشام ۶۶۰/۲-۶۶۱؛ البدایهٔ ابن کثیر ۲۶۸/۵-۲۶۹ و ۶۳۲/۶؛ اکتفأ کلاعی ۴۴۵/۱-۴۴۶؛ تاریخ الخلفأ سیوطی ۵۷؛ طبری ۲۳۷/۲-۲۳۸

[۱۳] صحیح بخاری ۱۱۵۵/۳؛ مسند ابن حنبل ۳۵۱/۵؛ صحیح مسلم ۷۵/۵؛ سنن نسائی ۳۶۷/۵؛ طبقات ابن سعد ۲۴۲/۲؛ طبری ۲۲۸/۲-۲۲۹ . برای جزئیات این ماجرا رجوع شود به: هاله الوردی، *واپسین روزهای زندگی محمد*، ترجمهٔ حمید سیماب، فصل ۱۲

[۱۴] اشاره به آیهٔ ۴۰ سورهٔ توبه است.

[۱۵] البدایهٔ ابن کثیر ۲۶۸/۵

مسلمانان با حالت تسلیم و تن به تقدیر داده به منبر نزدیک می‌شدند و به ابوبکر که دست خود را سوی‌شان دراز نگهداشته بود سوگند وفاداری یاد می‌کردند. ابوبکر ازینکه اوضاع چنین آسان بر وفق مراد آمده بود تا حدی شگفت زده بود. اکثریت کسانی که آنروز به وی بیعت کردند و حلف وفاداری به جا آوردند از آن ترس داشتند که پس از مرگ پیامبر بر سر آنها چه خواهد آمد. آنان به گفتهٔ عایشه همچون «گوسپندانی گمگشته در وادی شیران در شب بارانی»[۱۶] به رهبر جدیدی نیاز داشتند که آنانرا از بلاها در امان نگهدارد. بدون شبانِ توانمندی چگونه می‌توانستند دوام آرند؟ بیمناکی آنان از آن سبب بیشتر بود که همه می‌دانستند خلای قدرت آشفتگی سیاسی به بار خواهد آورد و آنها را دستخوش خطرات بیرونی خواهد ساخت. مسلمانان از مرگ پیامبر وحشت زده و سراسیمه بودند. برخی‌ها را حتی باور آن بود که قیامت فرا رسیده است[۱۷] و چشم انتظار رهبر قدرتمندی را داشتند تا به آنها احساس آرامش و اطمینان بخشد. اضافه بر همه، ایله‌جاری‌های مخوف و دهشت انگیزی که در گرد ابوبکر و عمر می‌دیدند چشم‌شانرا خیره ساخته بود.

مسلمانان بدون آنکه خود بدانند در آنروز برای نخستین بار در تاریخ عربستان شاهد تاج پوشی فرمانروایی بودند. آنچه در برابر چشمان‌شان جریان داشت واقعهٔ سترگی بود که هیچکس سهمگینی پیامدهای آنرا درک نمی‌کرد. شورای سقیفهٔ بنی‌ساعده که پایان و اتمام خود را در مسجد مدینه یافته بود سر آغاز تکوین سلطهٔ متمرکز سیاسی مذهبی بی‌پیشینه‌یی بود که قرار بود با بُعد و سنجهٔ کاملاً نوین «تقدس و تبرک» ثبات قدرت را در عربستان تأمین کند. اسلام سرشت اعراب را از بُن دگرگون ساخت، در مادّهٔ خام آن دگردیسی آورد و آنرا شکل داد. زان پس اعراب بادیه نشینِ سرگردان در بیابان‌های ناسازگار و شکیب سوز خود را پیام رسانان ماموریت لاهوتی و جهان شمولی می‌انگاشتند که اندیشهٔ آن را محمد در گوش‌شان زمزمه کرده و مطلقیت

---

[۱۶] غزوات ابن حُبَیش ۱۸؛ المنتظم ابن جوزی ۷۴/۴؛ البدایهٔ ابن کثیر ۳۰۰/۵ و ۳۳۶/۶؛ اکتفأ کلاعی ۴۴۵/۱؛ طبری ۲۴۵/۲

[۱۷] دیده شود: هاله الوردی، *واپسین روزهای زندگی محمد*، ترجمهٔ حمید سیماب، فصل ۱۶

خلافت آنانرا سرانجام به آن متقاعد ساخته بود. اسلام در درازای سده‌ها این نیروی خارق‌العاده را مسیر داد، آن رهزنان قطاع الطریق را که بیابانها را در جستجوی دزدی و غارتگری می‌روفتند نظم و انضباط بخشید، و با نهاد خلافت قلادهٔ شانرا در دست یک قدرت مرکزی «نیمه انسان – نیمه خدا» داد که می‌دانست چگونه آنها را در حالت دایمی بسیج برای «جهاد فی سبیل الله» نگهدارد. آن بادیه نشینان جهانی را برای فتح داشتند!

پس از گرفتن بیعت از مردم اعتماد بر نفسِ ابوبکر افزایش یافت. وقتی عمر به سوی او خم شد و آهسته گفت «کنون نوبت توست»[۱۸] ابوبکر با کندی به جنبش آمد ولی باز هم متردد می‌نمود. درنگی کرد، گویی می‌خواست برگردد. عمر در چهرهٔ دوستش که با سرِ افگنده به زیر سوی زمین می‌دید شک و دو دلی خواند. برای لحظه‌یی ابوبکر را انگیزهٔ بی‌امانی فرا گرفت که چهار نعل از آنجا به تاخت بگریزد و در جایی دورِ دور از مسجد خود را قایم سازد، اما چنگال نیرومند عمر او را مصممانه ولی با احترام به سوی منبر کشاند. ابوبکر بدون آنکه بداند چگونه فراز آمد خود را بر منبر یافت تا بیانیهٔ قبولی انتصاب خود را که بیشتر به اعتراف می‌ماند ایراد کند. وی با صدای ضعیف و لرزانی لب به سخن گشود و چنان که معمول بود نخست خدای را حمد و ثنا گفت و به دنبال آن ادامه داد: «ای مردم! من ولی (سرپرست) شما انتخاب شده‌ام اما بهترین شما نیّم! همانا انسانی چون شمایم. خدای عز و جل محمد را برگزید، از همه آدمیان برتر و از همه کمبودها و نارسایی‌ها او را مبرأ داشت.» هیچیک از مستمعین توجه نکرد که با چنین مقدمه و بیانِ اینکه خدا او را برنگزیده و بهترینِ مسلمانان نبود ابوبکر در جا گفتهٔ پیشین عمر را باطل اعلام کرده بود. خلیفهٔ جدید رشتهٔ سخن را پی گرفت: «پس بدانید که من متابعت از خدا و رسولش کنم و در جای پای فرستادهٔ خدا گام نهم و راه نوینی می‌نسپرم. گر بر صراط مستقیم مانم از من پیروی کنید و اگر انحراف ورزم مرا بر آن راست دارید. بدانید که راستکاری امانت است و دروغ و ریا خیانت. ضعیف شما نزد من قوی است تا آن گاه که حقش را

[۱۸] البدایهٔ ابن کثیر ۲۶۸/۵–۲۶۹

نرسانده‌ام و قوی شما نزدم ضعیف باشد تا آن گاه که از وی حق نستانده‌ام.» ابوبکر با اندوهی بزرگ سخن می‌گفت، گویی هر واژه از ژرفای گلویش برون می‌آمد. هر جملهٔ او چون گریهٔ اشک اندود بود. فروتنی بی‌ریای ابوبکر، که خود از بار مسئولیت سنگینی که در پیشرو داشت بیمناک بود، در جان و دل سامعین نفوذ می‌کرد.

پس از بیان بنیاد اخلاقی قدرت و سلطه‌اش، ابوبکر که گویی آوازش از بند رها شده بود ادامه داد: «بدانید ای مردم، خداوند ذلیل می‌دارد قومی را که از جهاد رو می بگرداند، و به بلا اندر اندازد قومی را که منکرات را اشاعه دارد. تا آنگاه که از اوامر خدا و رسولش متابعت کنم از من متابعت کنید و چون از امر خدا و رسولش سرکشیدم اطاعت من بر شما واجب نباشد.»[19] جمعیت مسجد با خموشی به سخنان ابوبکر گوش می‌داد. آواز او در سراسر مسجد طنین انداخته بود و او را هر چه بیشتر بر خود مسلط و مطمئن می‌گردانید. ابوبکر مکثی کرد و به سوی عمر که با نگاهی سختگیرانه ولی با لبخندِ مباهات بر لب جمعیت را می‌پایید، نظر انداخت و با آوازی که نیرو یافته بود ادامه داد «و اما، بدانید و آگاه باشید که مرا عفریتی‌ست که گاه‌گاه بر من چیره گردد، پس وقتی مرا غضبناک دیدید از من بپرهیزید تا موی و پوست تان برنکَنَم!»[20] با این گفته عمر به علامت تأیید سر جنباند. ابوبکر سخنانش را با اعلام برپایی نماز به پایان آورد: «هنگام نماز است. برخیزید و نماز برپا دارید، یرحمکم الله (خداوند بر شما رحم آرد).» بدینگونه، با نماز جماعت بیعت به ابوبکر تأیید و تنفیذ شد و نهاد سیاسی نوپا در عمل تبرک و تقدس یافت. ابوبکر چشمان خود را بست. اکنون هر چه بادا باد، کعبتین سیاست و زندگی روی تختهٔ نردِ تاریخ انداخته شده بود. خلیفهٔ اول با قلبی پر از بیم و اندوه از منبر پایین شد. می‌دانست که دیگر هرگز روی آرامش را نخواهد دید.

---

[19] انساب بلاذری ۲۷۳/۲-۲۷۴؛ الکامل ابن اثیر ۱۹۲/۲؛ سیرهٔ ابن حبان ۴۲۴/۲؛ سیرهٔ ابن هشام ۶۶۰/۲؛ **صفة** الصفوه ابن جوزی ۹۸/۱؛ البدایهٔ ابن کثیر؛ طبقات ابن سعد ۱۸۲/۳-۱۸۳؛ طبری ۲۳۸/۲

[20] انساب بلاذری ۹۸/۱۰؛ اخبار ابن بکّار ۴۶۴؛ الامامه و السیاسه ابن قتیبه ۳۴؛ تاریخ الخلفأ سیوطی ۵۸؛ طبقات ابن سعد ۲۱۲/۳؛ طبری ۲۴۵/۲

با ختم نماز غریو «الله اکبر» مسجد را به لرزه آورد. اندکی دورتر در خانهٔ پیغمبر علی و عباس که مشغول شست‌وشوی جنازهٔ پسر عم و برادرزادهٔ خود بودند در حین غسل میت مکث کردند و دمی خموشانه سوی یکدیگر دیدند. ناگهان از آنسوی در بانگ البرأ ابن عازب به گوش رسید: «ای بنی‌هاشم! هم اکنون به ابوبکر بیعت کردیم.»[۲۱] عباس دستان خود را سوی آسمان بلند کرد «باور هرگز نتوانم! سرانجام کردند آنچه کردند!»[۲۲]

---

[۲۱] تاریخ یعقوبی ۸/۲

[۲۲] انساب بلاذری ۲۶۳/۲؛ طبری ۲۲۹/۲؛ تاریخ یعقوبی ۸/۲

پردهٔ دوم

خلیفهٔ بی قلمرو

صحنهٔ ۱

پس از آنکه مهاجرین به سوی مسجد راه افتیدند، تنی چند از انصار که در سقیفه باقی مانده بودند با هم در بارهٔ جریانات آن شب مباحثه و نقد و انتقاد می‌کردند که ناگاه با شگفتی مهاجر برجسته عبدالرحمن ابن عوف را دیدند که داخل سقیفه شد.[۱] چنان می‌نمود که این صحابی پیغمبر از نتیجهٔ مصیبت‌بار جرگهٔ سقیفه تازه آگاه شده و در پی چاره سازی آن وضعِ تیره و تار برآمده بود، بنابران با انگیزهٔ خیر اندیشی و اصلاح-گری آمده بود صحبت‌ها را از سر گیرد و انصار را متقاعد سازد تا از خلیفهٔ جدید جانبداری نمایند. و اما، اگر انصار نتوانسته بودند در پشتیبانی از سعد ابن عباده با هم به توافق نظر رسند، دلیلی هم نداشتند که جانب ابوبکر را گیرند. آنها به ابن عوف حالی کردند که فیصلهٔ آنها بر آن بود تا از علی پشتیبانی نمایند چون او را برای جانشینی پیامبر از همه شایسته‌تر می‌دانستند و از اینکه ابوبکر و عمر از غیابت اهل بیت پیامبر سؤ استفاده کرده بودند آنها را خائن و غاصب می‌شمردند. تلاش عبدالرحمن ابن عوف به متقاعد ساختن انصار به جایی نرسید. وقتی ابوبکر ازین اقدام

---

[۱] سِیَر ذهبی ۴۹/۳-۶۶؛ الاستیعاب ابن عبدالبر ۸۴۴/۲-۸۵۰؛ تاریخ دمشق ابن عساکر ۲۳۵/۳۵-۳۰۸؛ أُسد ابن اثیر ۳۷۶/۳-۳۸۱؛ جامع الاصول ابن اثیر ۱۹/۹؛ الإصابهٔ ابن حجر ۲۹۰/۴-۲۹۳؛ فضائل الصحابه ابن حنبل ۷۲۸/۲-۷۳۲؛ **صفة** الصفوه ابن جوزی ۱۳۱/۱-۱۳۳؛ فضائل الصحابه نسائی ۳۱؛ تهذیب الکمال المزی ۳۲۴/۱۷-۳۲۹؛ طبقات ابن سعد ۱۲۴/۳-۱۳۷؛ المعجم الکبیر طبرانی ۱-۱۲۶-۱۳۳

و ابتکار ابن عوف آگاه شد با خشم به وی گفت «ای نگون بخت، چرا چنین کردی؟ چه نیازت بود که این غایله را باز شوراندی؟»[۲]

خلیفه نیک آگاه بود که شمار زیادی از انصار انتخاب او را به رسمیت نمی‌شناختند و جز قبیلهٔ بنی‌عبدالاشهل و عده‌یی از اوسی‌ها، آنهم نه از روی اعتماد به او بلکه بیشتر به غرض مانع شدن از انتخاب سعد ابن عبادهٔ خزرجی، هیچ دیگری از انصار از وی جانبداری نمی‌کرد. روایات زیادی حاکی از آنند که حتی آن عده از انصار که از ابوبکر پشتیبانی کردند پسانتر از جانبداری خود اظهار پشیمانی نمودند، و شماری نیز به حساب «خائنین» یعنی معان ابن عدی و عُوَیم بن ساعده رسیدند.[۳] چند روزی پس از بیعت عام به خلیفهٔ جدید، تعداد زیادی از انصار پشتیبانی خود را از علی آشکارا ابراز داشتند، حتی عده‌یی به خانهٔ علی رفته و در بیرون خانهٔ او نام او را با فریاد صدا می زدند، اما علی از خانه نبرآمد و از پذیرفتن خواستِ آنها ابا ورزید.[۴] گذشته از آن، علی در فردای انتخاب ابوبکر هرگونه پیشنهاد جانبداری و پشتیبانی از خود را رد کرد.

شماری از مهاجرین با مایوسی و سرخوردگی از روگردانی انصار، ازینکه انصار علی را بر ابوبکر رجحان می‌دادند و جرئت کرده بودند با علم کردن داماد پیغمبر در برابر ابوبکر در اردوگاه قریش تخم نفاق بپاشند سخت برافروخته بودند. سه تن یعنی سهیل ابن عمرو[۵]، حارث ابن هشام[۶] و عکرمه ابن ابوجهل[۷] به گونهٔ خاص این برافروختگی مهاجرین را دامن می‌زدند. آنها تا مدت‌های مدیدی پس از آغاز دعوت محمد در کفر

---

[۲] الاخبار ابن بکّار ۴۶۳-۴۶۴؛ رِدّه واقدی ۴۴-۴۶

[۳] الاخبار ابن بکّار ۴۶۷-۴۷۰

[۴] شرح النهج ابن ابی الحدید ۲۳/۶؛ الاخبار ابن بکّار ۴۶۷

[۵] سیَر ذهبی ۱۲۴/۳؛ الاستیعاب ابن عبدالبر ۶۶۹/۲-۶۷۳؛ تاریخ دمشق ابن عساکر ۴۱/۷۳-۷۳؛ أسد ابن اثیر ۳۲۸/۲-۳۲۹

[۶] تاریخ دمشق ابن عساکر ۴۹۱/۱۱-۵۰۶؛ أُسد ابن اثیر ۴۲۰/۱-۴۲۲؛ الإصابهٔ ابن حجر ۶۹۷/۱-۶۹۹؛ المعجم الکبیر طبرانی ۲۵۸/۳-۲۶۰

[۷] الاستیعاب ابن عبدالبر ۱۰۸۲/۳-۱۰۸۵؛ تاریخ دمشق ابن عساکر ۵۱/۴۱-۷۲؛ أُسد ابن اثیر ۵۶۷/۳-۵۷۰؛ تهذیب الکمال المزی ۲۴۷/۲۰-۲۴۹؛ المعجم الکبیر طبرانی ۳۷۱/۱۷-۳۷۲

و انکار باقیمانده و انصار در جنگ و ستیز با آنها اعضای خانواده‌های شانرا به قتل رسانده بودند. این سه تن در خشم انگیزی تا آنجا پیش رفتند که سایر مهاجرین را برمی‌انگیختند تا با انصاری که بیعت به ابوبکر را تأیید و تصدیق نمی‌کردند به جنگ و مقابله برخیزند. آتش خشم متقابلِ انصار با آگاهی بر تهدیدهایی که اینسو و آنسو به گوش‌شان می‌رسید به نوبهٔ خود مشتعل می‌گردید. شاعر بلند آوازهٔ آنها حسن ابن ثابت افسار سخن را گسیخت و با افتخار در شعر شدیداللحنی خوار و ذلیل شدن عده‌یی از قریش به دست خزرجی‌ها را ستود.[۸] در پاسخ فردی قریشی به نام ولید بن عُقبَه بن ابی مُعَیَط[۹] که کینهٔ شخصی در برابر انصار داشت وارد معرکهٔ لفظی شد و به انصار اهانت روا داشت چون در گذشتهٔ پیش از مسلمان شدنش انصار در حضور پیامبر پدرش را سر بریده بودند.[۱۰] آنچه حباب ابن منذر در سقیفه در بارهٔ ترس از طلب خون و انتقام‌ستانی قریش به سبب کشته شدن پدران و برادران شان به دست انصار بیان داشته بود اکنون مصداق می‌یافت.

هیچ یک از دو جانب درگیرِ ستیزه آمادگی فرو نشاندن غلیان دیگ فتنه را نداشتند. به گونهٔ مثال، وقتی عمرو ابن عاص[۱۱] که در آن روزهای سرنوشت‌ساز در مدینه نبود به شهر برگشت و از ماجرای سقیفه آگاهی یافت، فریاد برآورد «بینم همی که انصار رشتهٔ اسلام را پس از برقراری نزدیک به گسلاندن رسانده‌اند! مگر آگاه نیند که فرستادهٔ خدا گفته بود "امامان از قریشند"؟ این سخن یکسو، سعد به پای ابوبکر نتواند رسیدن و مدینه انباز مکه نباشد! اگر ما را باید جنگیدن، انصار ما را لقمه‌یی

---

[۸] الاخبار ابن بکّار ۴۶۷-۴۶۸

[۹] سِیَر ذهبی ۴۲۷/۴؛ الاستیعاب ابن عبدالبر ۱۵۵۲/۴-۱۵۵۷؛ تاریخ دمشق ابن عساکر ۲۱۸/۶۳-۲۵۱؛ أُسد ابن اثیر ۶۷۵/۴-۶۷۷؛ تهذیب الکمال المزی ۵۳/۳۱-۶۱؛ المعجم الکبیر طبرانی ۱۴۹/۲۲-۱۵۱

[۱۰] الاخبار ابن بکّار ۴۷۸-۴۷۹

[۱۱] تاریخ دمشق ابن عساکر ۱۰۸/۴۶-۲۰۳؛ أُسد ابن اثیر ۷۴۱/۳-۷۴۵؛ الإصابهٔ ابن حجر ۵۳۷/۴-۵۴۱؛ فضائل الصحابه نسائی ۵۹؛ طبقات ابن سعد ۲۵۴/۴-۲۶۰

بیش نیستند!» و سپس گفتار کین‌توزانهٔ خود را با اشعار برّانی در هجو انصار و استهزأ بر ادعای قدرت شان آذین بخشید. انصار که از گفته‌ها و اشعار وی سخت دلخون و خشمگین شده بودند از یکی از شاعران خود نعمان ابن عجلان[12] خواستند عمرو را سرجایش نشاند. پس نعمان پاسخ داد: «راست بگفتی ای عمرو، پیامبر نیک فرمود "امامان از قریشند" ولی اینرا نیز بگفت "گر مردمان راهی بگزیدندی و انصار راهی، من همان گزیدمی که انصارش بگزیدی." این نیز راست بگفتی که ابوبکر افضل از سعد باشد، لاکن هان! بدان که قبیلهٔ سعد او را فرمانبردارتر و مطیعترند از آنکه قریش ابوبکر را.» نعمان با یادآوری گذشتهٔ ننگین عمرو در هنگامی که دشمن اسلام و مسلمانان بود، با طعنه چنین ادامه داد: «ای پسر عاص، مگر آنچه کردی فراموش کرده‌ای؟ بنی‌عبدمناف را در خون نشاندی آنگاه که جعفر ابن ابی طالب و یارانش را از بهر قتل تا حبشه پی گرفتی، بنی‌مخزوم را در خون نشاندی آنگاه که عُماره ابن ولید را به کام مرگ کشاندی[13]، ولی امروز این تویی که نشسته‌یی و ما را درس وفا به اسلام و رسول الله دهی!؟»[14] نعمان ابن عجلان سپس اشعاری سرود که در آن فضیلت انصار و گستردگی خوان سخای‌شان در پذیرایی از پناه‌جویان مکه را به رخ مهاجرین کشید، نمک نشناسی آنها را با قدرشناسی سگ‌ها مقایسه کرد و بر ابوبکر نیز با گفتن اینکه علی برای جانشینی محمد شایسته‌تر و مستحق‌تر است نیشگون زد.

---

[12] الاستیعاب ابن عبدالبر ۱۵۰۱/۴-۱۵۰۲؛ اُسد ابن اثیر ۵۵۸/۴-۵۵۹

[13] اُسد ابن اثیر ۲۰۷/۵ . پیش از گرویدن به اسلام عمرو بن عاص از سوی کفار قریش مؤظف شد تا جعفر ابن ابی طالب پسر عم پیغمبر و برادر علی را در حبشه تعقیب کند و به قتل رساند. برای دانستن جزئیات سفر و بود و باش عمرو ابن العاص در حبشه و ماجرایش با جعفر ابن ابی طالب و عماره ابن ولید، دیده شود شرح النهج ابن ابی الحدید ۳۰۴/۶-۳۱۲ .

[14] الاخبار ابن بکّار ۴۷۳

این الفاظ تلخ به گوش مهاجرین رسید و آنها را به گونهٔ وصف ناپذیری بر سر خشم آورد. درین هنگام خالد ابن سعید ابن عاص[۱۵] که به نمایندگی از پیامبر در یمن گماشته شده بود از آنجا برگشت. وی با برادرانش از اولین کسانی بودند که به دعوت پیامبر لبیک گفته اسلام آورده بودند.[۱۶] خالد از اشراف قریش بود و در قبیلهٔ خود مقام شامخی داشت، اما طرفه آنکه چون از غائله شنید جانب انصار را گرفت و عمرو بن عاص را مورد هتاکی و سرزنش قرار داد و به قریشییان گفت: «عمرو از آنرو به اسلام بگروید که او را چاره‌یی نبود، و چون با تیغ خود بیشتر نتوانستی بر اسلام تاختن کنون با زبان خود آنرا بدنام ساختن خواهد همی، ازینروست که میان مهاجرین و انصار تخم کین و نفاق پاشد.»[۱۷] پشتیبانی شخصیتی چون خالد از انصار دارای تبعات سیاسی بود و باعث درز در صفوف قریش شد. مسلمانان متقدم چون خالد مسلمانان متأخر چون عمرو بن عاص را منافق و ابن‌الوقت خوانده مورد سرزنش و ملامتی قرار دادند.[۱۸] با شنیدن چنین اهانتی آتش خشم در دل عمرو شراره کشید و تنی چند از قریشاییان دیگر آنرا دامن زدند، پس سوی مسجد مدینه رو نهاد و انصارییانی را که آنجا بودند مورد دشنام و هتک حرمت قرار داد، ولی چون فضل ابن عباس پسر عم پیامبر را آنجا دید دم فرو بست زیرا می‌دانست که میان انصار و اولادهٔ عبدالمطلب (پدر کلان محمد و فضل) رابطهٔ ماماخیل و خواهرزاده‌خیل موجود بود (مادر عبدالمطلب از قبیلهٔ خزرج بود بنابران خزرج خود را ماماخیل عبدالمطلب و نوادگانش می‌دانستند). عمرو همچنین آگاه بود که برخی انصار علی را بر ابوبکر ارجح و برای خلافت شایسته‌تر می‌دانستند. فضل چون ناسزاگویی‌های عمرو به انصار را شنید خونسردی خود را حفظ کرد ولی

---

[۱۵] سِیَر ذهبی ۱۶۰/۳-۱۶۱؛ الاستیعاب ابن عبدالبر ۴۲۰/۲-۴۲۴؛ تاریخ دمشق ابن عساکر ۷۶/۱۶-۸۶؛ اُسد ابن اثیر ۵۷۴/۱-۵۷۶؛ الإصابه ابن حجر ۲۰۲/۲-۲۰۴؛ تهذیب الکمال المزی ۸۱/۸-۸۳؛ طبقات ابن سعد ۹۴/۴-۱۰۰

[۱۶] المُنَمَق بغدادی ۲۹۲-۲۹۳

[۱۷] الاخبار ابن بکّار ۴۷۴

[۱۸] الاخبار ابن بکّار ۴۷۴-۴۷۵

هشدار داد «از آنچه درینجا از تو بشنیدم گذشتن نتوانم، اما چون علی اینجا در مدینه است بر من پاسخ واجب نباشد. رویم و بینیم علی اندین باب چه گوید.»

فضل چون ماجرا به علی باز گفت علی با برآشفتگی به مسجد آمد، عمرو را ناسزا گفت و از انصار جانبداری کرد، به گونه‌یی که حسن ابن ثابت بر آن شد تا در سپاس این کار مدیحه‌یی در وصف او بسراید. عمرو به مثابهٔ عنصر نامطلوب مجبور گردید مدینه را ترک نماید.[۱۹] دلیل اینکه علی چنان بازتاب بدخیمانه در برابر عمرو نشان داد آن بود که فکر می‌کرد وی با برافروختن آتش کین و نفاق میان مهاجرین و انصار می‌خواست گذشتهٔ ننگین خود منحیث دشمن اسلام و مسلمین را دوباره احیأ کند.[۲۰]

همین مداخلهٔ علی باعث گردید تا این غائله از دشنام و ناسزاگویی متقابل در شعر – که بیشتر با انگیزهٔ کینه‌های شخصی بود تا مواضع مدلل سیاسی – فراتر نرود.[۲۱] بدین گونه، مخالفت انصار به ویژه با خودداری علی از هرگونه اقدام در پاسخ به خواست‌های آنها بی‌پی‌آمد باقیماند.[۲۲] انصار، مانند جریان جرگهٔ سقیفه، هرگر نتوانستند صفوف خود را متحد و همنظر سازند. ابوبکر سرانجام توانست با شریک ساختن آنها در جنگ‌های آتیهٔ خود پشتیبانی‌شان را کسب نماید. یکبار دیگر انصار، همانگونه که «یاری

---

[۱۹] الاخبار ابن بکّار ۴۷۲-۴۷۸

[۲۰] خاطرهٔ جمعی (و بس گزینشی) مسلمانان از عمرو بن عاص تصویر شهسوار تهمتن اسلام است که در زمان خلافت عمر ابن خطاب مصر را فتح کرد. کارنامه‌های پیروزمندانهٔ جنگی او از یاد مسلمانان برده است که این فرد قریشی زمانی از کینه‌جوترین دشمنان پیغمبر بود. از همین رو وی همواره شخصیت بحث انگیز باقی ماند و حتی در مورد خلوص و بی‌ریایی اسلام آوردن او شک‌هایی موجود بود.

[۲۱] برای جزئیات این مشاجره لفظی بی‌فرجام الاخبار ابن بکّار ۴۶۲-۴۸۰ دیده شود

[۲۲] شرح النهج ابن ابی الحدید ۲۳/۶؛ الاخبار ابن بکّار ۴۶۷

دهندگان» پیامبر بودند، به مثابهٔ همسنگران و همکیشان مهاجرین یاری‌دهندگان خلیفهٔ اول نیز گردیدند.[۲۳] اغوای غنیمت و یغما مخالفت آنها را به آسانی زایل ساخت.

یگانه کسی از انصار که پابرجا و سازش‌ناپذیر باقی ماند سعد ابن عباده بود. وی در روزهای پس از شورای سقیفه حصارنشین خانه شد. پیام‌گزارانی با پیغام «باید چون دیگران سر به راه شوی و اطاعت کنی» نزدش فرستاده شدند، ولی سعد خشمناک و آشتی‌ناپذیر جواب داد «حتی اگر آسمان و زمین بهم آیند هرگز گردن نخواهم نهاد!» ابوبکر از دریافت این پاسخ پریشان‌حال گردید اما عمر که در کنارش بود اصرار ورزید «او را نباید چنین واگذاشت. تابعیت و میثاق پیروی او ما را لازمست!» بشیر ابن سعد که آنجا بود گفتش «ضیاع وقت باشد این. من افدرزاده‌ام را نیک شناسم، هرگز می نپذیرد، حتی اگر سرش برباد رود.» وی سپس خلیفه و معاونش را به حزم و احتیاط فراخواند و مشوره داد «او را به حال خودش گذارید. وی منزوی باشد و شما را گزند و زیانی رساندن نتواند.»[۲۴] ابوبکر و عمر مشورهٔ بشیر را پذیرفتند ولی نگرانی‌شان زایل نگردید. سعد گرچه اقدام مشخصی بر ضد ابوبکر انجام نداد، موضعگیری او باعث پریشانی بود چون یکدلی و هم‌آوازی‌ایرا که آرزو می‌رفت مخدوش می‌ساخت.

سعد تا زمان مرگش مخالف سیاسی و آشتی‌ناپذیر باقی ماند. وی منزوی از مجتمع دیگران زندگی می‌کرد، سلام هیچ مهاجری را علیک نمی‌گفت، با دیگر مسلمانان در صف نماز نمی‌ایستاد و در هنگام حج، در وقوف عرفات از سایر زائرین جدا می‌ایستاد. این اعتراضِ لب بستهٔ سعد در طی دو سال خلافت ابوبکر ادامه داشت و خلیفهٔ اول نیز از آوردن هرگونه فشار بر وی دست کشید. بی‌گمان، مناسبات صمیمانهٔ گذشته و پیوندهای خانوادگی او را از کوچکترین اقدامی در برابر سعد مانع می‌شد.

---

[۲۳] غزوات ابن حُبَیش ۳۱ . قابل یادآوریست که محدثین سلسله مراتب اصحاب را بیشتر از روی سهمگیری آنها در جنگهای پیغمبر به خصوص جنگ‌های بدر و اُحد تعیین نموده‌اند. (تبصرهٔ سیوطی روی این موضوع در کتابش «تاریخ الخلفأ» ۳۸–۳۹ دیده شود.)

[۲۴] الکامل ابن اثیر ۱۹۲/۲؛ الامامه و السیاسه ابن قتیبه ۲۷

با مرگ ابوبکر وضع تغییر کرد. با به قدرت رسیدن عمر سعد خود را در خطر دید. شاید هم به سبب شیوه‌های فشار و تخویفی که خلیفهٔ جدید پیش گرفت مدینه برایش غیر قابل تحمل گردید، پس تصمیم مهاجرت به شام را گرفت. روزی در برابر تلاش‌های پرشماری که برای به راه آوردنش صورت می‌گرفت اظهار داشت «سوگند به خداوند، حتی اگر معشر الجن و الانس (جماعت جن‌ها و آدم‌ها) هم عمر را تأیید دارند تا دم مرگ به او بیعت نخواهم کرد.» حرفش را گویی پذیرفتند چون گفته می‌شود که مدتی پس از آن جن‌ها او را در شام به قتل رساندند! در واقع، احادیث و متون تأیید می‌دارند که همانا عمر بود که فرمان اعدام او را صادر کرد. با بهره‌گیری از کین‌توزی-های گذشته (همانند جریان شورای سقیفه)، خلیفهٔ دوم به فردی از اوس فرمود تا سعد ابن عبادهٔ خزرجی را سر به نیست سازد.[۲۵]

جنگ برادرکشی داخلی میان اوس و خزرج یقیناً پایانی نداشت ...

[۲۵] سیرهٔ حلبی ۵۰۷/۳؛ عِقد عبد ربه ۱۴/۵؛ انساب بلاذری ۲۷۲/۲؛ تاریخ دمشق ابن عساکر ۲۶۶/۲۰

صحنهٔ ۲

برهان قاطع ابوبکر در جرگهٔ سقیفهٔ بنی‌ساعده حدیث الأَئِمَّةُ مِنْ قُرَیْش (امامان از قریشند) بود، اما از قضا بیشترِ قریشی‌ها با «انتخاب» ابوبکر به جانشینی پیغمبر ناسازگار بودند.

وقتی مرگ پیامبر و گزینش ابوبکر به جای او اعلام گردید همه قبیلهٔ قریش تکان عمیقی خوردند. شهر مکه ازین اعلام چنان آشفته و سراسیمه گردید که عتّاب ابن أسید[۱] از قبیلهٔ بنی‌امیه که نماینده و قائم مقام پیامبر در آن شهر بود مجبور شد مخفی گردد تا از وضعیتی که ناگهان شکل انفجاری به خود گرفته بود در امان ماند.[۲] صداهایی در اعتراض به تفویض مقام خلیفه به ابوبکر از سوی اشرافیت قریش بلند شد، چون ابوبکر منسوب به طایفهٔ کم اهمیتی از آن قبیله بود. ابوقحافه پدر ابوبکر خود از جملهٔ نخستین کسانی بود که از گمارش پسرش با شگفت زدگی پرسید «از چه رو او را برگزیدند؟» وقتی گفتندش «از سبب آنکه مسن‌ترین بود» طنزآمیز پاسخ داد «پس مرا باید برگزیدندی چون من از وی مهترم.»[۳] ابوقحافه چون خود به حقانیت انتصاب پسرش باورمند نبود و ستیز و پرخاش اشرافیت قریش را پیش‌بینی می‌کرد

---

[۱] الاستیعاب ابن عبدالبر ۱۰۲۳/۳-۱۰۲۴؛ أسد ابن اثیر ۴۵۲/۳

[۲] تاریخ دمشق ابن عساکر ۴۵/۷۳ و ۵۷؛ البدایهٔ ابن کثیر ۳۰۰/۵؛ اکتفأ کلاعی ۴۴۵/۱

[۳] شرح النهج ابن ابی الحدید ۲۲۲/۱

بی‌درنگ پرسید «آیا آل‌هاشم، آل‌عبدشمس و آل‌مغیره این انتخاب را بپذیرفتند؟»[۴] وی می‌دانست که خاستگاه اجتماعی محقر پسرش به او اجازه نمی‌داد اشرافیت پارینهٔ قریش را براندازد، چون وقتی روزی ابوبکر بر ابوسفیان اهانت روا داشته بود پدرش او را سرزنش کرده گفت «چگونه جرئت کنی به شیخ این مرز و بوم توهین روا داری؟» ابوبکر پاسخ داد «دانی، ای پدر، خداوند از برکت اسلام خانه‌های از چشم افتادگان را برافراخت و خانه‌های سرافرازانِ زمان جاهلیت را فروکشید. دودمان تو ای پدر، از برافراشتگان است و دودمان ابوسفیان از خوار شدگان.»[5]

اشرافیت قریش در برابر قدرت‌یابی ابوبکر چند پارچه بود. عشیرهٔ مغیره ابن عبدالله که شاخهٔ مهمی از قبیلهٔ بنی‌مخزوم بود از ابوبکر جانبداری می‌کرد[۶] و در سلطهٔ او فرصت پایان بخشیدن به چیرگی و سرکردگی اولادهٔ عبدمناف[۷] (پسر قصی ابن کِلاب پایه گذار قریش)[۸] را می‌دید که پسران همزاد دوگانه‌اش عبدشمس (پدر امیه جد اموی‌ها)[۹]

---

[٤] انساب بلاذری ۲۷۲/۲-۲۷۳؛ طبقات ابن سعد ۱۸۳/۳ . بعدها، وقتی آگاه شد که عمر جانشین ابوبکر گردید، ابوقحافه عین همین واکنش را نشان داد و پرسید «آیا بنی‌عبدمناف پذیرفتند؟» (انساب بلاذری ۱۰۰/۱۰؛ تاریخ الخلفأ سیوطی ۵۹)

[٥] انساب بلاذری ۷۹/۱۰؛ مروج الذهب مسعودی ۳۰۶/۲ . انقلابی که ظهور اسلام در سلسله مراتب اجتماعی جامعهٔ عربستان وارد ساخت در بخش نخست این کتاب به بحث گرفته شده است.

[٦] جنگاور معروف خالد ابن ولید که به این دودمان تعلق داشت پشتیبان بزرگ ابوبکر (الاخبار ابن بکّار ۴۶۵-۴۶۶) بود و ابوبکر او خیلی ارجمند می‌داشت چون پیروزی ابوبکر در جنگ‌های ارتداد تا حد زیادی مدیون او بود.

[٧] المُنَمَق بغدادی ۱۰۴؛ نهایة الأرب قلقشندی ۳۴۲-۳۴۳ . قابل تذکار است که نام اصلی عبدمناف «المغیره» بود (تاریخ الخلفأ سیوطی ۱۳۰) و عبدمناف لقبی بود به معنی «بردهٔ مناف». این اخیرالذکر معبود مشرکین پیش از اسلام بود که نامش (مناف) یاد آورندهٔ ممفیس (در عربی «منف») شهر نام آور مصر باستان می‌باشد.

[٨] نام اصلی قصی «زید» و «قصی» لقبش بود. (نهایة الأرب قلقشندی۳۹۹؛ تاریخ الخلفأ سیوطی ۱۳۰)

[٩] نهایة الأرب قلقشندی۳۳۷

و هاشم (پدر کلان پیامبر و جد سلسلهٔ هاشمیان)[10] دو عشیرهٔ نیرومند بنی‌امیه و بنی-هاشم در درون قبیلهٔ قریش را نسب می‌دادند.[11] بدین ترتیب پشتیبانی آن بخشِ قریش که به جانبداری از ابوبکر کمر بست نه از روی انگیزهٔ دینی بلکه به سبب دلایل سیاسی بود، چون آنانی که به گونهٔ مستقیم به قصی ابن کلاب نسب نمی رساندند همواره خود را از عرصهٔ قدرت و منزلت مهجور می‌دانستند و با پشتی‌بانی از ابوبکر می‌توانستند از اولادهٔ عبدمناف انتقام گیرند.

خالد ابن سعید ابن عاص بخشی از اشرافیت دیروزین بود که می‌دید قدرت از دست-شان می‌لغزد. وی که به طایفهٔ بنی‌امیه تعلق داشت و در همان اوایل به اسلام گرویده بود از سوی پیغمبر در یمن نماینده و قائم مقام گماشته شده بود. برادرانش عمر و اَبان[12] نیز بالترتیب در تیماء و خیبر و همچنین در بحرین ماموریت‌های مشابهی یافته بودند. وقتی خالد و برادرانش یک ماه پس از به قدرت رسیدن خلیفهٔ اول به مدینه برگشتند از بیعت به ابوبکر خودداری نمودند. با رسیدن به مدینه خالد به سراغ علی و عثمان رفت و با اعتراض پرسید «ای اولادهٔ عبدمناف! چگونه پذیرفتید که قدرت از دست‌تان در رود؟» سپس رو سوی علی گرداند و بر ضرورت اتحاد میان بنی‌امیه و بنی‌هاشم تأکید کرد. «شما، ای بنی‌هاشم، درختی ستبرید با میوهٔ خوشگوار، و ما از شماییم!»[13] اما علی و عثمان هیچیک به این فراخوانِ بسیج پاسخ مثبت نداد. وقتی اندکی بعد ابوبکر این سه برادر را احضار کرد و با توبیخ و سرزنش پرسید «چرا به مدینه برگشتید؟ برگردید آنجا که فرستادهٔ خدا شما را گماشته بود!» آنها در جواب با استخفاف گفتند «ترا بر ما فرمانی نیست. پس از پیامبر از هیچ کسی اطاعت می

---

[10] جمهرة انساب ابن حزم ۱۴/۱

[11] جمهرة انساب ابن حزم ۱۴/۱ . نام اصلی هاشم عمرو بود (نهایة الأرب قلقشندی ۴۳۵؛ تاریخ الخلفأ سیوطی ۱۳۰)

[12] أسد ابن اثیر ۴۶/۱-۴۸

[13] انساب بلاذری ۲۷۰/۲؛ أسد ابن اثیر ۵۷۵/۱؛ السقیفه و فدک جوهری ۵۵؛ تاریخ یعقوبی ۱۱/۲

نکنیم!»[۱۴] خالد ابن سعید تا شش ماه به خلیفهٔ جدید بیعت نکرد و همواره به سبب این درنگ مورد ملامت و سرزنش ابوبکر و عمر قرار داشت.[۱۵]

اعتراض ابوسفیان پرخاشگرانه‌تر بود. وی که نام مکملش صَخر بن حرب بن امیه بن عبدشمس بن عبدمناف بن قصی[۱۶] و از عشیرهٔ معتبر و ثروتمند اموی بود شاید باقدرت‌ترین و متنفذترین فرد قریش به شمار می‌رفت. مردی بود مغرور، خودکامه و گربز، با شخصیتی قوی و شمّ سیاسی بی‌مانندی که فرزندش معاویه که بعدها نخستین شاهنشاهی اسلامی را پی نهاد آنرا از وی به میراث برد.

ابوسفیان پیش از گرویدنِ دیروقت به اسلام دشمن سوگند خوردهٔ پیامبر بود. محمد با دیدن اینکه ستیز و رویارویی با این مرد کله شخ به جایی نمی‌رسد تصمیم گرفت از هرگونه دشمنی با وی دست کشد و حتی باری «شاعر دربار» خود حسن ابن ثابت را به سبب سرودن شعر تند و نیشداری بر ضد ابوسفیان مورد سرزنش قرار داد و گفت «چگونه جرئت کنی افدرزاده‌ام را چنین بد گویی؟!»[۱۷] پیامبر توانست با شیوه‌های نرم و مدارا جویانه ابوسفیان را به سوی خود متمایل سازد. نخست دختر او ام حبیبه را به زنی گرفت، سپس مبلغ هنگفت پول را که عبارت از همان هزینهٔ مشهور «تالیف القلوب (الفت دهی دل‌ها)» بود که با آن مسلمان شدن سرسخت ترین معاندین اسلام خریده می‌شد به وی پرداخت.[۱۸] در هنگام فتح بدون جنگ مکه محمد خطاب به

---

[۱۴] الاستیعاب ابن عبدالبر ۴۲۲/۲؛ اُسد ابن اثیر ۵۷۵/۱

[۱۵] انساب بلاذری ۲۷۰/۲

[۱۶] الاستیعاب ابن عبدالبر ۷۱۴/۲-۷۱۵؛ تاریخ دمشق ابن عساکر ۴۲۱/۲۳-۴۷۴؛ اُسد ابن اثیر ۳۹۲/۲-۳۹۳؛ الإصابه ابن حجر ۳۳۲/۳-۳۳۵؛ تهذیب الکمال المزی ۱۱۹/۱۳-۱۲۲؛ المعجم الکبیر طبرانی ۵/۸-۲۴

[۱۷] الاستیعاب ابن عبدالبر ۳۴۲/۱؛ اُسد ابن اثیر ۴۸۲/۱

[۱۸] المُنمَق بغدادی ۴۲۲-۴۲۳؛ دلائل بیهقی ۲۷/۴-۵۴ . به این «تالیف القلوب» در آیهٔ ۶۰ سورهٔ توبه چنین اشاره شده‌است («إِنَّمَا الصَّدَقَاتُ لِلْفُقَرَاءِ وَالْمَسَاكِينِ وَالْعَامِلِينَ عَلَيْهَا وَالْمُؤَلَّفَةِ قُلُوبُهُمْ وَفِي الرِّقَابِ وَالْغَارِمِينَ وَفِي سَبِيلِ اللَّهِ وَابْنِ السَّبِيلِ – زکات و صدقات مخصوص فقرأ و مساکین و

دشمنان دیروزینش جمله‌یی بر زبان آورد که زبانزد شد: «هر آنکس که به خانهٔ ابوسفیان پناه جوید در امان باشد!» بدینگونه پیامبر اتوریتهٔ ابوسفیان را که اسلام آوردنش برای محمد پی‌آمدهای سرنوشت‌ساز سیاسی داشت تبرک بخشید. روزی هنگامی که ابوسفیان برای دیدن دخترش ام‌حبیبه به خانهٔ پیغمبر آمده بود، باشوخی به داماد خود گفت «روزی که از تو دست کشم اعراب جملگی از تو دست کشند. در روزی چنین دو بزی هم نخواهی یافت تا برایت بجنگند!» محمد که تصور جنگ دو بز تبسم روی لبانش آورده بود و نمی‌خواست سخن خسر خود را تکذیب کند با خنده پاسخ داد «این تویی که چنین گویی!»[19]

وقتی ابوسفیان آگاه شد که کسی که وی او را از روی تحقیر «ابوفَصیل»[20] می‌خواند به مقامی رسیده بود که جز اعضای معتبرترین عشایر قریش دیگری را شایستهٔ آن نمی‌پنداشت از خشم به خود پیچید و غضبناک فریاد زد «ما را با ابوفصیل چه کار؟»[21] سپس همانند خالد ابن سعید با اشاره به جد مشترکی که با خاندان پیامبر داشت گفت «قدرت را باید در عشیرهٔ عبدمناف باقی ماندن!» و در پی آن پرسید «علی و عباس را واکنش چگونه بود؟» وقتی گفتندش که هیچ یک از آن دو عکس‌العملی نشان نداد فریاد زد «سوگند به خداوند که بازوان شانرا بلند خواهم ساخت.»[22]

کارگزاران جمع آوری آن و کسانی که دل‌هاشان به دست آورده می شود و برای آزاد کردن بردگان و ادای وام بدهکاران و در راه الله و به راه ماندگان است»)

[19] تاریخ دمشق ابن عساکر ۴۴۶/۲۳؛ الإصابه ابن حجر ۳۳۴/۳

[20] «فَصِیل» مانند کلمهٔ «بکر» در عربی شتر را گویند. ابوسفیان کلمهٔ مترادف با «بکر» را از روی ریشخند و استهزأ در کنیهٔ خلیفهٔ جدید به کار می‌برد تا مفهوم حیوان را تداعی کند.

[21] انساب بلاذری ۲۷۱/۲؛ طبری ۲۳۷/۲

[22] شرح النهج ابن ابی الحدید ۴۴/۲؛ السقیفه و فدک جوهری ۳۹ (توضیح مترجم: اصل عربی این نقل قول چنین است: «أما والذی نفسی بیده لأرفعنّ لهما من أعضادهما (قسم است به ذاتی که نفس من در دست اوست که بازوان شانرا بلند خواهم ساخت)» که منظور به عبارهٔ دیگر اینست که آنها را برخواهم انگیخت تا کاری کنند.)

ابوسفیان بی‌درنگ به مدینه شتافت تا با دو همتبار خود بر ضد ابوبکر وارد اتحاد گردد. وی با از یاد بردن همچشمی‌های دیرینه میان بنی‌امیه و بنی‌هاشم – امیه پدر بزرگ ابوسفیان بر عموی خود هاشم همواره سخت رشک می‌ورزید[۲۳] – خواست تا از نام عبدمناف نیای مشترک‌شان از آنها بخواهد تا صفوف خود را فشرده ساخته جبههٔ متحدی تشکیل دهند. به مجرد رسیدن به مدینه نزد علی و عباس رفت و با دیدن آنها دستان خود را بلند کرد و فریاد زد «یالا عبدمناف! ای فرزندان عبدمناف! شما قدرت را به حقیرترین طایفهٔ قریش داده‌اید! چگونه چنین کردن بتوانستید؟» در برابر سکوت علی و عباس روی سخن را سوی علی گرداند: «چگونه قدرت را به ابوبکر واگذاشتی؟ این بس نا روا بوَد! نیک دانی که وی از بنی‌تَیِّم است که حقیرترین عشیرهٔ قریش باشد![۲۴] و بنی‌عَدی که عشیرهٔ عمر است از آن هیچ بهتر نبوَد!»

پدر معاویه از جان و دل امیدوار بود از علی و عباس عکس‌العملی بیند ولی انتظارش بیهوده بود. با تلخکامی از بی‌تلخگی آن دو، ابوسفیان به نیرنگِ تحریک و انگیزش دست یازید: «شما بی‌همت و بز دلید! این ابوفصیل را می‌بگذارید حق شما را زیر پا کند! می‌بگذارید حق ما را پامال کند! این را پذیرفتن هرگز می‌نتوانم!»[۲۵] باز هم از دو عضو عشیرهٔ بنی‌هاشم صدایی برنیامد. چهرهٔ ابوسفیان از خشم سرخ شد، گامی سوی علی برداشت، دست خود را پیش آورد و گفت «دستت را فراز آر تا به تو بیعت کنیم!» علی از جا نجنبید و دست ابوسفیان در هوا ماند. ابوسفیان می‌دانست که برای سرنگونی سلطهٔ ابوبکر باید علی را متقاعد سازد، چون آگاه بود که انصار پشتیبان علی بودند. «ترسی به دل راه مده! گر حلف وفاداری ترا دهیم از بنی‌عبدمناف هیچکس را اعتراضی نباشد، و چون بنی‌عبدمناف از تویند همه قریش از تویند و گر همه قریش از

---

[۲۳] المُنَمَّق بغدادی ۹۷؛ انساب بلاذری ۶۸/۱-۶۹

[۲۴] نهایة الأرب قلقشندی ۱۹۰

[۲۵] شرح النهج ابن ابی الحدید ۴۴/۲؛ الکامل ابن اثیر ۱۸۷/۲؛ السقیفه و فدک جوهری ۳۹؛ تاریخ الخلفاً سیوطی ۵۵؛ طبری ۲۳۷/۲؛ تاریخ یعقوبی ۱۰/۲

توند همه اعراب ترا پشتیبان باشند!»[26] سخنان ابوسفیان اثری بر علی نداشت. ابوسفیان با اصرار ادامه داد «یک حرف برگوی و کوی و برزن مدینه را از اسپان و جنگاورانم لبریز بین!»[27]

پس داماد محمد سکوت بشکست و لب به سخن گشود و بر پدر معاویه چنین بانگ داد «بس کن، ای ابوسفیان! تو هماره عنادت را با اسلام و مسلمین نشان داده‌ای و هیچت حاصل نیامد، پس کنون تخم نفاق خواهی پاشیدن! پند و اندرزت را بر خود نگهدار! گر من در ابوبکر آن شایستگی که بباید ندیدمی هرگز قدرت را در دستان او وانگذاشتمی!»[28] برای علی، روحیهٔ همبستگی دینی بر همدلی و همرهی قومی می چربید. گذشته از آن، وی بر ابوسفیان اعتماد نداشت و از او حذر می‌کرد. شوهر فاطمه اگر هم می‌خواست با ابوبکر مخالفت کند ناسازگاری خود را هرگز با اتکا بر مردی نشان نمی‌داد که اسلام آوردنش هماره مورد شک قرار داشت و بر وی بدگمانیِ آن بود که با درز انداختن در صفوف مسلمانان می‌خواهد جنگ داخلی میان آنها را دامن زند. از قضای روزگار، جنگ برادرکشی میان مسلمین که علی از مشتعل ساختن آن به اثر پذیرفتن پیشنهاد ابوسفیان چنان بیم داشت سر انجام بر ضد او به دست معاویه شعله‌ور شد، یعنی به دست پسر کسی که امروز آمده بود تا قدرت سیاسی را دو دسته روی خوانچه‌یی سیمین به او پیشکش کند.

در برابر تردید و روگردانی علی خشم سیاه و توفنده‌یی بر ابوسفیان چیره گشت: «توفانی از دود و آتش را بینم که فراز آید همی، که جز با خون آنرا فرو نشاندن

[26] سمط النجوم عصامی ۵۷۰/۲

[27] انساب بلاذری ۲۷۱/۲؛ الکامل ابن اثیر ۱۸۷/۲–۱۸۸؛ مستدرک حاکم ۸۳/۳؛ السقیفه و فدک جوهری ۴۰؛ تاریخ الخلفأ سیوطی ۵۵؛ طبری ۲۳۷/۲

[28] انساب بلاذری ۲۷۱/۲؛ الکامل ابن اثیر ۱۸۸/۲؛ السقیفه و فدک جوهری ۴۰؛ طبری ۲۳۷/۲

نتوان!»[۲۹] سپس با دلزدگی از بی درایتی و بی‌کیاستی داماد و پسر عم پیامبر با عربده و داو و دشنام خانهٔ علی را ترک گفت.[۳۰]

علی ابن ابی طالب یگانه کسی بود که وزنهٔ ابوسفیان را به هیچ گرفت و سخنان او را کم‌بها داد. عمر به ابوبکر مشوره داد تا با آن مرد مغرور و سلطه‌جو از راه آشتی و مدارا پیش آید، پس خلیفهٔ اول شیوهٔ آزموده و خطاناپذیری را به کار بست و یزید و معاویه دو پسر ابوسفیان را به سرلشکری قشونی که به شام می‌فرستاد برگزید.[۳۱] بدینگونه، وی ابوسفیان را همانگونه با رشوه تطمیع کرد که پیشتر از آن پیامبر مسلمان شدن او را تطمیع کرده بود. ابوسفیان به مجرد شنیدن خبر گماشته شدن پسرانش به سرلشکری شتافت تا به ابوبکر بیعت کند.[۳۲] با پی‌بردن به مؤثریت شگفتی‌آور این شیوه در شیره‌مالی و به راه آوردن کسانی که ادعای بلندترین و منزه‌ترین اصول اخلاقی را داشتند، خلیفه تصمیم گرفت تا نمایندهٔ برجستهٔ دیگر اموی در میان مخالفین قریشی خود، یعنی خالد ابن سعید ابن عاص را نیز به شام بفرستد. چنین دورسازی از صحنه با ترفیع درجه و مقام یکی از کهن‌ترین ترفندهای سیاسی برای کم ساختن شر حریفی از سر خود است که بر دل بار بوده و بالقوه خطرناک بودن می‌تواند.

و اما هاشمیان: آنها در مدینه ماندند و عمال نظام جدید آنها را به دقت زیر دیده‌بانی گرفتند.

---

[۲۹] انساب بلاذری ۲۷۱/۲؛ السقیفه و فدک جوهری ۳۹ . حوادث آتیه درستی پیش‌بینی آن مرد روشن بین و واقع‌گرا را ثابت ساخت. تاریخ اسلام مشحون از توفان‌های آتش است که با قیمت حمام خون فرو نشانده شدند. ابن بکار می‌نویسد که پس از روگردانی علی، ابوسفیان کوشید تا عباس را به دست‌یازی به قدرت متقاعد سازد ولی عباس نیز پیشنهادش را رد کرد.

[۳۰] الاخبار ابن بکّار ۴۶۲-۶۴۳

[۳۱] اُسد ابن اثیر ۷۱۵/۴؛ المعارف ابن قتیبه ۳۴۵؛ السقیفه و فدک جوهری ۳۹

[۳۲] السقیفه و فدک جوهری ۳۹؛ طبری ۲۳۷/۲

نقشی که ابوسفیان در پسینهٔ به فرمانروایی رسیدن ابوبکر بازی کرد عواقب سرنوشت-سازی داشت، چون راه را برای استیلای تدریجی اموی‌ها باز کرد. ابوسفیان روزی حین صحبت در مورد سلطه و قدرت به اعضای دودمانش اظهار داشت «بهشت و دوزخی در کار نیست. قدرت را چنان بقاپید که گوی را از هوا می‌قاپید!»[۳۳]

[۳۳] شرح النهج ابن ابی الحدید ۴۴/۲؛ السقیفه و فدک جوهری ۳۹-۴۰؛ طبری ۶۲۲/۵

صحنهٔ ۳

اگر در شورای سقیفهٔ بنی‌ساعده ظاهراً مهاجرین همه با ابوبکر همبستگی بی‌دریغ نشان دادند به سبب آن بود که جز پشتیبانان او کس دیگری از مهاجرین در آنجا حضور نداشت. در واقع برخلاف، مهاجرین بیشمار دیگر یا از نام اهل بیت و یا هم از نام تعلقات عشیروی با جانشینی ابوبکر ناسازگار و از علی جانبداری می‌نمودند و قاطعانه بیعت به ابوبکر را رد می‌کردند. دیری نگذشت که این ناراضیيان با سنگرگیری در خانهٔ علی و فاطمه مخالفت خود را در عمل تبارز دادند.[۱] موضع آنها همسو با موضع قریشیيان مکه و به خصوص ابوسفیان بود که به دلیل حس برتری و تفوق بنی‌عبدمناف بر بنی‌تیّم که قبیلهٔ ابوبکر بود از بیعت به کسی که به زعم آنان فردی نوکیسه و تازه به دوران رسیده بود عار داشتند. برخی انصار با آگاهی بر عدم اشتیاق و سردی استقبال بخش بیشترِ مهاجرین و قریشیيان از تقرر خلیفهٔ جدید از شتابی که در تأیید و پذیرش خلافت او نشان داده بودند اظهار پشیمانی می‌کردند.[۲] علی در مرکز جر و بحث‌ها قرار داشت. انصار و مهاجرین زیادی او را شایسته‌تر و مناسبتر از ابوبکر برای جانشینی پیامبر می‌دانستند. شمار زیادی از معتبرین قریش، از آن جمله سومین خلیفهٔ آینده یعنی عثمان ابن عفان، که با نیرنگ‌ها و دغلکاری‌های ابوبکر و عمر ناآشنا بودند، ترجیح دادند تا در خانه‌های خود بپایند.

---

[۱] طبقات ابن سعد ۱۹/۸–۳۰

[۲] الاخبار ابن بکّار ۴۶۷؛ شرح النهج ابن ابی الحدید ۲۳/۶

با آگاهی بر نارضایتی‌ها و مخالفت‌ها علیه جانشینی‌اش، ابوبکر می‌دانست که دورهٔ حکمروایی او بس گجسته آغاز شده بود، حتی آوازه‌هایی شنیده می‌شد که انصار کنکاش داشتند که بیعت خود را پس گیرند. همه کس از خود می‌پرسید: آیا پیامبر واقعاً خلیفهٔ جدید را خود برگزیده بود؟[۳] ابوبکر که تعلل در بیعت به خود را می‌دید با دستپاچگی با هر که مقابل می‌شد می‌پرسید «اندرین امر، کی را بر من تقدم باشد؟ مگر من نخستین نمازگزار نبودم؟ نبودم؟!» و سپس به یادآوری همه خدمات و خوبی‌هایی می‌پرداخت که به پیامبر کرده بود.[۴] برخی‌ها حتی گویند که ابوبکر کوشید عده‌یی از ناسازگاران را با رشوه راضی سازد، مانند پولی که به پیره زنی فرستاد و پیره زن با خشم و انزجار پول را واپس کرد و پیام داد «أ ترشونی عن دینی؟ (آیا در دینم به من رشوه می‌پردازی؟)»[۵]

همگان می‌دانستند که رشتهٔ خاصی میان پیامبر و ابوبکر وجود داشت، ولی داشتن چنین رشتهٔ خاص با پیغمبر ویژهٔ ابوبکر نبود، زیرا همه آگاه بودند که گذشته از علی که پسر عم، داماد و پدر نواسه‌های دلبندش حسن و حسین بود، پیامبر با اصحاب دیگری نیز مهر و پیوند نزدیک داشت، چون حذیفه ابن یمّان که «صاحب‌السّر (نگهدارندهٔ راز)» پیغمبر خوانده می‌شد، زید ابن حارثه که لقب «الحب (محبوب پیغمبر)» داشت، و اسامه پسر زید که ملقب به «الحب ابن الحب (محبوب پسر محبوب)» بود. عایشه دختر خودِ ابوبکر اذعان می‌داشت که اگر زید زنده می‌بود شوهرش با طیب خاطر او را جانشین خود تعیین می‌کرد.[۶] امتیاز ابوبکر منحیث یار

---

[۳] منابع سنی همه همصدا این معلومات اساسی را می‌رسانند که پیامبر بدون اینکه جانشینی برای خود تعیین کند جان داد. دیده شود: تاریخ الخلفأ سیوطی ۱۲-۱۳ .

[۴] انساب بلاذری ۲۶۷/۲؛ تاریخ الخلفأ سیوطی ۵۸؛ طبقات ابن سعد ۱۸۲/۳ . سیوطی حتی فصل کاملی از کتاب تاریخ الخلفأ خود را به مجموعهٔ احادیثی اختصاص می‌دهد که تقدم ابوبکر برای احراز مقام خلافت را از زبان پیامبر گواهی می‌دهد. دیده شود: تاریخ الخلفأ سیوطی ۱۲-۱۳ .

[۵] انساب بلاذری ۲۶۰/۲-۲۶۱؛ السقیفه و فدک جوهری ۵۱؛ طبقات ابن سعد ۱۸۲/۳

[۶] طبقات ابن سعد ۴۶/۳

دیرین، دوست نزدیک و پدرِ زنِ دلخواه محمد بیشتر عاطفی بود ولی مفهوم اعتماد بی‌چون و چرا را نداشت. از همین رو بود که پیامبر هنگام غیابتش از مدینه حتی یکبار هم تفویض قدرت را به او اعتماد نکرده بود، در حالیکه چنین اعتباری را حد اقل ده بار بر ابن‌ام‌مکتوم روا داشته بود.[۷] در واقع، به هیچیک از آنانی که جانشین پیغمبر شدند حتی یکبار هم وظیفهٔ حکمرانی مدینه در هنگام غیابت پیامبر داده نشد. محمد، که مردی واقع‌گرا بود، روابط شخصی خود را از گزینش‌های سیاسی خود جدا نگه می داشت.

ماجرای حج سال ۹ هجری را همه به یاد داشتند. در آن سال محمد وظیفهٔ ریاست حجاج را به ابوبکر سپرد، لاکن در آخرین لحظه این وظیفه را به علی داد تا سی آیهٔ نخستین سورهٔ توبه را که منع دخول مشرکین به مکه را اعلام می‌داشت ابلاغ دارد. پیغمبر در پاسخ به ابوبکر که با چشمان اشکبار ازو پرسیده بود «یا رسول‌الله، آیا از من خطایی سر زده است؟» اظهار داشت «از تو هیچ خطایی سر نزده است، اما این آیات پیامی از سوی خداوندند و پیام خدا را تنها مردی هاشمی تبار از خانوادهٔ من ابلاغ تواند.»[۸] جامعهٔ مسلمانان، به خصوص اهل بیت پیغمبر، این ماجرا را نیک می‌دانستند، ازینرو شگفتی‌زا نیست که در جانشینی ابوبکر به جای پیغمبر تردید و ملاحظه داشتند.

و اما ابوبکر خود، چون همنوایی و اتفاق نظر مردم را در ارتباط سلطهٔ شکنندی که رسیدن به آن را هرگز آرزو نداشت نمی‌دید ترجیح می‌داد در کنج خانهٔ خود بپاید.

---

[۷] حلیة الاولیأ ابونُعَیم ۴/۲؛ طبقات ۲۰۵/۴–۲۱۲ . به طور مثال، مؤلفین عرب در ارتباط هر غزوه نام شخصی را ذکر می‌کنند که در غیاب پیغمبر قائم مقام وی در مدینه می‌بود. برخی نام‌هایی که هر چند گاهی درین ارتباط یاد می‌شدند عبارت بودند از سباع ابن عرفطه غفاری، ابو دجانه سعدی، سعدابن معاذ، ابو سلمه ابن عبدالاسد، ابو لبابه ابن عبدالمنذر، نمیله ابن عبدالله لیثی و ابن امّ مکتوم نابینا. ابن امّ مکتوم خال‌زادهٔ خدیجه نخستین همسر محمد بود. او همان مرد نابیناییست که در قرآن به او اشاره شده است: «عَبَسَ وَتَوَلَّى أَنْ جَاءَهُ الْأَعْمَى – چهره درهم کشید و روی بر گردانید از این که (عبد الله بن ام مکتوم) نابینا به نزدش آمد (سورهٔ عبس:۱–۲)»

[۸] انساب بلاذری ۳۸۴/۲؛ طبری ۱۹۲/۲؛ دلائل بیهقی ۲۹۳/۵–۲۹۸

مدینه به مرکز دسیسه‌ها و توطئه‌ها مبدل گردیده بود و سایهٔ جنگ داخلی کم‌کم بر آن بال می‌گسترد. این جنگ، نبرد همه در برابر همه بود: اوس در برابر خزرج، مهاجرین در برابر انصار، طرفداران ابوبکر در برابر دو شاخهٔ هاشمی و اموی بنی-عبدمناف، و به همین گونه دیگران. اضافه بر اینها، تهدیداتی از سوی قبایل عرب که حکمروایی خلیفهٔ اول را قبول نداشتند و برخی از آنها حتی در نزدیکی مدینه اردو زده بودند و آمادگی حمله به شهر را می‌گرفتند، از خارج مدینه متوجه شهر بود. ابوبکر خود را در مدینه مصون احساس نمی‌کرد. وی با وجود آنکه در پهلوی مسجد خانه داشت در طی شش ماه اول حکمروایی‌اش شبانه آنجا نمی‌خسپید و بهتر می‌دانست شب را در خانهٔ خود در سُنح بگذراند. وی روزانه پیاده یا بالای اسپ از سُنح به مدینه می رفت، روز را آنجا می‌گذشتاند و پس از نماز خفتن به سنح برمی‌گشت. لاکن روزهایی هم بود که به مدینه پا نمی‌گذاشت. در چنین روزهایی عمر قائم مقام او می‌بود و به جای او نمازها را امامت می‌کرد.[۹]

اینها همه نشان دهندهٔ آنند که ابوبکر تا چه حد در اتخاذ مقام جدید بی‌میل و بی-اشتیاق بود. وی که مرد روشن‌بینی بود از مشاهدهٔ گرفتاری‌های پیمبر می‌دانست که حکومت کردن تا چه حد دشوارترینِ خدمات به خلق‌الله است.[۱۰] پیشنهاد انتصاب عمر یا ابوعبیده به جای خودش در اجتماع سقیفهٔ بنی‌ساعده تظاهر و حقهٔ سیاسی نبود بلکه تبارز آرزوی قلبی او برای دوری و بری بودن از بار مسئولیتی بود که وزنه‌اش را می‌دانست. وی روزی اظهار داشت «هرگز در پی کسب قدرت نبودم، آرزوی آنرا نه در عیان و نه در نهان نداشتم».[۱۱] او باری با علی که چون او از قدرت بیزار بود چنین درد دل کرد: «ای علی، ای‌وای گر می‌بدانستی! پشتارهٔ بس سنگینی بر دوشم بنهاده-

---

[۹] انساب بلاذری ۷۱/۲۰؛ طبقات ابن سعد ۱۸۶/۳؛ طبری ۳۵۴/۲

[۱۰] ابوبکر باری بعدها در طی خطابه‌یی اظهار داشت «ملوک در دنیا و آخرت از بدبخت‌ترین مردمانند.» (عیون الاخبار ابن قتیبه ۲۳۳/۲)

[۱۱] سیرهٔ ابن کثیر ۴۹۶/۴

اند!»[12] ابوبکر چند بار کوشید این بار را از دوش بیندازد، تا حدی که با گفتن «بیعت تانرا می‌نخواهم! مرا به امارت‌تان نیازی نیست! از من آنرا باز ستانید چون بیشتر ازین تاب نیارم!» استعفای خود را به طرفداران خود پیش می‌کرد، اما هر بار با همان یک پاسخ مقابل می‌شد: «لا نُقِیلُکَ و لا نَستَقیلُکَ (نه رهاتوانی کردن و نه رهایت کنیم.»[13] ابوبکر در تله مانده بود، ولی صرف نظر از هر تقلایی که می‌کرد غل و زنجیر خلافت بر پایش زولانه بود. رویارویی با فاطمه سر انجام ضربهٔ مرگبار نهایی را بر او فرود آورد.

---

[12] انساب بلاذری ۲۶۳/۲؛ تاریخ الخمیس دیار بکری ۱۶۹/۲؛ مستدرک حاکم ۷۰/۳؛ سیرهٔ حلبی ۵۰۹/۳؛ الامامه و السیاسه ابن قتیبه ۳۴؛ السقیفه و فدک جوهری ۴۷؛ اکتفأ کلاعی ۴۴۶/۱؛ تاریخ الخلفأ سیوطی ۵۷

[13] محب‌الدین طبری در اثرش «الریاض النضرة فی مناقب العشرة» فصل کاملی را به تلاش‌های ابوبکر برای استعفأ و بیزاری‌اش از حکمروایی اختصاص داده است. (الریاض النضره ۲۵۱/۱-۲۵۴) تلاش‌های استعفای ابوبکر در آثار متعدد دیگر سنییان نیز آمده است: اکتفأ کلاعی ۴۴۶/۱

پردهٔ سوم

نفرین

صحنهٔ ۱

در آن زمان که اهل بیت پیامبر در خانه محصور، و علی و عباس مشغول شست‌وشوی پیکر بیجان محمد بودند، غریو تندر آسای «الله اکبر» از مسجدی که در جنب خانه موقعیت داشت به گوش‌شان رسید. علی مکثی کرد و سوی عم خود عباس دید و با حیرت پرسید «چه خبر است؟ ماجرا چیست؟» عباس که گویی دنیا در پیرامونش فرو ریخته بود چشمان خود را سوی آسمان گرداند و با بیچارگی پاسخ داد «باور می‌نتوانم! قسم به رب کعبه که کردند آنچه کردند!» علی از پاسخ عمش چیزی سر در نیاورد. درین اثنا دروازه کوبیده شد، کسی رفت تا آنرا بگشاید و خود را با البرأ ابن عازب، فردی انصاری از قبیلهٔ اوس، رو در رو یافت[۱] که خوی کرده و نفس سوخته در می‌زد و بانگ می‌داد «ای بنی‌هاشم! همین دم به ابوبکر بیعت کردیم! همین دم همه به ابوبکر بیعت کردند!»[۲] علی که ازین خبر گیج و منگ شده بود با حیرت پرسید «چگونه بتوانستند بی ما چنین فیصله‌یی کنند؟ ما که اهل بیت پیغمبریم!» در عقب او عباس همچون شیری در قفس اینسو و آنسو می چرخید و هی تکرار می‌کرد «ألم اَقُل لک یا علی!؟ (نگفتمت!؟ ای علی، نگفتمت!؟)»[۳]

در واقع، به مجرد آنکه عم و عم زادهٔ محمد از مرگ پیامبر آگاه شدند عباس به برادرزادهٔ خود پیشنهاد کرد «بیا هر چه را فروگذاریم و به مسجد رویم تا در برابر

---

[۱] أُسد ابن اثیر ۱/۲۰۵-۲۰۶

[۲] تاریخ یعقوبی ۸/۲

[۳] انساب بلاذری ۲۶۵/۲

چشمان همگان ترا بیعت دهم» اما علی نپذیرفت و گفت «نیازی نیست. کی را زهرهٔ آن بوَد که بر ما پیشدستی کند و آنچه حق ماست از ما برباید؟» و عباس پیشگویی کرد «خواهی دید که چگونه خواهد شد!»[۴] خانوادهٔ پیغمبر انتخاب ابوبکر را از نگاه شکل و هم از نگاه محتوا اشتباه می‌پنداشت، چون از نظر شکلی انتخاب ناسزایی بود که رأی آنها در آن خواسته نشده بود[۵] و از نظر محتوا هم قدرت را از حیطهٔ خانوادهٔ پیامبر بیرون می‌کشید. احتجاج دینی که به «خانوادهٔ مقدس» یعنی اهل بیت پیامبر ارجحیت و اولویت می‌بخشید همپا با احتجاج قومی و تباری که از سوی ابوسفیان پیش کشیده شده بود هر دو تأکید بر آن داشتند که قدرت نباید از عشیرهٔ نجیب-زادگان آل‌هاشم بیرون رفته به دست طایفهٔ کم اهمیتی از قبیلهٔ قریش افتد. فضل ابن عباس پسر عم پیغمبر خشمگینانه در برابر این «براندازی» قبیلوی اعتراض نموده[۶] عشیرهٔ ابوبکر (بنی‌تیّم) را به غصب قدرت آبایی اشرافیت قریش و کنار گذاشتن علی (که همه اهل بیت او را جانشین بالاستحقاق محمد می‌دانستند) متهم ساخت. وی بیشتر از همه از رفتار و برخورد سایر عشایر قبیلهٔ قریش مشمئز بود که از روی کین و حسد از بدر رفتن قدرت از دست بنی‌هاشم شادمان بودند.[۷]

در توالی انقلاب اجتماعی‌ایکه پیامبر راه انداخته بود، انتخاب ابوبکر واژگونی سلسله مراتب نظام کهنهٔ اجتماعی را نشان می‌داد. به گفتهٔ عمر، این انقلاب بیشتر کار قریشیانی بود که فرادستی و سرکردگی بنی‌عبدمناف را دیگر نمی‌خواستند. وی به

---

[۴] بلاذری ۲۶۵/۲؛ الامامه و السیاسه ابن قتیبه ۲۱

[۵] صحیح بخاری ۱۵۴۹/۴–۱۵۵۰؛ انساب بلاذری ۲۶۳/۲؛ عِقد عبد ربه ۱۴/۵؛ سیرهٔ ابن کثیر ۵۶۸/۴؛ الامامه و السیاسه ابن قتیبه ۳۲؛ طبری ۲۳۶/۲

[۶] تاریخ یعقوبی ۸/۲

[۷] الاخبار ابن بکّار ۴۶۵ . به اساس گفتهٔ ابن بکّار، علی فضل را به سبب اظهاراتش مورد سرزنش قرار داد و گفت «مصالح علیای دین بر هر مصلحت دیگری مقدم باشد.»

عبدالله ابن عباس اظهار داشت «برخی قریشییان می‌نخواستند نبوّت و خلافت هر دو در یک عشیرهٔ قریش باقی ماند. این را جز غبطه و حسد نامی نباشد!»[۸]

ازینرو بود که همه اعضای آل‌هاشم، به شمول پسران ابولهبِ خبیث (عم اهریمن صفت پیامبر که حتی نامش به سبب وعدهٔ قرآنی آتش دوزخ به او به معنی «پدر زبانه‌های آتش» بود[۹]) کمتر از روی دین‌داری و بیشتر به سبب همبستگی عشیروی طرفدار علی بودند و از شوهر فاطمه پشتیبانی می‌کردند. از همه بیشتر، پس از ماجرای غدیر خم هیچ کس گمان نمی‌برد که کسی مهتری و سزاواری علی را مورد پرسش قرار خواهد داد.[۱۰] پیامبر در راه برگشت از حجة الوداع در غدیر خم در برابر هزارها تن خطبهٔ واپسین خود را ایراد نموده دست علی را بلند کرد و اعلام داشت «مَن کُنتُ مَولاهُ فَهذا علیٌ مَولاه - هر که من مولا و آقای او هستم ، علی مولا و آقای اوست». این بیان محمد را همگان به معنی گزینش علی به جانشینی درک کردند و از همه پیشتر ابوبکر و عمر – بی‌گمان با آمیزه‌یی از سالوسی حسد ورزانه – سوی او شتافتند و بانگ برداشتند «مبارک باد، یاعلی! اینک مولای ما و مولای همه مؤمنین شده‌ای!»[۱۱]

---

[۸] طبری ۵۷۸/۲

[۹] «تَبَّتْ يَدَا أَبِي لَهَبٍ وَتَبَّ مَا أَغْنَىٰ عَنْهُ مَالُهُ وَمَا كَسَبَ سَيَصْلَىٰ نَارًا ذَاتَ لَهَبٍ - بریده باد هر دو دست ابو لهب و هلاک باد! مال و ثروتش و آنچه را به دست آورده بود به او سودی نبخشید. بزودی به آتش شعله‌ور در خواهد آمد (سورهٔ مسد: ۱-۳)»

[۱۰] الاخبار ابن بکّار ۴۶۴؛ تاریخ یعقوبی ۸/۲-۹ . یکی از پایه‌های عمدهٔ کیش شیعی «حدیث غدیر» است که منابع زیاد سنی نیز آنرا نقل کرده‌اند. (دیده شود: هاله الوردی، *واپسین روزهای زندگی محمد*، ترجمهٔ حمید سیماب، فصل ۵)

[۱۱] این حدیث برای شیعییان برهان قاطع در موضوع جانشینی پیامبر است. منابع سنی نیز این حدیث را گزارش می‌دهند: انساب بلاذری ۳۵۶/۲-۳۵۸؛ سِیَر ذهبی ۵۰۱/۲؛ مستدرک حاکم ۱۱۸/۱؛ مجمع الزوائد هیثمی ۱۰۴/۹؛ مصنف ابن ابی شیبه ۳۷۲/۶؛ فتح الباری ابن حجر ۷۴/۷؛ مسند ابن حنبل ۲۶۲/۲؛ سنن ابن ماجه ۴۵/۱؛ کنز متقی ۱۵۷/۱۳؛ سنن نسائی ۴۳۷/۷ و ۴۳۹

و اما علی در برابر اصرار خانواده، انصار و قریشییانی که از او می‌خواستند دست به اقدامی زند بی‌تفاوت ماند و چنانکه از رد پشتیبانی ابوسفیان و پاسخ ندادن به دعوت انصار برمی‌آید، با آنکه از بیعت به ابوبکر ابأ ورزید (بی‌گمان به سبب آنکه نمی‌خواست همتباران عشیره‌اش را برنجاند) هیچگونه علاقمندی به رسیدن به مقام خلافت یا مبارزه برای کسب آن نشان نداد.[۱۲] علی حتی پس از درگذشت ابوبکر نیز برای دست-یازی به مقام خلافت نجنبید و به رضا و رغبت خود اجازه داد عمر و عثمان یکی پس از دیگری او را کنار زنند. عباس که از بی‌عرضگی برادرزاده‌اش به ستوه آمده بود روزی به او گفت «هر باری که ترا جلو رانم خود را پس کشی! آنگاه که پیغمبر در احتضار بود، چون گفتمت "رویم و از وی اندر باب خلافت پرسیم" گفتی "ترسم که خلافت ما را ندهد و تا جاویدان از آن محروم مانیم." پس از مرگ پیامبر چون گفتمت "بیا رویم تا بیعت ترا دهم" نپذیرفتی. وچون عمر بمرد گفتمت "خداوند دست آزادت بداده است، به شورا مرو چون ترا به آن حاجتی نیست"، اندرزم نشنیدی. کنون عثمان حقِ بالاستحقاق ترا گیرد! الحق که به تو امید بستن نتوان!»[۱۳]

علی چون به مخالفین نپیوست، مخالفین با او پیوستند. در برابر سستی و خمودی او هواخواهانش تصمیم گرفتند تا خانه‌اش، یا بهتر گفته شود خانهٔ زوجه‌اش فاطمه، را به سنگرگاه خود مبدل سازند. آنها باور داشتند که هیچ کسی در برابر دختر دلبند پیغمبر دست بلند نخواهد کرد. علی با حالت تسلیم و تن به تقدیر سپرده شاهد سنگر گرفتن حدود چهل تن در خانه‌اش بود چون می‌پنداشتند که خانهٔ دختر و داماد پیغمبر یورش ناپذیر است. در میان آنان علاوه بر فاطمه، علی، عباس و پسرش فضل، خویشاوندان

---

[۱۲] انساب بلاذری ۲۶۳/۲ . بلاذری و مؤلفین معتبر دیگری چون او می‌نویسند که علی بی‌درنگ به ابوبکر بیعت کرد، اما احتمال می‌رود پس از چنین اقدام عجولانه بیعت خود را پس گرفت و در تطابق با موضعگیری خانوادهٔ خود که با قاطعیت برسمیت شناسی جانشینی ابوبکر را رد کردند و در پهلوی فاطمه ایستادند موقف گرفت.

[۱۳] انساب بلاذری ۲۶۸/۲؛ السقیفه و فدک جوهری ۴۶

نزدیک و وفاداراترین یاران محمد[۱۴] چون پسر عمه‌اش زبیر ابن عوام، پسر عمش عتبه ابن ابولهب و قریشییان با رسوخی چون خالد ابن سعد ابن عاص و سعد ابن ابی وقاص[۱۵] شامل بودند. به زودی شمار دیگری از مهاجرین به شمول سلمان فارسی،[۱۶] عمّار ابن یاسر،[۱۷] مقداد ابن عمرو،[۱۸] ابوذر غفّاری[۱۹] و شماری از انصارِ کمتر شناخته شده چون البرأ ابن عازب، اُبی ابن کعب،[۲۰] فروه ابن عمرو،[۲۱] و خزیمه ابن ثابت به این جمع پیوستند. گفته می‌شود که پسر عم نامدار خودِ ابوبکر، طلحه ابن عبیدالله نیز یکی از شورشیان بود.

این هستهٔ مقاومت ابوبکر را سخت نگران ساخت، پس نخست راه مذاکره در پیش گرفت و از عمر و مغیره ابن شعبه[۲۲] طالب مشوره شد. آنها بدو گفتند: «بهتر آنست تا عباس را فراخوانی و اندر قدرت شریک سازی تا فرزندان خود را حکمرانی میراث گذارد، هکذا توانی علی را تجرید کردن.» ابوبکر پاسخ داد «در سعی ورزیدن باختی نیست، همین امشب رویم و با او دیدار کنیم.»[۲۳] پس چون شب فرا رسید عباس با شگفتی دید که خلیفه با عمر، ابوعبیده و مغیره در خانه‌اش فرود آمدند. عباس از آنان پرسید «از من چه خواهید؟» و ابوبکر در جواب گفت «گوش دار، ای عباس! رسول خدا ترا عزیز بود آنچنان که ما را عزیز بود، ازین رو آمده‌ام تا ترا بخشی از قدرت

---

[۱۴] تاریخ یعقوبی ۹/۲

[۱۵] الریاض النضره محب‌الدین طبری ۳۱۹/۴–۳۳۵

[۱۶] اُسد ابن اثیر ۲۶۵/۲–۲۶۹

[۱۷] اُسد ابن اثیر ۶۲۶/۳–۶۳۲

[۱۸] اُسد ابن اثیر ۴۷۵/۴–۴۷۸

[۱۹] اُسد ابن اثیر ۹۹/۵–۱۰۱

[۲۰] اُسد ابن اثیر ۶۱/۱–۶۳

[۲۱] اُسد ابن اثیر ۵۷/۴–۵۸

[۲۲] اُسد ابن اثیر ۴۷۱/۴–۴۷۳؛ تاریخ بغداد کاتب بغدادی ۲۰۴/۱–۲۰۷

[۲۳] الامامه و السیاسه ابن قتیبه ۳۲–۳۳؛ السقیفه و فدک جوهری ۴۹–۵۰؛ کتاب سُلَیم ۱۴۰–۱۴۲؛ تاریخ یعقوبی ۹/۲–۱۰

پیشکش کنم.» لبخندی از رضایت که از نگاه عمر پوشیده نماند بر لبان عباس نقش بست، پس برای آنکه عباس زیاد دل خوش نکند عمر گفتش «توضیح اینکه نه از بهر آن آمده‌ایم که ما را به تو احتیاجی است، بل از بهر آنکه می‌نخواهیم از آنچه بیشتر مسلمانان پذیرفته‌اند خویشتن را در حاشیه یابی» و سپس با نگاه تهدید آمیزی افزود «چون آنگاه مر ترا و آنکه را که با توست عاقبتِ خیر نخواهد بود.» ابوبکر ازین تهدید عمر چشمان خود را سوی آسمان چرخاند، گویی با خود می‌گفت «ای کاش تنها آمدمی!» عباس از گوشهٔ چشم نگاه اهانتباری سوی عمر انداخت و گفته‌اش را ارزش جواب نداد، پس روی سخن سوی ابوبکر گرداند و گفت «فرستادهٔ خدا مسلمانان را در انتخاب اولی‌الامر مخیّر ساخت، پس حق آن نبوَد که قدرت را غصب کنی. آخر، مگر نه آنست که پیامبر درخت است و مایش شاخسارانیم، و تو جز در سایه‌اش خفته‌یی بیش نیستی؟»[24] ابوبکر در برابر چنین جواب حقارت آمیز از جا برخاست و خانهٔ عباس را ترک کرد. او می‌دانست که به هر قیمتی که می‌شد باید علی را منقاد سازد، ولو با توسل به شیوه‌های جبری و شتابناک عمر.[25]

چند روزی پسانتر ابوبکر به عمر دستور داد: «علی را به زور نزدم حاضر کن!» وقتی عمر به سراغ علی رفت، علی او را با سردی پذیرا شد ولی پذیرفت تا با خلیفه دیدار کند، اما پیش از آنکه به دنبال عمر راه افتد نتوانست از تمسخر بر اشتیاق عمر برای خوش خدمتی به ابوبکر خودداری کند، پس گفت «ای عمر، من و تو هر دو دانیم که شیر می‌دوشی تا نصف آنرا خود نوشی! گر امروز چنین مشتاقانه امارت ابوبکر را خادمی از آنست که طمع داری فردا ترا به میراث رسد!»[26]

---

[24] کتاب سُلَیم ۱۴۲؛ تاریخ یعقوبی ۱۱/۲

[25] السقیفه و فدک جوهری ۵۰–۵۱

[26] انساب بلاذری ۲۶۹/۲؛ الامامه و السیاسه ابن قتیبه ۳۰؛ السقیفه و فدک جوهری ۶۲ . حوادث بعدی صحت پیشگویی علی را تأیید کردند. در هنگام خلافت ابوبکر عمر نقش معاون خلیفه یا «نخست وزیر» او را داشت (الإصابه ابن حجر ۶۱/۱؛ اکتفاً کلاعی ۱۶۹/۲) و ابوبکر پیش از مردن او را به جانشینی خود تعیین کرد. با وجود این، متون و نصوص اسلامی گزارش می‌دهند که مناسبات

ابوبکر در میان هواداران خود در مسجد نشسته بود که علی داخل شد و پرسید «از چه رو مرا فراخواندی؟» عمر که گویی پرسش از او شده بود با شتاب پاسخ داد: «تا چون بقیه مسلمین بیعت به جا آری!» خلیفه با اشارهٔ دست عمر را به خاموشی اشاره کرد و به داماد پیغمبر گفت «چه چیز ترا از بیعت به من باز داشت، درحالیکه درین امر از تو پیشگام بودم؟» پس علی رو به جماعت کرد و حضار را مخاطب ساخته گفت «همه به من گوش فرا دهید! شما سلطه را از انصار بدین بهانه دریغ داشتید که محمد از شما بود و ابوبکر او را یارِ نزدیک. همین حجت را امروز من بر شما عرضه دارم. من از اهل بیت رسولم، از خانوادهٔ پیغمبر، از شما به وی نزدیکترم، من فرستادهٔ خدا را برادرم و فرزند! گر از خدا می‌بترسید با ما از در عدل پیش آیید، و سلطه را بر ما واگذارید به همان دلیلی که انصار آنرا بر شما واگذاشت!»[۲۷] ابوبکر صدا بلند کرد «چرا نگویی که بر من رشک می‌ورزی؟» علی پاسخ داد «در آنچه خداوند بر تو ارزانی داشته است هرگز رشک نبریم، اما به جا باشد که سهم ما در قدرت ما را رسد، ولی تو ما را یکسره از قدرت برانداخته‌ای!»[۲۸] خلیفه با خاموشی خود میدان مجادله را به عمر باز گذاشت. پس عمر رشتهٔ سخن را به دست گرفت و به تندی نهیب زد «تا چون دیگران بیعت نکرده‌ای ترا رفتن می‌نگذاریم!» علی پاسخ داد «نه، این نپذیرم و مر کسی را که از من شایسته‌تر نباشد بیعت می‌ندهم!» درین هنگام ابوعبیده وارد گفت‌وگو شد و به علی خطاب کرد «از نگاه فضیلت، ارشدیت و قرابت، اولویت ترا باشد ولی خلایق این شیخ را خواهند، پس بپذیر آنچه کافهٔ مسلمین پذیرفته‌اند...» علی پاسخ داد «ای ابوعبیده، ترا "امین‌الامه" لقب داده‌اند. از ظلم بپرهیز و بنمای که این لقب را شایسته و بایسته ای. چگونه ترا زهرهٔ آن باشد که سلطهٔ محمد را از اهل بیتش بزدایی؟ در

میان ابوبکر و عمر در آخر وقت رو به خرابی رفت، چنانکه از قول معتبر عبدالله ابن عمر (پسر عمر) گزارش شده است که پدرش در آخر کار با ابوبکر در دعوا و مناقشه افتاده او را «دویبة سوء (حیوان خبیث)» می‌خواند (شرح النهج ابن ابی الحدید ۲۸/۲).

[۲۷] الامامه و السیاسه ابن قتیبه ۲۹؛ بحارالانوار مجلسی ۱۸۵/۲۸؛ رِدّه واقدی ۴۶

[۲۸] مستدرک حاکم ۷۰/۳

بیتِ ما بود که قرآن آشکار گردید، دانش و الهیات و دین و سنت و اوامر الهی را ما مایه‌ایم، و امور خلایق را نکوتر از شما رهنمایی کردن توانیم. هوای نفس را لاحول گویید ورنه شما را پشیمانی آرد!»

در برابر این بیان علی، بشیر ابن سعد انصاری آواز بلند کرد: «ای ابوالحسن، ای کاش این سخنان را پیشتر ازین بر زبان می‌براندی، آنگاه مناقشه‌یی در کار نبودی و همگان ترا بیعت کردندی، اما تو در خانه پاییدن را بر حضور در مجلس شورا برگزیدی، پس همگان را گمان آن بود که ترا در امر امارت و خلافت میل و رغبتی نیست، ازینرو شیخ قدم پیش نهاد و بیعت او را شد. کنون دیر است و تیر از کمان جسته.» علی برافروخته پاسخ داد «چگونه جرئت کنی چنین گویی، ای بشیر!؟ آیا باور توانی کردن که جنازهٔ پیغمبر را بی‌تدفین واگذاشتمی و از خانهٔ متوفی بدر شدمی تا رسیدن مر سلطه و خلافت را جهد کردمی؟ آیا تصوری چنین ترا در مخیله گنجیدن تواند؟»

ابوبکر بی‌درنگ این گفته را نکوهشِ رفتار و کردار خود دانست و از آن سخت ناراحت و شرمنده گردید، چون او بود که در واقع تشییع جنازهٔ پیغمبر را فروگذاشته و شتافته بود تا در سقیفهٔ بنی‌ساعده با انصار بر سر قدرت چانه زند. پس آزرمگینانه در توجیه و دفاع از کردهٔ خود گفت «سوگند خدای را که گر دانستمی که ترا بدین امر میل و رغبتی بود هرگز از بهر سلطه با تو درنیاویختمی، نه آنرا پذیرفتمی یا خواستمی. کنون مؤمنین بیعت مرا داده‌اند، رجا بر آنست که تو نیز چنان کنی، لاکن گر نکنی بدان که به جبر و عنف ترا بر آن واندارم. ترا فرصت دهم تا اندر باب فیصله‌ات بیندیشی.» ابوبکر با شیوهٔ نرم همیشگی خود با پسر عم پیغمبر با مدارا رفتار کرد و به بیانی گوی را در میدان او انداخت تا چه بازی رو دهد. علی از جا برخاست و بدون اینکه حرفی بیشتر گوید به منزل برگشت.[۲۹]

ابوبکر که مردی گربز و باتجربه بود شاید می‌دانست که علی دیر یا زود به بیعت تن می‌داد، پس آماده بود هر مدتی لازم باشد انتظار کشد. او می‌دید که علی خود به

---

[۲۹] رِدَّه واقدی ۴۶-۴۷

سلطه و امارت علاقه‌یی نداشت و دلیل نهانی استنکافش از بیعت فشار اهل بیت و به خصوص فاطمه بود. ابوبکر به این نیز نیک آگاه بود که مرکز بغاوت و هستهٔ مقاومت علیه او دختر پیامبر یعنی فاطمه بود،[۳۰] پس بر آن شد تا دستور حمله بر خانهٔ او را صادر کند.[۳۱] ناگفته پیداست که وی خود را از معرکه دور نگهداشت و برای انجام این عمل زشت گروهی متشکل از پرشورترین طرفدارانش را به سرکردگی عمر فرستاد. در جملهٔ کسانی که برای اجرای این دستور فرستاده شدند خالد ابن ولید، عبدالرحمن ابن عوف، و مغیره ابن شعبهٔ ثقفی شامل بودند. با این چند تن شمار زیادی از انصار چون ثابت ابن قیس، معاذ ابن جبل،[۳۲] زیاد ابن لبید،[۳۳] زید ابن ثابت، سلمه ابن سلامه ابن وقش،[۳۴] محمد ابن مسلمه،[۳۵] سلمه ابن اسلم ابن حریش،[۳۶] و اُسید ابن خضیر نیز همراه بودند.

***

مشعل‌های فروزان خانهٔ فاطمه را در محاصره گرفتند.[۳۷] دختر پیغمبر با سر برهنه در آستانهٔ در ظاهر شد و فریاد زد «ای عمر، آمده‌ای تا خانه‌ام را آتش زنی؟» و عمر

---

[۳۰] در مورد فرزندان پیغمبر دیده شود: هاله الوردی، *واپسین روزهای زندگی محمد*، ترجمهٔ حمید سیماب، فصل ۳ . سه خواهر فاطمه یعنی زینب، رقیه و ام‌کلثوم و نیز ابراهیم پسر محمد از بطن کنیزش ماریهٔ قبطیه پیش از پدر وفات یافته بودند.

[۳۱] متون و نصوص سنی و شیعه هر دو روی این ماجرای دراماتیک اتفاق نظر دارند.

[۳۲] اُسد ابن اثیر ۴۱۸/۴–۴۲۱

[۳۳] اُسد ابن اثیر ۱۲۱/۲–۱۲۲

[۳۴] اُسد ابن اثیر ۲۷۶/۲–۲۷۷

[۳۵] اُسد ابن اثیر ۳۳۶/۴–۳۳۷

[۳۶] اُسد ابن اثیر ۲۷۰/۲

[۳۷] انساب بلاذری ۲۶۷/۲–۲۶۸؛ عِقد عبد ربه ۱۳/۵؛ شرح النهج ابن ابی الحدید ۵۶/۲–۵۷؛ مصنف ابن ابی شیبه ۴۶۸/۱۳–۴۷۱؛ البدایهٔ ابن کثیر ۲۷۰/۵؛ الامامه و السیاسه ابن قتیبه ۲۸ و ۳۰؛ السقیفه و فدک جوهری ۴۰، ۴۶، ۵۳، ۶۲ و ۷۲–۷۴؛ کتاب سُلَیم ۱۴۸–۱۵۱ و ۳۸۶–۳۸۷؛ اکتفأ کلاعی ۴۴۶/۱؛ بحارالانوار مجلسی ۳۵۷/۲۸؛ طبری ۲۳۳/۲–۲۳۴؛ تاریخ یعقوبی ۱۱/۲

پاسخ داد «آری، مگر اینکه انتخاب امت مسلمه را پذیرا شوی! گر همین اکنون نروی و به خلیفه بیعت نکنی مرا سوگند است که ترا زنده در خانه‌ات آتش زنم!» درین هنگام زبیر ابن عوام پسر عمهٔ پیغمبر با شمشیری در دست از خانه برون آمد و با تیغ آخته نهیب زد «ما جز علی به کسی بیعت می‌نکنیم!» عمر سویش جهید و با او درآویخت و شمشیر را از دستش بدر کرد و به دور افگند، به گونه‌یی که به سنگی خورد و شکست. سپس او را با خشونت تیله کرد و به خالد ابن ولید گفت «او را نگهدار!» کسانی شنیدند که با دندانهای بهم فشرده خروشید «بکُش این سگ را!» در حالیکه زیر دستانش زبیر ابن عوام را نگهداشتند عمر به سراغ علی رفت و عربده کشید «برخیز و بیعت کن!» علی از جا تکان نخورد. عمر دوباره نعره زد «ترا می فرمایم که برخیز!» علی باز هم از جا نجنبید. عمر او را بدون مراعات هیچ ادب و ملاحظه‌یی از جا برخیزاند و تیله‌کنان از خانه برون کرد. در هنگام این کش و گیر شمشیر علی نیز شکست. سپس در حالیکه فاطمه هی فریاد می‌زد «ای ابوبکر! ای عمر! چقدر شتاب داشتید تا اهل بیت رسول الله را خوار دارید!»[۳۸] مهاجمین بر خانه یورش بردند. منابع شیعی می‌نویسند که عمر آنروز لگد محکمی به فاطمه حواله کرد که به اثر آن چند روز بعد محسن نواسهٔ سوم پیغمبر را که در زهدان داشت سقط کرد.[۳۹] همین منابع همچنان می‌گویند که در حالیکه عمر در عقب علی با تیغ او را تهدید می‌کرد علی را با غل و زنجیر به عنف به مسجد مدینه، جایی که ابوبکر در میان مردان مسلح منتظر نشسته بود آوردند. خادمین ابوبکر دست علی را گرفتند و در

---

[۳۸] شاعر نامدار مصری حافظ ابراهیم (۱۸۷۲-۱۹۳۲) «رقص بسمل» فاطمه پس از مرگ پدر و آتش‌سوزی خانه‌اش را در شعر «القصیدة العمریه» که به عمر ابن خطاب وقف کرده جاویدانه ساخته است.

[۳۹] بحارالانوار مجلسی ۹۰/۴۲؛ الارشاد مفید ۳۵۵/۱ . منابع سنی از سومین نواسهٔ پیغمبر به نام محسن به گونهٔ مبهم یادآوری می‌نمایند (سیرهٔ ابن اسحاق ۲۴۷/۱؛ سنن بیهقی ۱۰۰/۷؛ سیرهٔ ابن کثیر ۵۸۲/۴)

حالیکه فریادهای «بایع! بایع! (بیعت کن! بیعت کن!)»[40] در مسجد بلند بود و پسر عم پیغمبر دست خود را مشت نموده بود به زور او را واداشتند تا به رسم بیعت دست در دست ابوبکر گذارد.

---

[40] کتاب سُلَیم ۱۵۱ . متون شیعی بر آنند که علی به اثر تهدید و تخویف به ابوبکر بیعت کرد. (کتاب سُلَیم ۱۵۷ و ۳۸۹–۳۹۰) به گفتهٔ منابع مذکور عمر دو بار به خانهٔ فاطمه حمله آورد تا آنرا آتش زند (کتاب سُلَیم ۱۵۰). هیچیک از منابع شیعی یا سنی در مورد نتیجه و پی‌آمد این حملات چیزی نگفته و واضح نساخته است که آیا خانهٔ فاطمه واقعاً آتش زده شد و یا صرفاً تهدید به آتش-سوزی شد؟ و آیا اهل بیت پیغمبر به سبب جلوگیری از حریق خانه سرانجام وادار به بیعت شدند یا به دلیل دیگری؟

صحنهٔ ۲

فاطمه پس از واقعهٔ حمله بر خانه‌اش رو به پژمردن نهاد، اما هرگز حاضر نبود به کسی که از نگاه او غاصب بود چیزی را واگذارد. وی به ویژه سهم خود از میراث پدر را می‌خواست که فدک نماد آن بود.

فدک[۱] واحه‌یی بود بس پدرام و حاصلخیز در خیبر به فاصلهٔ دو یا سه روزه منزل (تقریباً ۱۵۰ کیلومتر) در شمال مدینه با چشمه‌ساران و مرغزاران، باغ‌ها و نخلستان‌ها که اکثراً به بهشت برین تشبیه می‌شد. فدک در اصل ملکیت دو تن یهودی بود که در آن غله می‌کاشتند و از نخلستان‌های آن خرما بر می‌گرفتند. پس از آنچه بر سر یهودیان خیبر آمد مالکین فدک که نمی‌خواستند به سرنوشت همانندی دچار شوند به محمد پیام فرستادند که در بدل امان حاضرند نصف زمین و حاصلات خود را بدو دهند. پیامبر پیشنهاد شانرا پذیرفت و آنها سلامت ماندند.[۲] بدینگونه واحهٔ فدک حیثیت «فیء» یعنی غنیمتی را به خود گرفت که «بر آن نه اسپی تاختند و نه شتری» یعنی بدون جنگ و درگیری به دست آمد، و بر اساس آیهٔ قرآنی که بدین مناسبت آشکار گردید و به نام آیهٔ فیء یاد می‌شود در تصرف مالکانهٔ پیغمبر قرار گرفت: «وَمَا أَفَاءَ اللَّهُ عَلَى رَسُولِهِ مِنْهُمْ فَمَا أَوْجَفْتُمْ عَلَيْهِ مِنْ خَيْلٍ وَلَا رِكَابٍ وَلَـٰكِنَّ اللَّهَ يُسَلِّطُ رُسُلَهُ عَلَى مَنْ يَشَاءُ وَاللَّهُ عَلَى كُلِّ شَيْءٍ قَدِيرٌ مَا أَفَاءَ اللَّهُ عَلَى رَسُولِهِ مِنْ أَهْلِ الْقُرَى

---

[۱] این نام امروز زایل گردیده است و جایگاه آن روستای الحویط در منطقهٔ الحائط عربستان سعودی را می‌دانند.

[۲] السقیفه و فدک جوهری ۹۹

فَلِلَّهِ وَلِلرَّسُولِ وَلِذِی الْقُرْبَی وَالْيَتَامَی وَالْمَسَاكِينِ وَابْنِ السَّبِيلِ كَیْ لَا يَكُونَ دُولَةً بَيْنَ الْأَغْنِيَاءِ مِنْكُمْ – و آنچه الله از اموال آن‌ها به پیامبرش بازگردانده و بخشیده است، پس برآن اموال نه اسبی تاختید و نه شتری، و لیکن الله رسولانش را بر هرکس بخواهد چیره می‌گرداند، و الله بر هرچیز تواناست و آنچه الله از اموال اهل آبادی‌ها به پیامبرش بازگردانده و بخشیده است، پس از آنِ الله و رسول و خویشاوندان او و یتیمان و بی‌نوایان و در راه ماندگان است تا این اموال در میان ثروتمندان شما دست به دست نشود (سورهٔ حشر:۶-۷)»[3] مطابق این دستور قرآنی، محمد بخشی از اجارهٔ این فیء را به اعضای خانوادهٔ خود و به بینوایان اختصاص داد که بر اساس آن فاطمه سالانه حقوق هنگفتی از آن واحه به دست می‌آورد.[4]

ازینرو بود که فاطمه مصممانه و با اطمینان بر حقِ بالاستحقاق خود بر آن شد تا رود و از خلیفهٔ جدید مِلک فدک را بازستاند.[5] پس شام یک روز، پیچیده در قطیفه‌یی بزرگ، به خانهٔ ابوبکر رفت و او را در مجالست با عمر و ابوعبیده یافت.[6]

«ترا چه خدمتی توانم؟» ابوبکر پرسید. فاطمه با صلابت جواب داد «آمده‌ام میراث پدر از تو بستانم، سهمی که از غنیمت خیبر و مِلک فدک مرا رسد.»

ابوبکر با شگفتی سویش دید و چیزی نگفت.

---

[3] دیده شود (منجمله) تفسیر بیضاوی ۱۹۹/۵–۲۰۰؛ تفسیر قرطبی ۱۰/۱۸–۱۹؛ تفسیر ابن کثیر ۶۴/۸–۶۸؛ تفسیر زمخشری ۵۰۲/۴–۵۰۳

[4] طبقات ابن سعد ۲۷/۸

[5] گفت و گو میان فاطمه و ابوبکر بر اساس روایات گرفته شده از منابع ذیل بازسازی شده است: فتوح البلدان بلاذری ۳۸–۴۳؛ صحیح بخاری ۱۳۶۰/۳–۱۳۶۱ و ۲۴۷۴/۶–۲۴۷۵؛ سِیَر ذهبی ۳۷۵/۲–۳۷۸؛ سیرهٔ حلبی ۵۱۰/۳–۵۱۲؛ شرح النهج ابن ابی الحدید ۲۰۹/۱۶–۲۳۸؛ جامع الاصول ابن اثیر ۶۳۶/۹–۶۴۰؛ مسند ابن حنبل ۱۷۰/۱؛ سیرهٔ ابن حبان ۴۲۹/۲؛ البدایهٔ ابن کثیر ۳۰۶/۵–۳۱۲ و ۳۶۶/۶؛ سیرهٔ ابن کثیر ۵۶۷/۴ و ۳۸۵/۳؛ تاریخ المدینه ابن شبه ۱۹۳/۱–۲۰۰؛ سمط النجوم عصامی ۲۳۳/۲–۲۳۷؛ السقیفه و فدک جوهری ۱۰۴–۱۳۰؛ کتاب سُلَیم ۲۲۶–۲۲۷ و ۳۹۰؛ طبقات ابن سعد ۳۱۴/۲–۳۱۶؛ طبری ۲۳۶/۲

[6] صحیح بخاری ۲۴۷۴/۶–۲۴۷۵؛ مسند ابن حنبل ۱۷۰/۱

- «برگوی به من، ای ابوبکر، از پدرم کی میراث برد، تو یا اهل بیتش؟»
- «یقیناً که اهل بیتش ...»
- «پس توضیح دار به من، چگونه است که تو از پدرم میراث بری و ما که اهل بیت اوییم از آن محروم مانیم؟»
- «ای دختر فرستادهٔ خدا! سوگند به خداوند که از پدرت هیچ به میراث نبرده‌ام، نه سیمی، نه زری، نه هیچی!»
- «به یقین که برده‌ای! تو فدک را گرفته‌ای، آنکه ملکیت پیغمبر بود و وارثین او را بالاستحقاق به ارث رسد!»
- «نه، چنین نیست، به اشتباه اندری، ای فاطمه!»
- «پس برگوی به من، میراث اهل بیت پیغمبر کجاست؟»

ابوبکر با آواز نرم با ملایمت پاسخ داد «گوش دار، فاطمه، نکته‌یی بس مهم را توضیح دارمت: آنچه در باره‌اش استفسار کنی به یقین که پیغمبر در آن اختیار و تصرف مالکانه داشت اما این نه بدان معنی باشد که آن ورا مِلکِ طِلق بود بلکه ورا تنها از آن تمتع حاصل بود که با وفاتش پایان یافت.» چشمان فاطمه از شگفتی و نگرانی گشاده گردیدند. ابوبکر ادامه داد «از پدرت بشنیدم که گفت "چون پروردگار پیامبری را مال و ثروت عنایت فرماید آن مال و داشته پس از وی خلفش را رسد." پس من که خلیفهٔ فرستادهٔ خدایم صلاح آن دیدم که مال و مایملک وی زین پس همه مسلمین را باشد و اندرین کار ارشاد پدرت را به جا همی‌آرم کاندر باب غنایمِ رسیده به وی فرمود "این موهبتی‌ست که الله ارزانی فرموده تا اندر حیات زان تمتع برم و چون درگذرم خیر آن همه مسلمین را رسد."»

فاطمه به گوش‌های خود باور نمی‌توانست کرد! پس از محروم شدن از میراث اینک ارثیهٔ پدرش را «ملی» اعلام می‌کردند! با دیدن بهت و حیرانی دختر پیغمبر، خلیفه با اطمینان تمام ادامه داد: «القصه اینکه آن خواسته و دارایی کز منش طلب داری اندر ملکیت پیغمبر نبود بل از بیت‌المال کافهٔ مسلمین بود که اختیارش والد ارجمندت را بود و از آن فی سبیل الله خرج همی‌کرد، و مرا که جانشین و خلیفهٔ اویم همی‌باید که

به تحقیق همان کنم که والدت اندر زمان حیات چنان کردی. من مقید سوگندم که حرف حرف ارشادات فرستادۀ خدا را متابعت کنم، دانسته شدی؟»

گونه‌های فاطمه از خشم سرخ شدند. با دیدن چهرۀ خشمناک زن جوان ابوبکر از روی دلجویی گفت «نیک می‌دانی که پدرت مرا عزیزترین یار و نزدیکترین به قلبم بود. آنروز که ورا مرگ فرا رسید مرا خوشتر آن بود که آسمان بر زمین فرو افتد! هرگز اندیشه به دل راه مده، محصول و ماحصل فدک را به مصرف رسانم درست آنچنان که والد امجدت به مصرف رساندی. حصه‌یی از بهر رفع مایحتاج اهل بیتش و مابقی اندر میان مسلمانان بذل فی سبیل الله خواهد شد.»

این گفته برای فاطمه تسلی خاطر نبود، ازینرو دعوا از سر گرفت: «خواهم از تو سوالی پرسم: آنگاه که بمیری، کی ات میراث برد؟»

– «بی تردید اهل بیت و فرزندانم.»
– «پس چگونه است که چون پیامبر بمرد، به جای اهل بیت و فرزندانش میراثش تو بردی؟»
– «نه، مرا از پدرت میراث نرسید از بهر آنکه هیچ نداشت و از او هیچ نماند که مرا رسد!»
– «او که مرا فدک گذاشت، همان فدک که تو اش چنگ زدی و ضبط کردی و مصادره!»
– «ای فاطمه، پدرت خود همی‌گفت "نَحْنُ مَعاشِرَ الأَنْبِياءِ لا نُورِّثُ ما تَرَكْناهُ صَدَقَةٌ (ما پیامبران چیزی به ارث می‌نگذاریم، آنچه از ما بماند صدقه باشد)، و او نیز همی‌گفت "لايَقْتَسِمُ وَرَثَتِي دِينَارًا، مَا تَرَكْتُ بَعْدَ نَفَقَةِ نِسَائِي وَ مَئُونَةِ عَامِلِي، فَهُوَ صَدَقَةٌ (دیناری هم از میراثم اندر میان وارثینم بخش نگردد، آنچه پس از نفقۀ زنانم و مخارج خدمتگارانم باقی ماند آن صدقه باشد)."[۷] چگونه فهمانم ترا؟»

---

[۷] صحیح بخاری ۳/۱۰۲۰-۱۰۲۱

اشک از چشمان فاطمه سرازیر شد، پس ابوبکر گفت «برگوی، فاطمه، آیا پنداری که بر همگان عدل دارم و داد دهم، و بر تو که دختر نزدیکترین یارِ عزیزتر از جان و دلمی، ظلم کنم و بیداد؟ مرا به الله قسم است خوشتر آن دارم که عایشه در مذلتِ فقر افتد و نه تو!»[۸] با شنیدن نام دختر ابوبکر فاطمه با تلخکامی پاسخ داد «ای ابن ابی-قحافه! دخترانت از تو میراث برند اما دختر پیغمبر از پدرش میراث نبرد؟» ابوبکر در حالی که چشم در چشم فاطمه دوخته بود پاسخ داد «آری، چنین است!»

– «بینم همی که دل بر آن نهاده‌ای که آنچه خداوند بر ما ارزانی داشته از ما بازگیری ...»

– «از چه رو چنین گویی؟»

– «از آنکه سهم ما از داشتهٔ رسول‌الله در قرآن مذکور است، مگر باری تعالی در کتابش نفرموده "وَاعْلَمُوا أَنَّمَا غَنِمْتُمْ مِنْ شَيْءٍ فَأَنَّ لِلَّهِ خُمُسَهُ وَلِلرَّسُولِ وَلِذِي الْقُرْبَى وَالْيَتَامَى وَالْمَسَاكِينِ وَابْنِ السَّبِيلِ – و بدانید که هرگونه غنیمتی به دست آوردید، یک پنجمش برای خدا و برای پیامبر و برای خویشاوندان و یتیمان و مسکینان و در راه ماندگان است (سورهٔ أنفال:۴۱)"؟[۹] مگر نگفته "لِذِي الْقُرْبَى (برای خویشاوندان)؟"»

فاطمه در برابر حدیثی که خلیفهٔ اول نقل کرد، آیهٔ قرآنی را برکشید که پایهٔ بس برتر و معتبرتر داشت، اما ابوبکر ازین مقابله مرعوب نگردید: «من نیز چون تو قرآن خوانم و بر آن آگاهم؛ آگاهی من حکم همی‌دارد که این آیه نه بدان معناست که همه غنیمت سهم اهل بیت رسول گردد.»

– «پس گفتن خواهی که سهم تو و اهل بیتت باید گردیدن، همین خواهی گفتن؟»

---

[۸] انساب بلاذری ۷۹/۱۰

[۹] دیده شود (منجمله) تفسیر ابوحیان ۳۲۰/۵–۳۳۰؛ تفسیر بغوی ۳۵۷/۳، تفسیر مجاهد ۳۵۵؛ تفسیر قرطبی ۱/۸–۲۰؛ تفسیر زمخشری ۲۲۰/۲–۲۲۳

– «به اطلاق که نه! این بدین معنی باشد که بخشی از غنیمت به نفقهٔ اهل بیت رسول رسد و مابقی امور خیریهٔ مسلمین را ... »

– «با تمرد از حکم الهی ظالمی و به ظلم اندر ... »

– «نه، خلافِ آنچه تو گویی، حکم خدا را متابعت همی‌کنم.»

– «تو مگر از یاد برده‌ای که پدرم آنگاه که زنده بود فدک مرا داده بود!»

این دیگر فاطمهٔ وارث پیغمبر نه بلکه فاطمهٔ مالک فدک بود که نه از سلب میراث بلکه از سلب ملکیت سخن می‌گفت. ابوبکر شگفت‌زده اظهار داشت «نه، چنین نیست! آیا ترا سندی در دست هست که پیامبر فدک ترا هبه کرد؟ گر سند مکتوبی اندر دست داری وانما تا آنچه خواهی ترا دهم.»

– «نه، مرا هیچ سندی در دست نیست، اما آنگاه که آیهٔ "يُوصِيكُمُ اللَّهُ فِي أَوْلَادِكُمْ – الله دربارهٔ فرزندان‌تان به شما سفارش می‌کند (سورهٔ نسأ:۱۱)" آشکار شد پدرم ندا برکشید "أبشروا آل محمد فقد جاءکم الغنی (شادی کنید ای آل محمد، خداوند شما را غنأ (ثروت) بخشید)"»[۱۰]

– «دگر باره گویم: این آیه نه بدان معنی‌ست که مرا باید تا فدک ترا دهم. تو در خطا اندری، ای فاطمه، "غنأ" را در آنچه پیامبر فرمود معنی چنان که تو گویی نباشد، بل به "استغنا" و "وارستگی" تعبیر باید کرد.[۱۱] پس بیا چنین کنیم: اینک عمر و ابوعبیده، از آنان استفسار کن، گر آنها حرفت را تأیید دارند آنچه خواهی ترا دهم ...»

---

[۱۰] مفسرین قرآن اظهار می‌دارند که پیامبر مِلک فدک را در کُل پیش از آن به دخترش داده بود که آیهٔ ۲۶ سورهٔ اسرأ آشکار گردد: «وَآتِ ذَا الْقُرْبَىٰ حَقَّهُ وَالْمِسْكِينَ وَابْنَ السَّبِيلِ وَلَا تُبَذِّرْ تَبْذِيرًا – و به خویشاوندان و مسکین و در راه مانده حق شان را بپرداز و هرگز اسراف مکن» (الدر المنثور سیوطی ۲۷۳/۵)

[۱۱] سِیَر ذهبی ۳۷۶/۲؛ السقیفه و فدک جوهری ۱۱۷

عمر و ابوعبیده هر دو آواز برکشیدند «حق با ابوبکر است، ای فاطمه، فدک زین پس به بیت المال تعلق گیرد و ملکیت همه مسلمین باشد.»[۱۲]

فاطمه با نومیدی سوی شان دید. «مرا یقین بر آنست که هر سه در غدر و دغا همداستانید!»[۱۳] با این کلمات و با خشمی که هوش را از وی ربوده بود، دختر پیغمبر خانهٔ ابوبکر را ترک کرد و از شدت آزردگی در بستر بیماری افتاد.[۱۴]

برخی روایات بر آنند که ابوبکر به خاطر فرو نشاندن خشم فاطمه از وی خواست دو تن شاهد آورد تا گواهی دهند که پیامبر ملکیت فدک را به وی داده بود.[۱۵] گفته می شود که این طلب گواه مفکورهٔ عمر بود که به ابوبکر مشوره داد «تا ثبوت ادعا ارائه نکرده ورا چیزی نباید داد.» فاطمه برای تثبیت ادعایش شوهرش علی و امایمن دایهٔ حبشی پیامبر را پیش کشید. ابوبکر پرسید «تو خواهی استحقاقت را با ارائهٔ شهادت یک مرد و یک زن ثابت سازی؟ از بهر شهادت شرعی گواهی دو مرد یا یک مرد و دو زن بباید.»[۱۶] و عمر به سخنش افزود «امایمن زنیست نادان که چیزی نمیداند. علی نیز اندرین دعوی ذی نفع باشد، پس شهادت هیچ یک مقبول نیفتد.»[۱۷]

از میراث محروم شدن فاطمه محور جدال و مناقشهٔ بزرگی میان اهل تشیع و اهل تسنن میباشد. از نظر شیعیان موضعگیری خلیفهٔ اول مظهر شریرانهترین ظلم و بی-عدالتی است و سیمای ابوبکر به مثابهٔ غاصب را کامل میسازد. سنییان فاطمه را

---

[۱۲] شرح النهج ابن ابی الحدید ۲۳۱/۱۶

[۱۳] سِیَر ذهبی ۳۷۶/۲؛ السقیفه و فدک جوهری ۱۱۷

[۱۴] کتاب سُلَیم ۳۹۱

[۱۵] سِیَر ذهبی ۳۶/۲؛ تاریخ المدینه ابن شبه ۱۹۹/۱

[۱۶] انساب بلاذری ۷۹/۱۰؛ کتاب سُلَیم ۳۹۱؛ بحار الانوار مجلسی ۳۰۲/۲۸ . امایمن چند هفته پس ازین ماجرا وفات یافت (البدایهٔ ابن کثیر ۳۶۷/۵)

[۱۷] شرح النهج ابن ابی الحدید ۲۲۰/۱۶

مستحق نمی‌دانند و بر آنند که ادعای واهی وی باعث گردیده بود تا بصیرتِ تشخیص و تمییز حق و باطل را بکلی از دست دهد...[۱۸]

حوادث بعدی نشان دادند که حق با فاطمه بود. عمر که در زمان خلافت ابوبکر چنان با دادن فدک به فاطمه مخالف بود وقتی خود به خلافت رسید تغییر عقیده داد و با دادن حق مالکیت فدک به علی و عباس آنرا به اهل بیت پیغمبر بازگرداند. عمو و برادرزاده روی تصاحب این دارایی میان هم ناساز شدند و در ستیزه افتادند و عمر زیر نام اینکه این مسئلۀ خانوادگی بود از داوری و میانجیگری میان شان ابا ورزید.[۱۹] در واقع عاید حاصله از واحۀ زرخیز فدک چنان هنگفت بود که برای مدت قریب دو قرن به مثابۀ موضوع متنازع فیهِ دعواهای آزمندانه و ستیزه‌های خانوادگی میان خلفای مختلف و احفاد علی و فاطمه باقی ماند.[۲۰]

منازعه بر سر فدک – که همه بزرگان آن دوران بر آن آگاه بودند – نمونۀ بارزی از درهم آمیزی پول و سیاست است. با محروم ساختن فاطمه از آن میراث ابوبکر پول سرشاری پس از مرگ پیامبر در اختیار می‌داشت. در واقع ثروت و دارایی محمد که آنرا از سهمیه‌های بزرگ چور و چپاول جنگی به شکل زمین، بردگان، مواشی، اسپان، جهیز جنگی و مبالغ هنگفت پول نقد به دست می آورد بیکران بود. زنانش بهرۀ کاملی ازین همه دارایی داشتند.[۲۱] ادعاهای برخی از محدثین و سیره نویسان را مبنی بر اینکه در هنگام مرگ از پیغمبر جز قرض چیزی باقی نماند[۲۲] می‌باید با شک و تردید عمیق ورانداز کرد و آنرا تلاشی انگاشت برای تبرئۀ ابوبکر. چنین ادعاها با

---

[۱۸] سیرۀ ابن کثیر ۴۹۵/۴؛ سیرۀ حلبی ۵۱۱/۳

[۱۹] تاریخ المدینه ابن شبه ۲۰۲/۱

[۲۰] فتوح البلدان بلاذری ۴۱-۴۲؛ معرفة السنن والآثار بیهقی ۲۱۳/۹-۲۱۵؛ شرح النهج ابن ابی الحدید ۲۱۶/۱۶؛ السقیفه و فدک جوهری ۱۰۵؛ طبقات ابن سعد ۳۸۸/۵-۳۸۹؛ معجم البلدان یاقوت ۲۴۰/۴

[۲۱] صحیح بخاری ۸۲۰/۲

[۲۲] البدایۀ ابن کثیر ۳۰۴/۵

حقایق تاریخی و با فهرست موجودی دارایی پیغمبر که در آثار محدثین و سیره نویسان آمده است در مغایرت قرار دارند. طبیعی بود که جانشین محمد باید اختیار دارایی سرشار متوفی را می‌داشت. ابوبکر در پوشش نوعی «ملی‌سازی» که گویا هدف آن منفعت عامه و ادامهٔ برنامه‌های جنگی پرشمار پیغمبر بود اعضای خانواده (اهل بیت) او را از میراث مالی کاملاً محروم ساخت، همانگونه که از میراث سیاسی پیغمبر آنانرا برکنار نمود. ابوبکر در مسایل مالی وسواس داشت، چنانکه پس از احراز مقام خلیفه به فعالیت‌های بازارگانی خود ادامه داد[۲۳] و وقتاً فوقتاً به خود ازدیاد حقوق (معاش) قایل می‌شد.[۲۴]

ابوبکر تنها فاطمه را از میراث پیغمبر محروم نساخت، بلکه همه بیوه‌های محمد با همین سرنوشت دچار شدند. وقتی آنان پس از مرگ شوهرشان عثمان ابن عفان را به خاطر طلب میراث خود نزد خلیفه فرستادند ابوبکر یکبار دیگر با استدلال اینکه «پیامبران میراث می‌نگذارند» تقاضای شانرا رد کرد. بیوه‌های محمد به دریافت خانهٔ نشیمنی که در آن می‌زیستند و مقرری حد اقل سالانه جهت نفقه بسنده کردند. یگانه بیوهٔ پیغمبر که دعوی میراث نکرد عایشه دختر ابوبکر بود. وی حتی سخت کوشید تا سایر زنان پیغمبر را از دعوی میراث منصرف سازد.[۲۵] دلیل این تلاش او را در روشنایی حوادث بعدی به آسانی می‌توان پی برد: با به قدرت رسیدن ابوبکر عایشه از مقام زن سپید بخت و دلخواه محمد به مقام هم‌پایه و همطراز آن یعنی دختر خلیفه بودن انتقال کرد. بدین گونه او از صلاحیت پدرش که زمین‌های زیادی را به وی

---

[۲۳] انساب بلاذری ۶۹/۱۰-۷۰؛ الکامل ابن اثیر ۲۶۶/۲؛ تاریخ الخلفأ سیوطی ۶۳؛ طبقات ابن سعد ۱۸۴/۳؛ طبری ۳۵۴/۲

[۲۴] انساب بلاذری ۷۰/۱۰؛ الکامل ابن اثیر ۲۶۶/۲؛ تاریخ الخلفأ سیوطی ۶۳؛ طبقات ابن سعد ۱۸۵/۳؛ طبری ۳۵۴/۲-۳۵۵ . پول پرستی خلفای صدر اسلام خود شایستهٔ رسالهٔ جداگانه‌ایست!

[۲۵] فتوح البلدان بلاذری ۳۹؛ شرح النهج ابن ابی الحدید ۲۲۲/۱۶-۲۲۳؛ جامع الاصول ابن اثیر ۶۴۰/۹؛ البدایهٔ ابن کثیر ۳۰۶/۵؛ تاریخ المدینه ابن شبه ۲۰۱/۱؛ السقیفه و فدک جوهری ۱۱۳-۱۱۴؛ معجم البلدان یاقوت ۲۳۹/۴-۲۴۹

واگذاشت نفع مالی برد.[۲۶] در پایان کار، فاطمه خیلی کم‌بخت‌تر از عایشه بود. وی بی‌گمان بهای سنگینی را در برابر مخالفت شدیدش با قدرت و صلاحیت خلیفهٔ اول پرداخت و می‌توان تصور کرد که با محروم ساختن فاطمه از میراث ابوبکر از وی انتقام سیاسی گرفت.

---

[۲۶] طبقات ابن سعد ۳/۱۹۴-۱۹۵

صحنهٔ ۳

فاطمه در حالیکه خود را در چادر بزرگی پیچانده بود و عده‌یی از زنان، خدمتگاران و دوستانش او را همراهی می‌کردند، به مسجد داخل شد. وی جامهٔ بلندی به تن داشت که دامن آن روی زمین کشیده می‌شد، به گونه ایکه وقتی گام به پیش می‌گذاشت پایش در نوک دامنش گیر می‌کرد. وقتی ابوبکر او را دید که با خرامی همانند خرام پدرش وارد مسجد شد تکان خورد، گویی شبحی در برابرش ظاهر شده بود. مسجد پر از مهاجرین و انصار بود. با وارد شدن دختر پیغمبر در مسجد همهمه‌یی از شگفتی و تعجب بلند شد. دلیل آمدنش بر کسی پوشیده نبود اما هیچکس انتظار نداشت چنین سر زده به مسجد آید و دسترخوان ظلم و بیعدالتی‌ایرا که بر وی رفته بود در برابر همگان بگستراند. فاطمه می‌دانست که کسی جرئت اعتراض نخواهد داشت چون هیبت و سهم پدرش هاله‌یی بود که او را محافظت می‌کرد.

برای فاطمه و زنان معیتی‌اش جا خالی کردند. تنی چند از خدمتگاران پردهٔ سپیدی آویختند که دختر پیغمبر و زنان همراه او را از مردانی که در برابر آنها نشسته بودند جدا می‌کرد. همگان به واپسین ظهور پیامبر در ملإ عام فکر می‌کردند، آنگاه که با بلند کردن پردهٔ میان حجره‌اش و مسجد با امتیان خود وداع کرد.[۱] آن آخرین رؤیت پیغمبر بود که در مسجد صورت گرفت.

ابوبکر که می‌دانست چه در پیش داشت چشمان خود را برای لحظه‌یی بست. او اینرا نیز می‌دانست که هرگز نباید عکس‌العملی نشان دهد. سایه‌نمای فاطمه در پشت پردهٔ

---

[۱] دیده شود: هاله الوردی، *واپسین روزهای زندگی محمد*، ترجمهٔ حمید سیماب، صفحات ۲۱۹–۲۲۰

سپید نوعی صحنهٔ غیر واقعی به وجود آورده بود. موجی از احساسات آمیخته با ترس مسجد را درنوردید. فاطمه در حالیکه چُند بر زمین نشسته بود و سوی منبر می‌دید با یاد آوری پدر آه عمیقی که پژواک آن در سراسر مسجد پیچید از دل برکشید. صدای هق هق گریه را در اطراف خود و در آنسوی پرده می‌شنید، اما نمی‌خواست دستخوش احساسات گردد. وی اینجا نه برای گریه بل برای اقامهٔ دعوا آمده بود. لحظه‌یی انتظار کشید تا همهمه و غوغای مسجد فرونشیند. سر و صدا و سرگوشی‌ها آهسته آهسته رو به خاموشی رفتند و سکوت همچو سرپوشی که بر دیگ جوشانی گذاشته شود چیره گشت. فاطمه همچون بازیگر مرکزی نمایشنامهٔ تراژیدی روی صحنهٔ یک تئاتر نامحتمل، باصدای بس ژرف و شگفتی که گویی وخشوری سخن می‌گفت، با خطابهٔ مؤقر و سنگینی که به «خطبة الفدکیة» شهرت یافته است چنین آغازید[۲]:

«حمد و ثنا خدای راست برآنچه ارزانی داشت، و سپاس مر او را در آنچه الهام فرمود، گواهی دهم که معبودی جز او نباشد و شریکی ندارد. اوست که بندگان را بفرمود تا شکرگذارند و از آن شکرگذاری آنانرا نعمات زیاده گرداند. و گواهی دهم که مرا محمّد پدر بوده است و خدا را بنده و فرستاده. و خداوند او را برگمارد تا امرش را کامل کند و حکمِ قاطعش را امضا و مقدّراتش را اجرا، پس خدای بزرگ پدرم محمد را وسیله گرداند تا تاریکی‌های حکم خداوندی را روشن گرداند و خلایق را از گمراهی رهاند و به دین استوار و محکم رهنمون گردد تا به راه راست هدایت گردند. و چون خداوند او

[۲] روایتی که از خطابهٔ فاطمه در اینجا می‌آید در منابع مختلف سنی و شیعه گزارش شده است، منجمله: بلاغات النسأ ابن طیفور ۱۶-۲۵؛ شرح النهج ابن ابی الحدید ۲۱۱/۱۶-۲۴۹؛ السقیفه و فدک جواهری ۱۰۰-۱۰۳ و ۱۳۸-۱۴۸؛ بحار الانوار مجلسی ۲۱۵/۲۹-۳۳۴ . **خطبة الفدکیة** سخنرانی‌ایست اندر باب خیانت ابوبکر و تنی چند دیگر از اصحاب بلند پایهٔ محمد که در ستمی که بر فاطمه رفته بود همدستان خاموش ابوبکر بودند. این خطابه یکی از عناصر کلیدی ادعانامهٔ اپوزیسون شیعه است ولی با وجود آنکه بر ضد خلیفهٔ اول است توسط مؤلفین سنی نیز ذکر گردیده است. البته تذکار مؤلفین سنی ازین سخنرانی خصلت اعتذاری دارد. (یادداشت مترجم: در ترجمهٔ سخنان فاطمه در خطبهٔ فدکیه در برخی جاها از ترجمهٔ فارسی این خطابه که در انترنت موجود است استفاده شده است.)

را سوی خود فراخواند و از رنج این دنیا آسوده گرداند، محاطِ خشنودی پروردگار آمرزنده گردید و در جوار رحمت او آرمید، پس درود خدا بر پدرم و سلام و رحمت و برکات الهی براو باد.»

آواز فاطمه بر سامعین بال گسترده بود و از بُن مسجد می‌خنید. «شما ای بندگان خدا، عَلَمداران امر و نهی او و حاملان دین و وحی اویید. خداوند عطیهٔ بزرگی که همانا کتابِ گویای الهی و قرآن راستگو که نور فروزان و شعاع درخشانی‌ست بر شما ارزانی داشته است.» فاطمه برای لحظه‌یی خاموش شد، نفس گرفت و ادامه داد: «ای مردم! بدانید که من فاطمه دختر محمدم، گفتارم غلط نیست و ظلمی در آن نباشد، پس اگر او را می‌بشناسید دانید همی که او مرا پدر بود و علی را که پسر عموی منست برادر، و هیچ مرد دیگری در میان شما را چنان برادر نبود. وی رسالت خود را به انجام آورد، شمشیر بر فرق مشرکان نواخت و با حکمت و پند و اندرزِ نیکو شما را سوی پروردگار خواند.» فاطمه نفس گرفت و دمی مکث کرد تا بر موجهٔ احساسات که بر قلب و احساس او هجوم آورد فایق آید، سپس ادامه داد: «هیهات! آنگاه که خداوند پیامبرش را در آرامگاه اصفیأ جا داد علایم نفاق در شما ظاهر گشت و جامهٔ دین پاره گشت. پست رتبه‌گان با قدر و منزلت گردیدند و اهل باطل به صدا درآمدند و شیطان که لعنت خدا بر او باد سر خویش را از مخفیگاه برآورد و شما را فراخواند و شما دعوت او را پاسخ گفتید. شیطان شما را به عصیان واداشت و دید که آسان چنان کردید، شما را به غضب واداشت پس بر شتران دیگران داغ زدید و بر چیزی که شما را سهم نبود دست یازیدید.» فاطمه بار دیگر آهی از دل برکشید. «زمان دیری نگذشت و پیامبر هنوز در قبر نیارامیده، هراس از فتنه را بهانه آوردید و شتافتید تا میان هم قرار گذارید. بدانید و آگاه باشید که در فتنه فروغلتیده‌اید، به راستی که "أَلَا فِي الْفِتْنَةِ سَقَطُوا وَإِنَّ جَهَنَّمَ لَمُحِيطَةٌ بِالْكَافِرِينَ – آن‌ها در فتنه افتاده‌اند و بی‌گمان جهنم کافران را احاطه کرده است (سورهٔ توبه:۴۹)"»

انصار و مهاجرین خاموشانه و با نگاه‌های دزدانه سوی یکدیگر می‌دیدند و صحنه‌های پر غوغای جرگه‌یی را که پیش از تشییع جنازهٔ پیغمبر برگزار کرده بودند از برابر چشم

ذهن خویش می‌گذشتاندند. آواز فاطمه همچنان می‌خنید: «بدتر از همه آن بوَد که اکنون به من گویند که مرا از پدر ارثی نیست و هیچ ارثی از پیامبر می‌نبرم. این چگونه ممکن باشد؟ چگونه آفتاب درخشان را منکر توانید شدن؟ من دختر اویم!» فاطمه دستان خود را سوی آسمان بلند کرد و آوازش به فریاد مبدل شد: «گویید به من، ای مسلمانان، سزاوار همین است که حق من به میراث پدرم از من دریغ گردد؟» سپس رو سوی خلیفه کرد و او را به ناورد طلبید: «تو ای پسر ابی‌قحافه، مگر در کتاب خداست که تو از پدرت ارث بری و من از میراث پدر محروم مانم؟ این امر تازه و زشت را از کجا آوردی؟» همه سرها سوی ابوبکر چرخیدند. نگاه‌ها همه چهرهٔ خلیفه را می‌پاییدند تا واکنش او را بینند، اما خلیفه خاموش بود و در سیمای او چیزی خوانده نمی‌شد. پلک‌های ابوبکر نمی‌جنبید و چشمانش روبرو خیره شده بودند. این سایه‌نمای پشت پردهٔ سپید که بازوانش چون شبحی در اهتزاز بود او را منگ ساخته بود.

فاطمه سخنان خود را پی گرفت: «ای ابن ابی‌قحافه، تو می‌دانی و دانسته بر کلام خدا چشم همی‌پوشی که گفته "وَوَرِثَ سُلَيْمَانُ دَاوُودَ – و سلیمان از داوود ارث برد (سورهٔ نمل:۱۶)." مگر خداوند آنگاه که در کتابش داستان یحیی فرزند زکریا را باز - گوید از زبان یحیی می‌نفرماید "فَهَبْ لِي مِن لَّدُنكَ وَلِيًّا يَرِثُنِي وَيَرِثُ مِنْ ءَالِ يَعْقُوبَ – پس از نزد خویش وارثی به من عطا فرما که از من و از آل یعقوب ارث برد؟ (سورهٔ مریم:۵-۶)"» با هر آیه‌ایکه فاطمه از قرآن برمی‌کشید چهرهٔ ابوبکر سرخ و سرخ‌تر می‌شد. «"وَٱلَّذِينَ ءَامَنُواْ مِنۢ بَعْدُ وَهَاجَرُواْ وَجَٰهَدُواْ مَعَكُمْ فَأُوْلَٰٓئِكَ مِنكُمْۚ وَأُوْلُواْ ٱلْأَرْحَامِ بَعْضُهُمْ أَوْلَىٰ بِبَعْضٍ فِي كِتَٰبِ ٱللَّهِۚ – و کسانی که بعد از آن‌ها ایمان آوردند و هجرت نمودند و به همراه شما جهاد کردند، پس آنان از شما هستند و خویشاوندان در کتاب الله نسبت به یکدیگر سزاوارترند (سورهٔ أنفال:۷۵)"؛ "يُوصِيكُمُ ٱللَّهُ فِيٓ أَوْلَٰدِكُمْۖ لِلذَّكَرِ مِثْلُ حَظِّ ٱلْأُنثَيَيْنِۚ – الله دربارهٔ فرزندان‌تان به شما سفارش می‌کند، سهم پسر، چون سهم دو دختر است (سورهٔ نسأ:۱۱)"؛ "كُتِبَ عَلَيْكُمْ إِذَا حَضَرَ أَحَدَكُمُ ٱلْمَوْتُ إِن تَرَكَ خَيْرًا ٱلْوَصِيَّةُ لِلْوَٰلِدَيْنِ وَٱلْأَقْرَبِينَ بِٱلْمَعْرُوفِۖ حَقًّا عَلَى ٱلْمُتَّقِينَ – بر شما نوشته شده هنگامی‌که یکی از شما را مرگ فرا رسد، اگر مالی از خود به جای گذارده، برای پدر و

مادر و خویشاوندان به نیکی وصیت کند این حقی است بر پرهیزگاران (سورهٔ بقره:۱۸۰)"»

حضار از خود می‌پرسیدند «آیا خلیفه میان حرفش خواهد دوید؟ آیا عکس‌العملی نشان خواهد داد؟» اما از ابوبکر صدایی برنمی‌خاست. وی همچنان به سایهٔ پشت پرده که با وی سخن می‌گفت خیره می‌دید. دختر پیغمبر خشمگینانه پرسید «تو ای پسر ابوقحافه، جرئت همی‌کنی ادعا داری که مرا که دختر پیغمبرم از ارث پدرم سهم و بهره‌یی نیست، گویا مرا با او هیچ پیوندی نبود! آیا خداوند آیه‌ای نازل کرده که تو از آن آگاهی و پدرم آگاه نبود؟ یا چنانست که من و پدرم را اهل اسلام می‌ندانی که از میراث او محرومم بنمودی؟ آیا تو بر قرآن از پدر و پسرعمویم آگاه‌تری؟» ابوبکر که با ادامهٔ این گفتار هر آن خوارتر و ذلیل‌تر می‌شد نمی‌دانست چه کند، سر خود را پایین انداخته بود، نفس‌های عمیق می‌کشید و خود را تلقین می‌کرد که نه، این واقعیت نیست، این کابوسی‌ست و نه بیشتر! اما عذاب او را پایانی نبود. سخنان فاطمه ادامه داشت: «چون چنین است، این تو و این شتر، شتری مهارزده و رحل‌نهاده، برگیر و ببر!» حاضرین مسجد در شگفتی بودند که منظور فاطمه ازین تشبیه چه بود، خلافت یا فدک؟ یا شاید هر دو؟ «اما روز رستاخیز جواب آنرا خواهی داد! چه نیکو داوری‌ست خداوند، و نیکو دادخواهی‌ست پیامبر، و چه نیکو وعده‌گاهی‌ست قیامت! در آن ساعت و آن روز مبطلون (اهل باطل) زیان خواهند برد و پشیمانی آنانرا سودی نخواهد داشت. "فَسَوْفَ تَعْلَمُونَ مَن يَأْتِيهِ عَذَابٌ يُخْزِيهِ وَيَحِلُّ عَلَيْهِ عَذَابٌ مُّقِيمٌ – پس خواهید دانست که عذاب خوارکننده بر سر چه کسی فرود خواهد آمد و عذاب جاودانه کی را شامل خواهد شد (سورهٔ هود:۳۹)"»

جمعیت گرد آمده از لعن و نفرین فاطمه به خود می‌لرزیدند. دختر پیامبر می‌دانست که هوش و توجه حضار را اسیر خود داشت و امیدوار بود با بهره‌گیری از فضای به وجود آمده بتواند مخالفت آغازین در برابر ابوبکر در سقیفه را دوباره زنده سازد. پس رو سوی

انصار کرد و بانگ داد: «ای فرزندان قیله،[3] ای گروه نقبأ، ای بازوان ملت و ای حافظان اسلام، این ضعف و غفلت در برابر بیدادی که بر من رفته است و این سهل-انگاری در برابر دادخواهی من چرا؟ آیا پدرم پیامبر نمی‌فرمود "حرمت هرکس در فرزندان او حفظ همی‌گردد"؟ هیهات! چه زود تغییر کردید! شما را قدرت و توان آن هست که دادخواهی مرا پشتیبان گردید. یا بنی‌قیله! مرا بینید و سخنانم را همگان شنوید و بر حالم آگاهید، چگونه پذیرفتن توانید که اینچنین مظلوم گردم؟ شما را انجمن و اجتماع است، در شجاعت نام آورید و به خیر و صلاح موصوف، ولی جواب می‌ندهید! نخبه‌گانی بودید که مر ما اهل بیت را برگزیده شدید، ناله‌ام شنوید ولی به فریادم می‌نرسید!» علی‌رغم اینهمه گفتار ستایش‌آمیز و برانگیزنده، سکوت انصار فاطمه را از مددگاری آنها دلسرد و مایوس ساخت. «چرا از دین راستین روگردانده‌اید؟ چرا از راه راست برگشته‌اید؟ چرا در برابر آنانی که پیمان شکستند قیام می‌نکنید؟ "أَتَخْشَوْنَهُمْ فَٱللَّهُ أَحَقُّ أَن تَخْشَوْهُ إِن كُنتُم مُّؤْمِنِينَ – آیا از آنان هراس دارید در حالی که خداوند سزاوارتر است که از او بترسید، اگر مؤمنید (سورهٔ توبه:۱۳)"»

فاطمه مکث کرد، گویی می‌خواست بازتاب آنسوی پرده را بپیماید، اما جز سکوت و انجماد ندید. انصار خاموشانه و مرعوبانه سوی یکدیگر می‌دیدند و شگفت زده از آن بودند که پای آنها در سرزنش و استغاثهٔ دختر پیغمبر کشانده شده بود. ولی خلیفه ازینکه تلخی و گزندگی فریاد و فغان فاطمه آماج دیگری یافته بود احساس راحت می‌کرد.[۴] پس از لحظاتی سکوت که می‌شد در آن وز وز مگسی را شنید، فاطمه سخنان خود را از سر گرفت: «بینم که تن آسایی را دل داده‌اید و آن کسی را که سزاوار زمامداری‌ست دور انداخته‌اید. "إِن تَكْفُرُوٓاْ أَنتُمْ وَمَن فِى ٱلْأَرْضِ جَمِيعًا فَإِنَّ ٱللَّهَ

---

[3] قیله نام مادر بزرگ مشترک قبایل اوس و خزرج بود. صفحهٔ ۳۷ این کتاب دیده شود.

[4] عیون الاخبار ابن قتیبه ۲۳۴/۲؛ اکتفأ کلاعی ۴۴۶/۱؛ تاریخ الخلفأ سیوطی ۵۷ . در برخی روایات گفته می‌شود که روزی در شامگاهان فاطمه یکجا با علی به خانه‌های انصار سر می‌زد و از آنان می خواست تا از حق جانشینی شوهرش پشتیبانی نمایند، اما آنها جواب می‌دادند «خیلی دیر است. ابوبکر بر تو پیشی گرفت. ما که ورا بیعت داده‌ایم آنرا واپس نتوانیم گرفتن.»

لَغَنِیٌّ حَمِیدٌ – اگر شما و هرکه در زمین است کافر شوید، خدای بزرگ از همگان بی‌نیاز و ستوده است (سورهٔ ابراهیم:۸")

فاطمه گویی شپلیده شده بود و از نیرو تهی. مزهٔ تلخی را در دهن خود احساس می کرد. برای لحظه‌یی تصور کرد که سکوتی که چیره گشته بود خاموشی تأیید بود، و گمان می‌برد شنوندگانی که چهره‌های‌شانرا نمی‌توانست ببیند اشک می‌ریختند، ولی پی برد که چنان نبود. سکوت، سکوت بی‌تفاوتی بود. بیزار و سرخورده از جا برخاست. «بدانید که آنچه بگفتم جز حقیقت نبود! بر سستی پیمان و میلان‌تان سوی نیرنگ و خیانت نیک آگاهم و دانم که از شما انتظار خیری نباید داشتن، لیک آنچه گفتم جوشش دل اندوهگینم بود و برون ریزی غم بزرگی که بر دلم است، و از بهر آن گفتم که آینده‌گان را دلیلی باشد از ستم ننگینی که بر من رفته است.» ابوبکر اکنون می‌توانست در آنسوی پرده سایه‌نمای زن جوان را بیند که مرط (لُنگ) بزرگی را که بر گرد خود پیچیده بود جابجا می‌کرد. نفس عمیقی کشید و با خود گفت «بالاخره تمام کرد. برخاسته است و می‌رود. دیگر مرا طاقت شنیدن نیست!» اما فاطمه بی حرکت درجا ایستاده بود. اصحاب محمد با نگرانی سوی یکدیگر می‌دیدند. «بیشتر ازین چه خواهد گفتن؟»

دختر پیغمبر با صدای لرزان ولی پرطنینی باز لب به سخن گشود: «می‌روم و این عار مر شما را واگذارم تا همچون باری که کمر را شکند و سُم ستور را سوراخ کند آنرا بر دوش کشید. این ننگ مر شما را تا جاویدان مُهر سرافگندگی باشد و نشانی از "نَارُ ٱللَّهِ ٱلْمُوقَدَةُ‌ٱلَّتِي تَطَّلِعُ عَلَى ٱلْأَفْـِٔدَةِ – آتش برافروختهٔ الهی که بر دل‌ها چیره گردد و بسوزاند (سورهٔ همزه:۶-۷)" آنچه می‌کنید از چشم بینای خداوند پوشیده نباشد، وَسَيَعْلَمُ ٱلَّذِينَ ظَلَمُوٓاْ أَىَّ مُنقَلَبٍ يَنقَلِبُونَ – و کسانی‌که ستم کردند به زودی خواهند دانست به چه بازگشتگاهی بر می‌گردند (سورهٔ شعرا:۲۲۷)" من دختر آن کسی ام که شما را از عذاب دردناک الهی که در پیش دارید خبر داد، پس "ٱعْمَلُواْ عَلَىٰ مَكَانَتِكُمْ إِنَّا عَـٰمِلُونَ وَٱنتَظِرُوٓاْ إِنَّا مُنتَظِرُونَ – بر روش خودتان عمل کنید، ما نیز بر روش خویش عمل می‌کنیم. منتظر باشید، ما هم منتظریم! (سورهٔ هود:۱۲۱-۱۲۲)"»

پژواک نفرین فاطمه که از در و دیوار مسجد در گوش‌ها طنین انداخته بود همچون طوق لعنتی بود که بر گردن یک یک حاضرین فرو می‌افتاد. تیر پشت همه به لرزه افتاده بود.

و لحظۀ بعد خاموشی بر همه جا چیره گشت.

صحنهٔ ۴

حرکت سایه‌نمای فاطمه را در عقب پرده می‌دیدند. فاطمه سوی دروازه روانه گشت تا مسجد را ترک کند. اکنون که از کتم پرده بیرون آمده بود و دیگر شبح خوفناکی نه بلکه موجود واقعی بود، ابوبکر در خود شهامت آنرا دید که با او روبرو گردد. شتابناک از جا برخاست و سوی دختر پیغمبر دوید و با آواز آگنده از درد ندا داد «ای دختر فرستادهٔ خدا! ای تو بهترینِ زنان! ای تو دختر والاگهرترینِ پدران! مرا به خداوند سوگند است که جز اطاعت از ارشاد پیغمبر نکردم، تو ناروا چنین بر من سخت گیری! گویمت و باز گویمت، پدرت همی‌فرمود "ما پیامبران را میراثی نیست، نه از زر، نه از سیم، نه از عقار و نه از متاع. آنچه از ما بر جا ماند ایمان باشد و دانایی و سنت." من تنها ارشاد او به جا کردم. خداوند درین امر مرا یار و پشتیبان باد و بر او توکل کنم.»[۱]

فاطمه احساس می‌کرد که ادامهٔ گفتگو صرفه‌یی ندارد، شاید هم زاری خلیفه را هیچ نشنید. فکر و ذهنش جای دیگری و نگاهش سوی دروازهٔ بستهٔ حجرهٔ پدرش بود، آنجا که در گور در کنار مسجد خفته بود. با چشمان اشکبار ابیاتی از هند بنت أثاثة را به خاطر آورد و برخواند:[۲]

قَـدْ کـانَ بَعْـدَکَ أنْباءُ وَ هَنْبَثَةُ   لَوْ کُنْتَ شاهِدَها لَـمْ تَکْثِرِ الْخُطَبُ

---

[۱] بلاغات النسأ ابن طیفور ۱۸؛ السقیفه و فدک جوهری ۱۰۳

[۲] دیده شود أُسد ابن اثیر ۲۸۸/۶؛ طبقات ابن سعد ۳۳۱/۲؛ أعلام زرکلی ۹۶/۸ . هند بنت أثاثة شاعرهٔ قریشی از خاندان محمد بود که از مطلب ابن عبدمناف نسب می‌گرفت. مرثیات وی مشهورند.

اِنّا فَقَـدْناکَ فَقْدَ الْاَرْضِ و ابِلَها　　وَ اختَلَّ قَوْمُکَ فَاشْهَدْهُمْ وَ لاتَغِبُ
وَ کُـلُّ اَهْـلٍ لَهُ قُـرْبی وَ مَنْزِلَةٌ　　عِنْـدَ الْالِـهِ عَلَـی الْاَدْنَیـنِ مُقْـتَرِبُ
اَبْدَتْ رِجالٌ لَنا نَجْوی صُدُورِهِمُ　　لَمّا مَضَیتَ وَ حـالَتْ دُونَکَ التُّرَبُ
تَجَـهَّمَتْنا رِجـالٌ وَ اسْتُـخِفَّ بِنا　　لَمّا فُقِـدْتَ وَ کُـلُّ الْاِرْثِ مُغْتَصَبُ
وَ کُنْـتَ بَدْراً وَ نُـوراً یسْتَضاءُ بِهِ　　عَلَیـکَ تُنْزِلُ مِنْ ذِی‌الْعِـزَّةِ الْکُتُبُ
وَ کـانَ جِبْـریلُ بِالْایاتِ یؤْنِسُنا　　فَقَدْ فُقِـدْتَ وَ کُلُّ الْخَیرِ مُحْتَجَبُ
فَلَیتَ قَبْلَکَ کانَ‌اَلْمَوْتُ صادِفُناً　　مّا مَضَیتَ وَ حـالَتْ دُونَکَ الْکُتُبُ

پس از تو خبرها و کارهایی پیش آمد　　که گر بـودی چنـان بزرگ نمـی‌گردید
توچون رفتی زمین باران از دست داد　　قومت پراگنده، بنگرچگونه منحرف‌شدند
هر خاندانی که قرب و منزلتی داشت　　نزد خـدا، نزد بیگانگـان نیز محتـرم بود
مردانی‌برما اسرارسینه‌ها آشکارکردند　　همین‌که‌رفتی‌و پردهٔ‌خاک میان‌ماحائل‌شد
روی بـرگرداندند و تحقیرمان کردند　　چون برفتی و میراث مـان غصب گردید
توماه‌چهارده وچراغ نوربخشی بودی　　از جانب خداوند بر تو کتابها فرود می‌آمد
جبـرئیل با آیات الهـی مونس ما بود　　بعـد ازتـو هـمه خیـرها پـوشیده شـد
ای کـاش پیـش از تـو مـرده بودیم　　آنگاه‌که‌رفتی‌وخاک‌درتهٔ‌خود نهانت کرد[۳]

فاطمه مسجد را ترک کرد. در پشت سرش صدای هق هق گریه به گوش می‌رسید، اما دختر پیغمبر سر برنگرداند و سوی خانه راهی شد. ابوبکر نشست و سر خود را میان دستان خود گرفت. حقیقتِ عیان را دیگر نمی‌شد انکار کرد: تشت رسوایی که فاطمه از بام انداخته بود عواقب بدی در پی داشت. ابوبکر می‌دانست که بحران سیاسی بنیادبراندازی در شرف تکوین بود. احساس اندوه و دلهره بر وی هجوم آورد.

***

چند روزی پسانتر وقتی خبر مرگ بزرگترین پسرش عبدالله[۴] را برایش آوردند سیل گریه ابوبکر را از پا درآورد.[۵] گرچه عبدالله دو سال پیش در هنگام محاصرهٔ طائف

---

[۳] السقیفه و فدک جوهری ۱۰۱

شدیداً زخم برداشته بود، گمان می‌رفت که آن زخم کاری التیام یافته بود. خراب شدن ناگهانی وضع عبدالله چند روزی پس از رسیدن پدرش به خلافت همگان را شگفت زده ساخت. از قضا، کمتر از چهل روز پس از مرگ پیامبر خلیفهٔ اول پسر خود را به گورستان مشایعت کرد. پس از خاکسپاری پسر، ابوبکر با کوله باری از درد و احساس گناه به خانه برگشت. وی نمی‌توانست این اندیشه را از سر دور کند که آن لعنت و جزای الهی که فاطمه در ملإ عام بر وی خواسته بود اینک دامنگیرش شده بود.

[4] دیده شود: انساب بلاذری ۱۰۸/۱۰-۱۱۰؛ الاستیعاب ابن عبدالبر ۱۸۷۶/۴-۱۸۸۰؛ أُسد ابن اثیر ۱۹۵/۳-۱۹۶، ۱۸۳/۶-۱۸۵؛ الإصابهٔ ابن حجر ۲۵/۴-۲۶، ۲۲۷/۸-۲۲۸؛ البدایهٔ ابن کثیر ۳۷۲/۶ و ۳۸۹؛ عیون الاخبار ابن قتیبه ۱۱۴/۴-۱۱۵؛ کنز متقی ۶۳۳/۱۳؛ جامع الاحادیث سیوطی ۵۰۰/۲۵؛ طبقات ابن سعد ۱۷۲/۳-۱۷۳ و ۲۶۵/۸-۲۶۶ . عبدالله پسر ارشد ابوبکر از زنش قتیله بنت عبدالعزا بود. نام عبدالله در تاریخ اسلام به سبب نقش او در مهاجرت پیغمبر از مکه ثبت است. در آن هنگام که پیامبر یکجا با ابوبکر به مدت سه روز در غار ثور پنهان بود عبدالله برای‌شان غذا، آب و اطلاع اوضاع بیرون را می‌رساند. احادیث از او به صفت مخبر پیامبر به نیکویی یاد می‌کنند. وی همچنین به سبب عشق دیوانه‌آسایی که به زوجهٔ زیبای خود عاتکه بنت زید داشت شهره است. عشق عاتکه چنان بر جان و دلش استیلا داشت که عبدالله به خاطر او از جهاد فی سبیل الله روی گرداند. این روگردانی چنان بر ابوبکر گران آمد که پسر را امر کرد تا از بهر پرداختن به جهاد عاتکه را طلاق دهد. عبدالله که در متابعت امر پدر گویی جانش گرفته شده بود چنان در درد هجران می‌سوخت که به افسردگی شدید گرفتار شد و به جای پرداختن به جهاد فی سبیل الله روزها را در گریه و سرودن اشعار سوزناک در فراق دلدار می‌گذراند. ابوبکر چون دید طلاق تحمیل شده بر پسرش نتیجهٔ واژگون بار آورده بود اجازه داد تا عاتکه را دوباره در عقد خود درآورد. در واقع، عبدالله تنها در یک غزوهٔ پیغمبر سهم گرفت و آن محاصرهٔ طائف در سال ۸ هجری بود که در آن شدیداً زخم برداشت. این زخم سه سال پیکرش را آزرد و سر انجام باعث مرگ او شد. پس از مرگ او بیوه‌اش عاتکه ابتدا همسر پسر عموی خود عمر ابن خطاب که بر وی تجاوز نموده بود گردید، و پس از کشته شدن عمر بالترتیب با زبیر ابن عوام و سپس با حسن ابن علی نواسهٔ پیغمبر ازدواج نمود. داستان عشق عاتکه به خودی خود شایستهٔ کتابی‌ست.

[5] مستدرک حاکم ۵۴۲/۳-۵۴۴؛ المنتظم ابن جوزی ۹۲/۴؛ البدایهٔ ابن کثیر ۳۷۲/۶؛ طبری ۲۵۳/۲

با این وسواس مصمم شد تا جلو بدتر شدن وضع را گیرد، ازینرو در پی آن افتاد تا تلافی مافات کند و فدک را به دختر پیغمبر برگرداند، و این اعادهٔ ملکیت را با سند نوشتاری رسمیت و قطعیت بخشد.[۶] پس آنگاه که مشغول تسوید آن سند مالکیت بود، عمر که هیچگاه از خلیفه زیاد دور نمی‌رفت ناگاه بر وی وارد شد.

- «چه چیزی را قلم می‌بزنی؟»
- «خواهم فدک و همه میراث فاطمه را به وی برگردانم.»
- «حاشا که چنان کنی! این خطایی باشد عظیم!»
- «مرا می‌باید تا این مشکل با فاطمه یکسو کنم، چون امورات روزگار را به حال خود هشتن نتوان، و الّا، وضع ازین بدتر گردد.»

عمر بی‌درنگ پی برد که توبه کاری ابوبکر بیشتر به سبب خراش دل و احساسش پس از مرگ پسرش عبدالله بود. عمر حاضر نبود بگذارد این تلطیف عواطف و احساسات بر کار خلیفهٔ جدید و تصامیم خطیر سیاسی او اثر اندازد. از نظر او، سلب میراث فاطمه پیوند ناگزیر با اِعمال قدرت داشت، ازینرو به خلیفه گفت «گوش دار، ای ابوبکر! با عطأ و دریا دلی و امتیازدهی سلطه قائم کردن نتوان!» خلیفه که می دانست عمر با زبانِ دل و احساس ناآشنا و بیگانه بود استدلال سیاسی را پیش کشید: «سخن نیک بگفتی، و اما با معضلهٔ فاطمه ما را جز بدنامی حاصل نآید و بدخواهان ما از آن عظیم منفعت‌ها برند. آخر، نه آنست که وی دو تن شاهد آورد و آنان گواهی دادند که فرستادهٔ خدا فدک او را گذاشته بود؟»

- «آری، زهی گواهانی که او آورد! یکی علی بود که بیشتر از هر کسی او را در فدک منفعت مضمر است! و این ام‌ایمن چه کسی باشد؟ او زنی بیش نیست، و آنهم زنی کودن و نفهم!»[۷]

---

[۶] کتاب سُلَیم ۳۹۱

[۷] تاریخ الخلفأ سیوطی ۶۱. به گفتهٔ سیوطی، ام‌ایمن چند هفته پس از این ماجرا و یک ماه پیش از مرگ فاطمه درگذشت.

– «با آنهم، عاقبت را دیدی که چون بر گواهی آنان چشم پوشیدیم ما را چه افتاد! فاطمه به مسجد آمد و غوغا و رسوایی راه انداخت. او اندرین باب سکوت می نکند. مرا عزم جزم بر آنست تا فدک او را واپس دهم تا این غائله را پایانی باشد.»

– «مگر این عقل را درست آید!؟ گیرم که فدک او را واپس دهی، از یاد برده‌ای که اعراب در مخالفت با ما عَلَم جنگ بیافراشته‌اند؟ چگونه با آنان مقابله کردن خواهی؟»

این پرسش از زبان مردی بود که چند روز پیش در سقیفه به انصار گفته بود «اعراب جز ابوبکر هیچ دیگری را نپذیرند و دستور هیچ دیگری را تاب نیارند.»

اعتراض عمر دلیل سیاسی مصادرهٔ فدک را برملا ساخت. فدک ملکیتی بود که عواید سرشار آن برای تمویل دولت و ماشین جنگی خلیفهٔ اول حتمی و ناگزیر بود. در واقع، در روز پس از احراز خلافت توسط ابوبکر جبهات متعددی از متخاصمین بر ضد او شکل گرفتند. خلیفه نه تنها باید به تأسی از اراده و عزم پیغمبر در هنگام واپسین بیماری‌اش به سرکردگی اسامه ابن زید لشکر به بیزانس گسیل می‌داشت[8] بلکه باید با شورش بزرگی مقابله می‌کرد که از سوی شمار زیادی از قبایل مسلمان شدهٔ عرب که مشروعیت جانشینی او را نمی‌پذیرفتند راه انداخته شده بود. گذشته از آن، «پیغمبران دروغین» زیادی که حتی در زمان حیات محمد سر برآورده بودند تهدید جدی در برابر قدرت و اتوریتهٔ مدینه بودند.[9] ابوبکر ازین ناحیه پریشان خاطر بود چون باید برای مقابله با این تهدیدات لشکر می‌آراست و برای این منظور نیازمند پول بود، و اگر آنرا از میراث پیغمبر به دست نمی آورد از کجا می‌کرد؟ خلیفه به عمر پاسخ داد: «بر وضع خطیر نیک آگاهم، ای عمر، همه کس با من به جنگ است. درست از بهر همین است که مرا گزیری نیست جز آنکه معضله با فاطمه به پایان برم. مرا پیمانهٔ اضطراب و دلهره لبریز است، بیش می‌نخواهم!»

---

[8] دیده شود: هاله الوردی، *واپسین روزهای زندگی محمد*، ترجمهٔ حمید سیماب، فصل ۶

[9] محلیٰ ابن حزم ۱۰۸/۱۲–۱۲۳؛ سیرهٔ ابن حبان ۴۲۸/۲–۴۳۰

– «اما خطاست گر پنداری که با امتیازدهی مشکل توانی حل کردن! این سلطه و وجاهتِ ترا زیان رساند. حکمرانی‌ات را با شکست خواهی آغازیدن؟ من این ترا می‌بنگذارم! هان، این صحیفه را بده به من!»

ابوبکر مردد بود، ولی عمر برای اینکه نشان دهد چگونه باید رعب در دلها انداخت و مردمان را به فرمانبرداری واداشت ورق پاره را از دست او قاپید و با گفتن «اینک مشکل حل شد!» آنرا پاره پاره کرد،[۱۰] سپس با دیدن سیمای پریشان و مضطرب دوستش از روی دلجویی اضافه کرد «دژم مباش و اندیشه به دل راه مده، غائلهٔ فاطمه زود فراموش گردد ...» ابوبکر آشفته و پریشان پاسخ داد «خدا حرفت را راست کناد!»

و اما، سخنان عمر خاطر خلیفه را از ناحیهٔ دختر پیغمبر تسکین نداد، ازینرو چند روز بعدتر با پریشانی به عمر اظهار داشت «مرا آشفتگی خاطر کماکان باقی‌ست! فاطمه را دل آسا بباید کرد. رویم و ورا دلجویی کنیم.» عمر بدون آنکه زیاد به حرف خلیفه توجه کند گفت «نه، نیازی نباشد.»

– «آری باشد! چنین باید کرد، و تو را نیز با من آمدن باید. با همگان در شور و غوغا نتوان زیست.»
– «اگر هم رویم ما را می‌نپذیرد. خواهی دید!»
– «این را من چاره سازم. علی را گویم تا شفاعت ما کند. فاطمه حرف او فرونگذارد.»

سرانجام پس از چند بار «نه» شنیدن، ابوبکر و عمر توانستند به کمک علی به حضور فاطمه رسند.[۱۱] فاطمه دردمند و بسترگیر بود. شوهرش با اشارهٔ دست مهمانان را

---

[۱۰] سیرهٔ حلبی ۵۱۲/۳؛ کتاب سُلَیم ۳۹۱ . بر اساس بیان متون شیعه، وقتی فاطمه از پاره شدن آن ورق پاره به دست عمر آگاه شد عمر را چنین دعای بد کرد: «خداوند شکمت پاره کناد چنان که تو آن صحیفه که مرا آنچه مستحق بودم پس می‌بداد پاره کردی!» این دعای بد گویی اجابت شد، چون چند سال بعدتر عمر از اثر سه ضربهٔ کارد در شکمش جان داد.

[۱۱] سِیَر ذهبی ۳۷۱/۲؛ سیرهٔ حلبی ۵۱۱/۳؛ الامه و السیاسه ابن قتیبه ۳۱؛ کتاب سُلَیم ۳۹۱–۳۹۲

دعوت به نشستن کرد ولی فاطمه روی خود را برگرداند تا آن دو یار پدر خود را نبیند. ابوبکر لب به اعتذار و پوزش خواهی گشود و بیان داشت که تا چه اندازه دختر پیغمبر را ارج می‌نهاد و گرامی می‌داشت و او را داناترین و پارساترین زنان می‌دانست. فاطمه سوی آنان نمی‌دید ولی حرف‌های ابوبکر را خونسردانه و بدون اینکه عکس‌العملی نشان دهد می‌شنید. وقتی خلیفه خاموش شد دختر پیغمبر با چهرهٔ رنگ‌پریدهٔ ناشی از رنج جسمی و روانی گفته‌یی از پدر خود را نقل کرد: «فَاطِمَةُ بَضْعَةٌ مِنِّی فَمَنْ آذَاهَا فَقَدْ آذَانِی (فاطمه پارهٔ تن من است، هر که او را بیازارد، مرا آزرده است)!»[12] علی با شنیدن این نقل قول از پیغمبر سر خود را پایین انداخت چون رویهٔ خود او را بیادش داد. پیامبر این جمله را وقتی بر زبان آورده بود که علی را به سبب قصدِ گرفتن زن دوم سرزنش نموده اقدام او را اهانت به فاطمه و بنابران به خود انگاشته بود.[13] فاطمه با این یادآوری چه چیزی را به یاد چه کسی می‌داد – آیا دو یار پدر خود را متوجه رویهٔ غدرآمیز آنها در برابر دختر دوست متوفای‌شان می‌ساخت یا شوهر خود را به سبب تمکین بیش از حدش در برابر کسانی که به خاطرهٔ پیغمبر خیانت نموده بودند توبیخ می‌کرد؟ وی در حالی که سوی شوهر خود می‌دید ادامه داد «دیگر هرگز با این دو سخن نخواهم زد.»[14] ابوبکر با این گفته به گریه افتاد اما عمر از بازوی او گرفت و گفت «برخیز! رویم زینجا!» ابوبکر اندوهگینانه و درمانده گذاشت تا سوی دروازه رهنمایی شود، اما از پشت سرش آواز فاطمه را می‌شنید که بلندتر ندا می‌داد «ترا

---

[12] حلیة الاولیأ ابونُعَیم ۴۰/۲؛ صحیح بخاری ۱۳۶۱/۳؛ جامع الاصول ابن اثیر ۱۲۷/۹–۱۲۸؛ فضائل الصحابه ۷۵۵/۲–۷۵۸؛ الامامه و السیاسه ابن قتیبه ۳۲

[13] سنن ابو داود ۱۸۵/۲؛ سنن بیهقی ۵۰۲/۷؛ صحیح بخاری ۲۰۰۴/۵؛ سِیَر ذهبی ۴۳۰/۵؛ تاریخ دمشق ابن عساکر ۱۵۹/۵۸؛ أُسد ابن اثیر ۲۲۲/۶؛ جامع الاصول ابن اثیر ۱۲۷/۹–۱۲۸؛ فضائل الصحابه ابن حنبل ۷۵۵/۲–۷۵۸؛ مسند ابن حنبل ۲۴۰/۳۱؛ صحیح ابن حبان ۴۰۵/۱۵؛ **صفة** الصفوه ابن جوزی ۳۱۰/۱؛ سنن ابن ماجه ۶۴۳/۱؛ صحیح مسلم ۱۴۰/۷؛ سنن نسائی ۴۵۷/۷؛ سنن ترمذی ۶۹۸/۵ . دیده شود: هاله الوردی، *واپسین روزهای زندگی محمد*، ترجمهٔ حمید سیماب، فصل ۱۰

[14] صحیح بخاری ۱۵۴۹/۴؛ البدایهٔ ابن کثیر ۲۷۰/۵ و ۳۰۶؛ سیرهٔ ابن کثیر ۴۶۷/۴؛ السقیفه و فدک جوهری ۱۰۸، طبقات ابن سعد ۳۱۵/۲؛ طبری ۲۳۶/۲ و ۲۵۳

لعنت می‌کنم، ای ابوبکر! ترا در هر بار نماز لعنت خواهم کرد!»[15] ابوبکر در حالی که سیل اشک از چشمانش جاری بود سوی او چرخید و با آواز تضرع آمیزی پاسخ داد «و من در هر بار نماز ترا دعای خیر خواهم کرد.»[16] آیا هنوز هم امید داشت که فاطمه بر وی رحم آرد و او را ببخشد؟ فاطمه چیزی نگفت و همچنان سوی دیوار خیره ماند. عمر از آرنج ابوبکر گرفت و تکرار کرد «بیا، رویم زینجا!» سینۀ ابوبکر فشرده شده و دم از پاهایش رفته بود. احساس می‌کرد از حال می‌رود، گویی حکم مرگ او صادر شده بود. او در حالی که فق می‌زد و بر دوستش اتکا داشت از خانۀ فاطمه برآمد. گویند که باری که شکسته و درمانده از خانۀ دختر پیغمبر بیرون شد بیشتر از هر بار دیگر از جان و دل فریاد برآورد «این بیعت تانرا از من بازگیرید! از بهر این کار کسی دیگری بیابید!»[17]

دختر پیغمبر دیگر هرگز ابوبکر و عمر را ندید. وی با تن و دل شکسته تنها چند هفته پس از مرگ پدر زنده بود. پس از آمدن آن دو تن به خانه‌اش وضع صحی‌اش رو به خرابی نهاد. در هنگامی که در بستر مرگ قرار داشت به عده‌یی از زنان مهاجرین و انصار که به عیادتش آمده بودند اظهار داشت «از دنیای شما خسته‌ام و از مردان نامرد و غدار شما بیزار. خداوند همهٔ این سفلگان و شرف باختگان را لعنت کناد! "لَبِئْسَ مَا قَدَّمَتْ لَهُمْ أَنفُسُهُمْ أَن سَخِطَ ٱللَّهُ عَلَيْهِمْ وَفِى ٱلْعَذَابِ هُمْ خَٰلِدُونَ – چه بد است آنچه نفس‌هایشان برای آنان پیش فرستاده است، الله بر آن‌ها خشم بیاورد و آنان در عذاب جاودانه خواهند ماند (سورۀ مائده:۸۰)؛" "أَلَآ إِنَّهُمْ هُمُ ٱلْمُفْسِدُونَ وَلَٰكِن لَّا يَشْعُرُونَ – آگاه باشید! آن‌ها همان مفسدانند ولی نمی‌فهمند (سورۀ بقره:۱۲)"»[18]

---

[15] انساب بلاذری ۷۹/۱۰؛ شرح النهج ابن ابی الحدید ۲۶۴/۱۶؛ الامامه و السیاسه ابن قتیبه ۳۱؛ بحار الانوار مجلسی ۶۲۸/۲۹

[16] انساب بلاذری ۷۹/۱۰؛ شرح النهج ابن ابی الحدید ۲۱۴/۱۶–۲۱۵

[17] الامامه و السیاسه ابن قتیبه ۳۱؛ الریاض النضره محب‌الدین طبری ۲۵۱/۱

[18] شرح النهج ابن ابی الحدید ۲۳۳/۱۶؛ السقیفه و فدک جوهری ۱۰۸

رنجش و خشم فاطمه تا واپسین نفس‌هایش زایل نشد. دختر پیغمبر ناشاد و اندوهگین از جهان رفت.[۱۹] وقتی دانست لحظهٔ مرگ نزدیک است شوهر خود را فراخواند و قاطعانه وصیت کرد «می‌نخواهم که ابوبکر بر من نماز جنازه گذارد یا در تشییع جنازه‌ام شرکت کند!»[۲۰] وی ۷۲ روز (یا بر اساس برخی روایات شش ماه) پس از مرگ پدر در عمر ۲۹ سالگی دنیا را ترک کرد[۲۱] و مانند پدرش در دل شب با مراعات حزم و احتیاط تمام با حضور تنها شوهرش علی، عموی شوهرش عباس و پسر او فضل به خاک سپرده شد.[۲۲] از او دو پسر، حسن هفت ساله و حسین شش ساله، که نوادگان دلبند پیغمبر بودند بازماند.

فاطمه خاری در بغل جانشین پدرش بود. ستیزهٔ آنها از اهمیت بزرگ نمادین برخوردار است چون سلطه و اقتدار ابوبکر صرف به قیمت امحای کامل و قاطعانهٔ اتوریتهٔ پیش از او می‌توانست قایم شود، و این کار تنها در صورت عقیم و نابود شدن – به مفهوم فزیکی کلمه – وارث پیغمبر امکان داشت. ابوبکر روی ملاحظات سیاسی ناگزیر بود بر خانهٔ فاطمه حمله برد چون آن خانه به لانهٔ مخالفین او مبدل شده بود، و از بهر تأمین ظواهر نمادین ناگزیر بود برای سلب میراث سیاسی پیغمبر ارثیهٔ مادی دختر او را نیز مصادره نماید. بدین ترتیب، جانشین پیغمبر تنها زمانی می‌توانست به گونهٔ واقعی سلطه و اتوریتهٔ خود را اِعمال کند که دختر پیغمبر را از صحنه کنار زند.

---

[۱۹] سِیَر ذهبی ۳۸۸/۲ . ذهبی در وصف احتضار فاطمه می نویسد که فاطمه تَذُوبُ (ذوب شد).

[۲۰] شرح النهج ابن ابی الحدید ۲۱۴/۱۶؛ السقیفه و فدک جوهری ۱۰۴

[۲۱] حلیة الاولیأ ابونُعَیم ۴۲/۲-۴۳؛ الامامه و السیاسه ابن قتیبه ۳۱؛ طبقات ابن سعد ۲۸/۸؛ رِدّه واقدی ۴۷

[۲۲] صحیح بخاری ۱۵۴۹/۴؛ سیرهٔ حلبی ۵۱۲/۳؛ شرح النهج ابن ابی الحدید ۲۱۴/۱۶؛ البدایهٔ ابن کثیر ۳۰۷/۵ و ۳۶۷/۶؛ سیرهٔ ابن کثیر ۵۶۸/۴؛ تاریخ الخلفأ سیوطی ۶۱؛ طبقات ابن سعد ۳۰/۸؛ طبری ۲۳۶/۲ و ۲۵۳ . حلبی در سیره‌اش می‌نگارد که علی هیچکس را از مرگ فاطمه آگاه نساخت (سیرهٔ حلبی ۵۱۲/۳). منابع روی سن فاطمه در هنگام مرگش توافق نظر ندارند. برخی آنرا ۲۴ و دیگران ۲۹ ساله گفته‌اند. ما پیشتر ازین در *واپسین روزهای زندگی محمد* در مورد دشواری بزرگ تعیین تاریخ تولد فاطمه گفته‌ایم. («فصل ۱۰ – دخترش و دامادش» صفحات ۱۲۶-۱۴۱ دیده شود)

کوتاهِ سخن اینکه برای آرام نشستن بر «تخت» ابوبکر گزینه‌یی نداشت جز اینکه به گونه‌یی آخرین رشتهٔ پیوند با نبوّتی را بگسلاند که فاطمه تجسم آن بود.

صحنهٔ ۵

مرگ فاطمه نقطهٔ چرخش بزرگ سیاسی بود، چون اپوزیسیونی که اهل بیت پیغمبر محور آنرا تشکیل می‌داد اندکی پس از وفات او از هم پاشید. علی در روزِ پس از مرگ همسرش ابوبکر را به خانهٔ خود دعوت کرد و تأکید داشت که می‌خواهد به تنهایی یعنی بدون حضور عمر (که از طبع شرزه و خشن او بیمناک بود) با خلیفه دیدار کند.[۱] عمر چون ازین دعوت آگاهی یافت خلیفه را از تنها به خانهٔ علی رفتن برحذر داشت، ولی خلیفه در پاسخ پرسید «مگر با من چه خواهند کرد؟» و مصممانه اضافه کرد «تنها خواهم رفت!»[۲] در واقع، خوف عمر بیشتر از آنکه از علی باشد از خوش قلبی ابوبکر و شخصیت بیش از حد عاطفی او بود که او را وامی‌داشت به سازش های عاقبت نیندیشانه تن دردهد. روی همین علت بود که عمر خلیفه را سایه‌وار در همه جا تعقیب می‌کرد و زیر نظر می‌گرفت تا از تزلزل و دودلی او مانع گردد. ابوبکر نیز به نوبهٔ خود از مزاج زود خشم «بازوی راست» خود که هرگونه کنار آمدن با اهل بیت پیغمبر را دشوار می‌ساخت برحذر بود.

---

[۱] البدایهٔ ابن کثیر ۳۰۷/۵؛ سیرهٔ ابن کثیر ۵۶۸/۴؛ طبری ۲۳۶/۲ . ابوبکر خود در آستانهٔ مرگ از اصحاب در بارهٔ تعیین عمر به مثابهٔ جانشینش استشاره کرد. عده‌یی از اصحاب با انتصاب عمر مخالفت کردند و خلیفه نیز بر سنگدلی او نیک آگاه بود. (انساب بلاذری ۸۹/۱۰؛ تاریخ دمشق ابن عساکر ۴۱۱/۳۰؛ طبقات ابن سعد ۱۹۹/۳؛ الریاض النضره محب‌الدین طبری ۲۶۰/۱)

[۲] انساب بلاذری ۲۶۸/۲–۲۶۹؛ صحیح بخاری ۱۵۴۹/۴–۱۵۵۰

با پا گذاشتن در خانۀ علی خاطرۀ آخرین دیدار با فاطمه بر ابوبکر هجوم آورد، ولی هنگامی که در برابر صاحب خانه نشست و آل هاشم را در پیرامون خود دید تلاطم درونی را از چهرۀ خود زدود. علی پس از خیر مقدم به ابوبکر اظهار داشت «پیش از هر سخنی، مرا باید واضح ساختن که اگر ترا بیعت می‌ندادیم نه از آن بود که فضل و شایستگی‌ات را اذعان نداشتیم یا بر عطیه و رواداری خداوند بر تو رشک می‌ورزیدیم. ما را گله از آن بود کاندرین امر ما را نیز سهمی بود ولی تو ما را از آن مستأصل داشتی.» ابوبکر با شیوۀ نرم همیشگی‌اش در حالی که اشک در چشمانش حلقه زده بود پاسخ داد «مرا به پروردگار سوگند است که خویشاوندان پیغمبر مرا از خویشاوندان خویشتن عزیزترند!» علی گفت «و اما حتی زحمت مشاوره با ما را به خود ندادی!» گریۀ خلیفه شدیدتر شد و گفت و گو کوتاه گردید.

در واقع هیچ نکتۀ نوینی طی آن دیدار مطرح نگردید. حرف بر سر آن بود که اکنون باید یکی از آن دو پا پیش گذاشته گام بعدی را بردارد. همان بود که ظهر آنروز پس از ادای نماز خلیفه در مسجد پیوستن داماد پیغمبر را به لوای خلافت بر همگان اعلام داشت. مسلمانان ازین خبر به وجد آمدند و همه در متابعت از علی سوی خلیفه صف کشیدند تا با او تجدید بیعت کنند، گویی شورش هاشمیان منوط به وجود فاطمه بود. اهل بیت پیغمبر همانند قریشیان مکه و تنی چند از انصار که پشتیبان علی بودند نیک می‌دانستند که با آنهمه عطالت و بی‌میلی که علی به امر خلافت و زمامداری نشان داده بود نمی‌توانستند روی او حساب کنند. محدثین برای توجیه عقب‌گرد علی که پس از یک مقاومت کوتاه و نیم‌دل تسلیم شده بود از زبان او می‌گویند که علت تعلل او در بیعت به ابوبکر مشغولیت وی در گردآوری همه سوره های قرآن در مجموعۀ واحدی بود «آنچنان که نازل گشته بود».[۳] در اصل، علی هیچگاه با ابوبکر مخالف نبود و حتی مشروعیت جانشینی او را به جای پیغمبر با این گفته که «فرستادۀ خدا ترا

---

[۳] انساب بلاذری ۲۶۹/۲؛ عِقد عبد ربه ۱۳/۵-۱۴؛ سمط النجوم عصامی ۲۳۳/۲؛ السقیفه و فدک جوهری ۶۶؛ کتاب سُلَیم ۱۴۵

در نماز پیش کرد، کی باشد که ترا پس کشد؟» به رسمیت شناخته بود.[۴] گذشته از آن، مرگ زوجه‌اش برای علی رستگاری شخصی نیز بود چون خود را از قید تک همسری که پیغمبر و دخترش بر وی تحمیل کرده بودند رها می دید. علی که اکنون «زن‌مردهٔ شاداب» شده بود از آن پس زنان متعددی را به زنی گرفت.

***

پس از یک صحنهٔ عاطفه برانگیز آشتی، ابوبکر و علی یکجا با هم از مسجد بیرون آمدند. خلیفه حسن نواسهٔ پیغمبر را آنجا مشغول بازی دید، سویش دوید و او را در آغوش خود برداشت و به علی گفت «چقدر رسول خدا را ماند! هیچ به پدر خود می نماند!» علی ازین گفته قاه قاه خندید.[5]

یک تذکر کمیاب درین باره روایت می‌کند که میانجیگری عثمان «ذی‌النورین» افدرزاده و همریش (باجناق) علی باعث گردید تا علی خلافت ابوبکر را بپذیرد. استدلال عثمان به علی آن بود که در برابر جنبش عظیم شورش و طغیانی که در عربستان راه افتیده بود و مدینه و تمامت دارالسلام را تهدید می‌کرد امت مسلمه باید صفوف خود را فشرده سازند. «ای پسر عم، دشمن در پشت در است و تو هنوز بیعت نداده‌ای!» با این گفته علی بدون اندکترین تردید و تأخیر به معیت عثمان نزد ابوبکر رفت. خلیفه او را با آغوش باز پذیرفت و هر دو با گریه یکدیگر را در آغوش گرفتند.[۶]

این روایات منفعت سیاسی‌ایرا که ابوبکر از مخالفت شدید اعراب خارج مدینه برد آشکار می‌سازد، چون آن مخالفت‌ها به وی اجازه دادند مسلمانان را به پشتیبانی از خود بکشاند و در نتیجه قدرت خود را مستحکم سازد. حروب الرده (جنگ‌های ارتداد) که ابوبکر برای آنها آمادگی می‌گرفت این همبستگی را بیشتر تقویه کرد. چه چیزی از یک دشمن عینی (واقعی یا خیالی) برای فایق آمدن بر افتراقات و اختلافات داخلی مؤثرتر تواند بود؟ چه چیزی از یک جنگ تدافعی یا کشورگشایانه برای تاراندن شبح

---

[٤] انساب بلاذری ۲۶۹/۲–۲۷۰؛ سیرهٔ ابن کثیر ۵۶۸/۴؛ الامامه و السیاسه ابن قتیبه ۳۲

[٥] البدایهٔ ابن کثیر ۳۰۷/۵

[٦] انساب بلاذری ۲۷۰/۲؛ طبری ۲۳۶/۲

جنگ داخلی کاراتر تواند بود؟ و بالاخره، چه چیزی از غنیمت و چپاول دشمن برای دوباره پر ساختن خزانهٔ دولتی منفعتبارتر تواند بود؟ بعدها عمر روزی با در آغوش گرفتن ابوبکر و بوسیدن سر او سپاس قلبی خود را به سبب اتخاذ تصمیم راه اندازی جنگ‌های نجات بخش حروب الرده به او ابراز داشته گفت «سرم فدایت، گر تو نبودی همهٔ ما نابود می‌شدیم!»[۷]

ابوبکر به یقین از اینکه علی و همه اهل بیت پیغمبر منقاد شده و جهت ادای حلف وفاداری نزد او آمدند احساس راحت می‌کرد، ولی ناراحتی خاطرهٔ رویه‌یی که در برابر فاطمه کرده بود دست از سر او برنمی‌داشت. وقتی خبر مرگ پسرش را به او آوردند لعنت فاطمه به یادش آمد. اکنون، چند روزی نگذشته از انتصابش به مقام خلیفه، هر باری که هشدار می‌شنید که همه قبایل عربستان در برابر او قیام نموده‌اند، باز هم به یاد لعنت فاطمه می‌افتاد.[۸] برخی از قبایل عرب از اسلام رو گردانده بودند چون به زعم ایشان دین جدید با مرگ پیغمبر پایان یافته بود، اما دیگران هنوز مؤمن به اسلام بودند ولی با ندادن مالیهٔ زکات به خلیفهٔ جدید نوعی «نافرمانی مدنی» راه انداخته بودند.

بحران سیاسی هم در عمق و هم در پهنا گسترش می‌یافت. افکار ابوبکر مشغول یافتن راه حل بود که عمر خبر آورد که قبایل پشتیبان طلیحه – که اعلام پیغمبری کرده بود – به فاصلهٔ کمی از مدینه اردو زده و آمادگی حمله بر شهر را می‌گرفتند.[۹] برای خلیفه لحظهٔ تصمیم فرا رسیده بود. همه یاران را به مسجد فراخواند و با لحن قاطع و مصمم اعلام داشت «از بهر جنگ آماده گردید!». حتی عمر از قاطعیت تصمیم دوستش شگفت زده شد.

– «خواهی با همگان از در جنگ درآیی؟ قبایلی در برابر مایند که چون ما نماز می‌گزارند، آنها که از اسلام رو نگردانده‌اند!»

---

[۷] الامامه و السیاسه ابن قتیبه ۳۵

[۸] مروج الذهب مسعودی ۳۰۶/۲؛ تاریخ الخلفأ سیوطی ۵۴؛ طبقات ابن سعد ۲۵۴/۲؛ رِدّه واقدی ۴۸

[۹] طبری ۲۵۴/۲

– «اینرا نیک دانم، اما چون از دادن زکات روگردانده‌اند آنها را مرتدین همی‌شمارم. ازینرو در برابر آنها قتال باید!»

– «لاکن ...»

– «بس کن، ای عمر! من تصمیم خویش گرفته‌ام، زکات را از نماز منفصل نتوان کرد! حتی اگر با غل و زنجیر بندندم با آنان جز جنگ می‌نکنم!»

عمر با نگاه تحسین آمیز سوی دوست خود دید و با مباهات گفت «بینم که خداوند دلت را در سینه در راه جنگ راست بنموده!»[۱۰] با آنهم تعجب وی باقی بود. آیا در سرشت دوستش تغییری آمده بود؟ علی‌رغم صلابت و قاطعیت ابوبکر، وی مردی بود عاطفی و رقیق‌القلب که هیچگاه رأی بر خشونت نمی‌داد و مانند یک قریشی اصیل همواره سازش و مذاکره را بر جنگ و مقاتله ترجیح می‌داد. آنچه عمر نمی‌دانست این بود که پس از رویارویی دردانگیز با فاطمه، ابوبکر دیگر خود را مُهر لعنت خورده‌یی می‌دانست که امید رستگاری نداشت.

خلیفه در برابر سخن تحسین آمیز عمر خاموش ماند و با چهرهٔ خونسرد و گرفته کوشید شکنج درونی خود را پنهان نگهدارد. بار مسئولیت دولت‌داری بر ذهنش گرانی می‌کرد؛ دیگر نمی‌شد اندکترین نشانهٔ سستی و از هم گسیختگی را تبارز داد، دیگر هرگز در مورد دختر پیغمبر که تصویر او ذهنش را داغ زده بود حرفی نخواهد زد. با خود می‌گفت «بار الها! آیا تا ابد ملعون لعنت فاطمه خواهم ماند؟» هنوز دو سه هفته از احراز مقام خلافت نگذشته بود که سر و کارش جز با فاجعه و بحران نبود. اینک در آستانهٔ راه اندازی جنگ در برابر همه عربستان قرار داشت. پژواک صدای فاطمه در گنبد ذهنش می‌پیچید: «ترا لعنت می‌کنم، ای ابوبکر! ترا در هر بار نماز لعنت خواهم کرد!» بی‌گمان از برای فرو نشاندن لهیب شکنجه و دهشت درونی‌اش بود که ابوبکر می خواست با همه عالم اعلان جنگ دهد.

---

[۱۰] سنن بیهقی ۳۰۵/۸–۳۰۶؛ مصنف ابن ابی شیبه ۴۷۲/۱۳؛ الکامل ابن اثیر ۱۹۵/۲؛ سیرهٔ ابن حبان ۴۳۰/۲؛ غزوات ابن حبیش ۱۸؛ البدایهٔ ابن کثیر ۳۳۵/۶–۳۳۶؛ الامامه و السیاسه ابن قتیبه ۳۴؛ اکتفأ کلاعی ۸/۲؛ تاریخ الخلفأ سیوطی ۵۹–۶۱؛ طبری ۲۵۵/۲؛ رِدّه واقدی ۵۰–۵۲

خلیفهٔ اول تا زمان مرگش در دو سال بعدتر راز این بار مهیب را که بر سینه‌اش سنگینی می‌کرد با خود نگهداشت. تنها در بستر مرگ و هنگام جان کندن بود که از ندامتی که چون خوره او را می‌خورد محرمانه به عایشه گفت: «پشیمانم، دخترم، پشیمانم! نباید با فاطمه چنان کردمی که کردم!» سپس، در حالی که به سختی نفس می‌کشید شورای سقیفه در نظرش مجسم شد. حافظه‌اش همه جزئیات آن جرگهٔ فراموش نشدنی را در خود نگهداشته بود، جرگه‌یی که در آن قدرتِ مقدس و لاهوتی پیغمبر در برابر جاه‌طلبی‌های ناسوتی این دنیا به حراج گذاشته شده بود. با آه عمیقی ادامه داد: «در آن روز بایستی قدرت را به عمر یا ابوعبیده واگذاشتمی!»[11] ابوبکر از پذیرفتن خلافت پشیمان بود، مقامی که زهد و پارسایی او را به استبداد مبدل کرده بود. آیا چند بار بیهوده استعفای خود را از آن مقام پیش کرده بود؟ تصاویر وحشت-انگیزی در بحبوحهٔ این افکار در یلدای تاریک‌خانهٔ وجدانش از برابر ضمیر آگاهش گویی به گونهٔ رسم گذشت می‌گذشتند.

قدرت نخستین خلیفهٔ پیغمبر اسلام، ظل الله فی الارض (سایهٔ خدا بر روی زمین)،[12] قدرتی که در سقیفهٔ بنی ساعده زاییده شده بود، اینک در سایهٔ شمشیرها می‌بالید و بزرگ و بزرگ‌تر و بزرگ‌تر می‌شد ...[13]

---

[11] سیَر ذهبی ۳۶۴/۲؛ مجمع الزوائد هیثمی ۶۰/۹؛ عِقد ابن عبد ربه ۲۱/۵-۲۲؛ شرح النهج ابن ابی الحدید ۴۶/۲-۴۷؛ تاریخ دمشق ابن عساکر ۴۲۲/۳۰-۴۲۳؛ الامامه و السیاسه ابن قتیبه ۳۶-۳۷؛ السقیفه و فدک جوهری ۴۵؛ مروج الذهب مسعودی ۳۰۸/۲؛ طبری ۳۵۳/۲

[12] مشکاة المصابیح تبریزی ۱۰۹۷/۲؛ انساب بلاذری ۱۱۱/۷؛ سنن بیهقی ۲۸۱/۸؛ تاریخ دمشق ابن عساکر ۱۷۶/۱۲ . این لقب از یک گفتهٔ پیغمبر گرفته شده که جایی گفته بود «السطان ظل الله فی الارض (فرمانروا سایهٔ خدا بر روی زمین است)»

[13] صحیح بخاری ۱۰۳۷/۳؛ مستدرک حاکم ۸۷/۲؛ مصنف ابن ابی شیبه ۵۶/۷؛ مسند ابن حنبل ۳۰۹/۳۲؛ صحیح مسلم ۱۵۱۱/۳؛ سنن ترمذی ۱۸۶/۴ . یک حدیث پیامبر می‌گوید «اعلموا أن الجَنَّةُ تَحتَ ظِلالِ السُّیُوفِ (بدانید که جنت در زیر سایهٔ شمشیرهاست)». در روایت دیگری از همین حدیث (مصنف ابن ابی شیبه ۱۰/۷) پیغمر گفته است «إن السیوف مفاتیح الجنه (شمشیرها کلیدهای جنت اند)».

منابع مورد استفاده

الف) منابع عربی

منابع در پا ورقی‌ها به گونه‌یی داده شده اند پس از نام مختصر اثر و مؤلف آن، عدد اول اشاره به جلد و عدد دوم اشاره به صفحهٔ کتاب منبع است.

در پایین در راست (با خط زیرین) شکل مختصر نام منبع چنان که در پاورقی‌ها نشان داده شده و در چپ نام مکمل اثر مورد استفاده با مشخصات کتاب‌شناختی آن ارائه می‌گردد:

(ابن هشام)	السیره النبویه – ابن هشام، قاهره، مکتبه مصطفی الحلبی، ۱۹۵۵ (۲ جلد)
الاتقان سیوطی	الاتقان فی علوم القرآن – جلال الدین السیوطی، قاهره، دارالسلام، ۲۰۰۸
الاخبار ابن بکّار	الأخبار الموفقیات - زبیر بن بکار، بیروت، عالم الکتب، ۱۹۹۶
الاحتجاج طبرسی	الاحتجاج – ابو منصور احمد ابن علی ابن ابی طالب الطبرسی، نجف اشرف، دار النعمان للطباعه و النشر، ۱۹۶۶ (۲ جلد)
ارشاد القلوب دیلمی	ارشاد القلوب – الدیلمی، تهران، دار الاسوه للطباعه و النشر، ۲۰۰۳
الارشاد مفید	الارشاد فی معرفه حجج الله علی العباد - محمد ابن محمد النعمان العکبری الشیخ المفید، بیروت، دارالمفید، ۱۹۹۳ (۲ جلد)
الاستیعاب ابن عبدالبر	الاستیعاب فی معرفه الاصحاب – ابن عبدالبر، بیروت، دار الجیل، ۱۹۹۲ (۴ جلد)
أُسد ابن اثیر	أُسد الغابه فی معرفه الصحابه - عزالدین ابن اثیر، بیروت، دارالفکر، ۱۹۸۹ (۶ جلد)

الاصابه ابن حجر	الإصابه فی تمییز الصحابه - ابن حجر العسقلانی، بیروت، دارالجیل، ۱۹۹۱ (۸ جلد)
اغانی ابوالفرج اصفهانی	کتاب الاغانی – ابوالفرج الاصفهانی، بیروت، دارالفکر، (۲۴ جلد)
الکافی کلینی	اصول الکافی – الکلینی، تهران، دار الکتب الاسلامیه، ۱۹۴۳
اکتفأ کلاعی	الاکتفاء بما تضمنه من مغازی رسول الله – أبو الربیع الکلاعی، بیروت، عالم الکتب، ۱۹۹۷ (۲ جلد)
الامامه و السیاسه ابن قتیبه	الامامه و السیاسه - ابن قتیبه، بیروت، دارالأضواء، ۱۹۹۰ (۲ جلد)
انساب بلاذری	انساب الاشراف – البلاذری، بیروت، دارالفکر، ۱۹۹۶ (۱۳ جلد)
بحار الانوار مجلسی	بحار الانوار – المجلسی، بیروت، مؤسسه الوفاء، ۱۹۸۳
البدایهٔ ابن کثیر	البدایه و النهایه - ابن کثیر القریشی، بیروت، دار احیأ التراث العربی، ۱۹۸۸ (۱۴ جلد)
بلاغات النسأ ابن طیفور	بلاغات النسأ – ابوالفضل ابن طیفور، قاهره، مکتبه مدرسه والده عباس الاول، ۱۹۰۸
البیان جاحظ	البیان و التبیین – ابو عثمان الجاحظ، قاهره، مکتبه الخانجی، ۱۹۹۸ (۴ جلد)
تاریخ ابن خلدون	دیوان المبتدأ والخبر فی تاریخ العرب و البربر – ابن خلدون، بیروت، دارالفکر، ۱۹۸۸ (۸ جلد)
تاریخ بغداد خطیب	تاریخ بغداد – الخطیب البغدادی، بیروت، دار الکتب العلمیه، ۱۹۹۶ (۲۴ جلد)
تاریخ الخلفأ سیوطی	تاریخ الخلفأ - جلال الدین السیوطی، قاهره، مکتبه نزار مصطفی الباز، ۲۰۰۴
تاریخ الخمیس دیار بکری	تاریخ الخمیس فی احوال انفس النفیس – دیار بکری، بیروت، دار صادر، ۱۹۷۳ (۲ جلد)
تاریخ دمشق ابن عساکر	تاریخ مدینه دمشق – ابوالقاسم ابن عساکر، بیروت، دارالفکر، ۱۹۹۵ (۸۰ جلد)
تاریخ ذهبی	تاریخ الاسلام و وفیات المشاهیر و الاعلام – شمس‌الدین

الذهبی، بیروت، دارالکتاب العربی، ۱۹۹۳ (۵۲ جلد)

تاریخ المدینه ابن شبه: تاریخ المدینه المنوره – ابن شبه، جده، محمود احمد، ۱۹۷۹

تاریخ یعقوبی: التاریخ – الیعقوبی، بیروت، شرکه العالمی للمطبوعات، ۲۰۱۰

تأویل مختلف الحدیث ابن قتیبه: تأویل مختلف الحدیث - ابن قتیبه، بیروت – دوحه، المکتب الاسلامی مؤسسه الاشراق، ۱۹۹۹

تفسیر ابن کثیر: تفسیر القرآن العظیم – ابوالفدأ ابن کثیر القریشی، بیروت، دار طیبه للنشر والتوزیع ، ۱۹۹۹ (۸ جلد)

تفسیر ابوحیّان: البحر المحیط فی التفسیر – ابوحیّان الاندلسی، بیروت، دارالفکر، ۲۰۱۰ (۱۱ جلد)

تفسیر بغوی: معالم التنزیل فی تفسیر القرآن - ابو محمد البغوی، ریاض، دار طیبه، ۱۹۹۷ (۸ جلد)

تفسیر بیضاوی: انوار التنزیل و اسرار التأویل – نصیرالدین البیضاوی، بیروت، دار احیأ التراث العربی، ۱۹۹۷ (۱۵ جلد)

تفسیر رازی: مفاتیح الغیب، التفسیر الکبیر – فخرالدین الرازی، بیروت، دار احیأ التراث العربی، ۱۹۹۹ (۲۰ جلد)

تفسیر زمخشری: الکشاف عن حقائق غوامض التنزیل – محمود ابن عمر الزمخشری، بیروت، دار الکتاب العربی، ۱۹۸۶ (۴ جلد)

تفسیر طبری: جامع البیان عن تأویل ای القرآن – بیروت، مؤسسه الرساله، ۲۰۰۰ (۲۴ جلد)

تفسیر قرطبی: الجامع لأحکام القرآن – ابو عبدالله شمس الدین القرطبی، قاهره، دار الکتب المصریه، ۱۹۶۴ (۲۰ جلد)

تهذیب الکمال المزی: تهذیب الکمال فی اسماء الرجال – ابو الحجاج المزی، بیروت، مؤسسه الرساله، ۱۹۸۰ (۳۵ جلد)

ثقات ابن حبان: کتاب الثقات – ابن حبان، حیدر آباد، دائره المعارف العثمانیه، ۱۹۷۳ (۹ جلد)

ثمار القلوب ثعالبی: ثمار القلوب فی المضاف والمنسوب – ابو منصور الثعالبی، قاهره، دارالمعارف، ۱۹۸۵

جامع الاحادیث سیوطی: جامع الاحادیث - جلال الدین السیوطی ، قاهره، ذکی، ۲۰۰۲

(۱۳ جلد)

جامع الاصول ابن اثير	جامع الاصول فی احاديث الرسول - مجدالدين ابن اثير، دمشق، مطبعه الملاح، ۱۹۷۰ (۱۲ جلد)

جمهرة انساب ابن حزم	جمهرة انساب العرب – ابن حزم الاندلسی، قاهره، دار المعارف، ۱۹۸۲

حلية الأوليأ اصفهانی	**حلية** الأوليأ و طبقات الأصفيأ – ابو نُعَيم الاصفهانی، بيروت، دار الفکر، ۱۹۹۶ (۱۰ جلد)

الدرجات الرفيعه مدنی	الدرجات الرفيعه فی طبقات الشيعه – المدنی، قم، مکتبه بصيرتی، ۱۹۷۶

الدر المنثور سيوطی	الدر المنثور – جلال الدين السيوطی، بيروت، دارالفکر، ۱۹۹۳ (۸ جلد)

دلائل بيهقی	دلائل النبوه و معرفه احوال صاحب الشريعه – ابوبکر البيهقی، بيروت، دار الکتب العلميه، ۱۹۸۸ (۷ جلد)

سنن ترمذی	الجامع الصحيح / سنن – محمد ابن عيسی الترمذی، قاهره، شرکه و مطبعه مصطفی البابی الحلبی، ۱۹۷۸

صحيح بخاری	الجامع الصحيح المختصر – بخاری، بيروت، دار ابن کثير / دار اليمامه، ۱۹۸۷ (۶ جلد)

صحيح مسلم	الجامع الصحيح – امام مسلم، بيروت، دار احيأ الکتب العربيه، ۱۹۹۱، (۵ جلد)

رسائل نسائی	ثلاثه رسائل حديثيه – النسائی، زرقأ (اردن)، مکتبه المنار، ۱۹۸۷

روح المعانی الاوسی	روح المعانی فی تفسير القرآن العظيم - شهاب الدين الآلوسی، بيروت، دار الکتب العلميه، ۱۹۹۴ (۱۶ جلد)

روض سهيلی	الروض الانف فی شرح السيره النبويه، بيروت، دار احيا التراث العربی، ۲۰۰۰ (۷ جلد)

الرياض النضره محبالدين طبری	الرياض النضره فی مناقب العشره - محبالدين الطبری، بيروت، دار الکتب العلميه، ۱۹۹۴ (۴ جلد)

السقيفه و فدک جوهری	السقيفه و فدک – الجوهری، کربلا، العتبه الحسينيه المقدسه،

۲۰۱۰

سمط النجوم عصامی	سمط النجوم العوالی فی أنباء الأوائل والتوالی – العصامی، بیروت، دار الکتب العلمیه، ۱۹۹۸ (۴ جلد)
سنن ابن ماجه	الصحیح (سنن ابن ماجه) – ابن ماجه، بیروت – دمشق، دارالفکر (۲ جلد)
سنن ابو داود	سنن – ابو داود السجستانی، بیروت، دارالکتب العلمیه، ۱۹۹۶ (۴ جلد)
سنن بیهقی	السنن الکبری – ابوبکر البیهقی، بیروت، دار الکتب العلمیه، ۲۰۰۳ (۱۱ جلد)
سنن دارمی	السنن (یا مسند) دارمی – ابو احمد الدارمی، عربستان سعودی، دارالمغنی للنشر، ۲۰۰۰ (۴ جلد)
سنن نسائی	السنن الکبری – النسائی، بیروت، مؤسسه الرساله، ۲۰۰۱ (۱۰ جلد)
سِیَر ذهبی	سِیَر اعلام النبلأ – شمس الدین الذهبی، قاهره، دارالحدیث، ۲۰۰۶ (۱۸ جلد)
سیرۀ ابن اسحق	کتاب السیر والمغازی (السیره) - ابن اسحق، بیروت، دارالفکر، ۱۹۷۸
سیرۀ ابن حبان	السیره النبویه و اخبار الخلفأ – ابن حبان، بیروت، الکتب الثقفیه، ۱۹۹۶ (۲ جلد)
سیرۀ ابن کثیر	السیره النبویه (ملخص البدایه و النهایه) – ابن کثیر القریشی، بیروت، دار المعرفه للطباعه و النشر، ۱۹۷۶
سیره الحلبیه	السیره الحلبیه – نورالدین الحلبی، بیروت، دار الکتب العلمیه، ۲۰۰۶ (۳ جلد)
شرح السنه بغوی	شرح السنه - ابو محمد البغوی، بیروت – دمشق، المکتب الاسلامی، ۱۹۸۳ (۱۵ جلد)
شرح نواوی	المنهج، شرح صحیح مسلم – ابو زکریا النواوی، دار احیأ التراث العربی، ۱۹۷۲ (۱۸ جلد)
شرح النهج ابن ابی الحدید	شرح نهج البلاغه – ابن ابی الحدید، قاهره، دار احیأ الکتب العربیه، ۱۹۵۹ (۲۰ جلد)

الشعر و الشعرأ ابن قتیبه	الشعر و الشعرأ - ابن قتیبه الدینوری، بریل، ۱۹۰۴
صحیح ابن حبان	الصحیح – ابن حبان، بیروت، مؤسسه الرساله، ۱۹۸۸ (۱۸ جلد)
صفه الصفوه ابن الجوزی	صفه الصفوه – قاهره، دارالحدیث، ۲۰۰۰ (۲ جلد)
طبری	تاریخ الامم والملوک – ابو جعفر الطبری، بیروت، دار الکتب العلمیه، ۱۹۸۶ (۵ جلد)
طبقات	الطبقات الکبری – ابن سعد، بیروت، دار صادر، ۱۹۶۸ (۸ جلد)
العقد الفرید ابن عبد ربه	العِقد الفرید – ابن عبد ربه الاندلسی، بیروت، دار الکتب العلمیه، ۱۹۸۳ (۹ جلد)
عیون الاخبار ابن قتیبه	عیون الاخبار – ابن قتیبه الدینوری، بیروت/قاهره، دار الکتاب العربی/دار الکتب المصریه، ۱۹۲۵ (۴ جلد)
غزوات ابن حُبَیش	کتاب الغزوات – ابوالقاسم ابن حبیش، قاهره، ۱۹۸۳
فتح الباری ابن حجر	فتح الباری بشرح صحیح بخاری - ابن حجر العسقلانی، بیروت، دارالمعرفه، ۱۹۵۹ (۱۳ جلد)
فتح الباری ابن رجب	فتح الباری شرح صحیح البخاری – زین الدین ابن رجب، قاهره – مدینه، مکتب تحقیق دار الحرمین، ۱۹۹۶ (۹ جلد)
فتوح البلدان بلاذری	فتوح البلدان - بلاذری، بیروت، دارالهلال، ۱۹۸۸
فضائل الصحابه ابن حنبل	فضائل الصحابه – ابن حنبل، بیروت، مؤسسه الرساله، ۱۹۸۳ (۲ جلد)
فضائل الصحابه نسائی	فضائل الصحابه – النسائی، بیروت، دار الکتب العلمیه، ۱۹۸۴
الفوائد المجموعه شوکانی	الفوائد المجموعه فی الأحادیث الموضوعه – الشوکانی، بیروت، دار الکتب العلمیه
--	لذة العیش فی طرق حدیث **الأئمة** من قریش – ابن حجر عسقلانی، بیروت، دار البشائر الاسلامیه، ۲۰۱۲
الکامل ابن اثیر	الکامل فی التاریخ – عزالدین ابن اثیر، بیرت، دار الکتاب العربی، ۱۹۹۷ (۱۰ جلد)

کتاب الرده واقدی	کتاب الرده – الواقدی، بیروت، دارالغرب الاسلامی، ۱۹۹۰
کتاب سُلَیم	کتاب سُلَیم ابن قیس – سلیم ابن قیس الهلالی، قم، مطبعه الهادی، ۱۹۵۸
کتاب الوفاة نسائی	کتاب الوفاة – النسائی، قاهره، مکتبه التراث الاسلامی
کنز متقی	کنز العمال فی سنن الاقوال والافعال – المتقی الهندی، بیروت، مؤسسه الرساله، ۱۹۸۱
مجمع الزوائد هیثمی	مجمع الزوائد و منبع الفوائد – نورالدین الهیثمی، قاهره، مکتبه القدسی، ۱۹۹۴ (۱۰ جلد)
محاضرة الأبرار ابن عربی	محاضرة الأبرار ومسامرة الأخیار – محیالدین ابن عربی، بیروت، دار الکتب العلمیه، ۲۰۰۱
المحبر بغدادی	المحبر – محمد ابن حبیب البغدادی، بیروت، دار الآفاق الجدیده، ۲۰۰۹
المحلی ابن حزم	المحلی بالآثار – ابن حزم الاندلسی، بیروت، دارالفکر، ۱۹۸۹ (۱۲ جلد)
مختصر ابن منظور	مختصر تاریخ دمشق – ابن منظور، بیروت – دمشق، دارالفکر ۱۹۸۴ (۲۹ جلد)
المختصر ابوالفدأ	المختصر فی تاریخ البشر – ابوالفدأ، قاهره، المطبعه الحسینیه المصریه، ۱۹۰۷ (۴ جلد)
مرقاة المفاتیح قاری	مرقاة المفاتیح شرح مشکاة المصابیح - علی القاری، بیروت، دارالفکر، ۲۰۰۲ (۹ جلد)
مروج الذهب مسعودی	مروج الذهب و معادن الجوهر – ابو الحسن المسعودی، بیروت، دار الفکر، ۱۹۷۳ (۲ جلد)
مستدرک الوسائل طبرسی	مستدرک الوسائل – حسین النوری الطبرسی، قم، مؤسسه آل البیت لاحیأ التراث، مطبعه سعید
مستدرک حاکم	المستدرک علی الصحیحین – ابو عبدالله الحاکم النیشابوری، بیروت، دار الکتب العلمیه، ۱۹۹۰ (۴ جلد)
مسند ابن حنبل	المسند – ابن حنبل، بیروت، مؤسسه الرساله، ۱۹۹۹ (۵۰ جلد)

مشکاه المصابیح تبریزی — مشکاه المصابیح – ولی‌الدین ابو عبدالله التبریزی، بیروت – دمشق، لمکتبه الاسلامی، ۱۹۸۵ (۳ جلد)

مصنف ابن ابی شیبه — المصنف فی الاحادیث و الآثار – ابوبکر ابن ابی شیبه، ریاض، مکتبه الرشد، ۲۰۰۴ (۱۶ جلد)

مصنف عبدالرزاق — المصنف فی الحدیث – عبدالرزاق الصنعانی، بیروت، المکتب الاسلامی، ۱۹۸۲ (۱۱ جلد)

المعارف ابن قتیبه — المعارف – ابن قتیبه الدینوری، قاهره، الهیئه المصریه العامه للکتاب، ۱۹۶۰

المعجم الاوسط طبرانی — المعجم الاوسط – ابوالقاسم الطبرانی، قاهره، دار الحرمین، ۱۹۹۴ (۱۰ جلد)

معجم البلدان یاقوت — معجم البلدان – یاقوت الرومی، بیروت، دارالفکر (۵ جلد)

المعجم الکبیر طبرانی — المعجم الکبیر – ابوالقاسم الطبرانی، موصل، مکتبه العلوم و الحکم، ۱۹۸۳ (۲۰ جلد)

معجم ما استعجم بکری — معجم ما استعجم من أسماء البلاد والمواضع – ابو عبید البکری، بیروت، عالم الکتب، ۱۹۸۲ (۴ جلد)

معرفه السنن والآثار بیهقی — معرفه السنن والآثار – ابوبکر البیهقی، قاهره، دار الوفأ، ۱۹۹۱ (۱۵ جلد)

المغازی واقدی — کتاب المغازی – الواقدی، بیروت، دار العالمی، ۱۹۸۹ (۳ جلد)

مقنعه مفید — المقنعه – محمد ابن محمد النعمان العکبری الشیخ المفید، قم، مؤسسه النشر الاسلامی، ۱۹۹۰

الملل و النحل شهرستانی — الملل و النحل – الشهرستانی، بیروت، دارالمعرفه، ۱۹۸۳ (۲ جلد)

المنتظم ابن‌الجوزی — المنتظم فی تاریخ الملوک و الامم – ابن الجوزی، بیروت، دار الکتب العلمیه، ۱۹۹۲ (۱۹ جلد)

المُنَمَق بغدادی — المُنَمَق فی أخبار قریش – محمد ابن حبیب البغدادی، بیروت، عالم الکتب، ۱۹۸۵

المُوَطأ امام مالک — المُوَطأ – مالک ابن انس، بیروت، دار احیأ التراث العربی، ۱۹۸۵

النهایه ابن اثیر — النهایه فی غریب الحدیث و الأثر – مجدالدین ابوالسعادات ابن

	اثیر، جده، دار ابن الجوزی، ۲۰۰۰ (۵ جلد)
نهایة الأرب قلقشندی	نهایة الأرب فی معرفه انساب العرب – ابوالعباس احمد القلقشندی، بیروت، دار الکتاب اللبنانی، ۱۹۸۰
نهایه الأرب نویری	نهایه الأرب نویری فی فنون الادب - ابو زکریا النواوی، قاهره، دار الکتب و الوثائق القومیه، ۲۰۰۲ (۳۳ جلد)
وفاء سمهودی	وفاء الوفا باخبار دار المصطفی – نورالدین السمهودی، بیروت، دار الکتب العلمیه، ۱۹۹۸ (۴ جلد)
وفیات الاعیان ابن خلکان	وفیات الاعیان و انباء ابناء الزمان – ابن خلکان، بیروت، دار صادر، ۱۹۹۴ (۷ جلد)

آثار معاصرین:

آثار المدینه عبدالقدوس انصاری	آثار المدینه المنوره – عبدالقدوس الانصاری، مدینه، المکتبه السلفیه، ۱۹۳۵
أعلام زرکلی	الأعلام – خیرالدین الزرکلی، بیروت، دار العلم للملایین، ۲۰۰۲
تفسیر ابن عاشور	التحریر و التنویر – الطاهر ابن عاشور، تونس، الدار التونسیه للنشر، ۱۹۹۷ (۳۰ جلد)
قریش من القبیله	قریش من القبیله الی الدولة المرکزیه – خلیل عبدالکریم، بیروت/قاهره، سینا للنشر/مؤسسه الانتشار العربی، ۱۹۹۷
عصر الخلافه عمری	عصر الخلافة الراشدة – أکرم ضیاء العمری، ریاض، مکتبه العبیکان، ۲۰۰۸
مصنف عبدالرزاق	الاسلام و اصول الحکم – علی عبدالرزاق، قاهره، دار الهلال، ۱۹۲۵
المفصل جواد علی	المفصل فی تاریخ العرب قبل الاسلام – جواد علی، دار الساقی، ۲۰۰۱ (۲۰ جلد)

منابع مورد استفاده

ب) منابع غربی

ABDERRAZIQ, A., *L'Islam et les fondements du pouvoir*, intro. Et trad. de l'arabe Abdou Filali-Ansary, Paris, La Découverte-CEDEJ, 1994.

AMIR-MOEZZI, M. A., *Le Coran silencieux et le Coran parlant. Sources scripturaires de l'islam entre histoire et ferveur*, Paris, CNRS, 2011.

– (dir.), *Dictionnaire du Coran*, Paris, Robert Laffont, 2007.

ATHAMINA, K., « The pre-islamic roots of the early muslim caliphate. The emergence of Abû Bakr », *Der Islam*, vol. 76, no 1, 1999, pp. 1-32.

BLACHÈRE, R., *Le Probleme de Mahomet. Essai de biographie critique du fondateur de l'Islam*, Paris, PUF, 1952.

CAETANI, L., *Annali dell'Islam*, Milan, Ulrico Hoepli, 1905-1926.

CASANOVA, P., *Mohammed et la fin du monde. Étude critique sur l'Islam primitif*, 2 vol, Paris, P. Geuthner, 1911-1913.

CHABBI, J., *Le Seigneur des tribus. L'islam de Mahomet*, Paris, Noêsis, 1997 ; réimpr. Paris, CNRS, 2010.

CHASE, R. F., *Islamic Historiography*, Cambridge, Cambridge University Press, 2003.

CHEDDADI, A., *Les Arabes et l'appropriation de l'histoire. Émergence et premiers développements de l'historiographie musulmane jusqu'au ii e/viii e siecle*, Arles, Sindbad/Actes Sud, 2004.

CRONE, P. et Hinds, M., *God's Caliph. Religious Authority in the First Centuries of Islam*, Cambridge, Cambridge University Press, 1986.

DAKHLIA, J., *Le Divan des rois. Le politique et le religieux en islam*, Paris, Aubier, 1988.

DÉCOBERT, C., « L'autorité religieuse aux premiers siècles de l'islam », *Archives de sciences sociales des religions*, nₒ 125, 2004, p. 23-44.

DJAÏT, H., *La Grande Discorde : religion et politique dans l'Islam des origines*, Paris, Gallimard, 1989 ; rééd. 2008.

–, *La Vie de Muhammad*, Paris, Fayard, t. I, 2007.

DONNER, F., *Narratives of Islamic Origins. The Beginnings of Islamic Historical Writing*, Princeton, Darwin Press, 1998.

HAKIM, A., « Frères et adversaires : Abû Bakr et 'Umar dans les traditions sunnites et shî'ites », *in* M. A. Amir-Moezzi, M. M. Bar-Asher et S. Hopkins (éd.), *Le Shî'isme imamate quarante ans apres. Hommage a Etan Kohlberg*, Turnhout, Bibliothèque de l'École des hautes études, 2006, pp. 237-267.

HASSON, I., « Contributions à l'étude des Aws et des Ḫazraǧ », *Arabica*, t. 36, fasc. 1, 1989, pp. 1-35.

HIBRI (el-), T., *Parable and Politics in Early Islamic History. The Rashidun Caliphs*, New York, Columbia University Press, 2010.

JABALI, F., *The Companions of the Prophet. A Study of Geographical Distribution and Political Alignments*, Leyde, Brill, 2003.

KENNEDY, H., *The Prophet and the Age of the Caliphates. The Islamic Near East from the 6th to the 11th Century*, Longman, « A History of the Near East », 2004.

–, *Caliphate. The History of an Idea*, Basic Books, 2016.

KHOURY, G., « Calife ou roi : du fondement théologicopolitique du pouvoir suprême dans l'islam sous les califes orthodoxes et omeyyades », *in* P. Canivet et J.-P. Rey- Coquais (dir.), *La Syrie de Byzance a l'Islam : viie-viiie siecles*, Damas, Publications de l'Institut français de Damas, 1992.

KISTER, M. J., « Social and religious concepts of authority in Islam », *Jerusalem Studies in Arabic and Islam*, n° 18, 1994, pp. 84-127.

LAMMENS, H., « Le "triumvirat" Abû Bakr, 'Umar et Abû 'Ubayda », in *Mélanges de la Faculté orientale de Beyrouth*, t. 4, 1910, p. 113-144.

–, *Fâtima et les filles de Mahomet. Notes critiques pour l'étude de la Sîra*, Rome, Institut biblique pontifical, 1912.

–, *Le Berceau de l'islam. L'Arabie occidentale a la veille de l'Hégire*, Rome, Institut biblique pontifical, 1914.

–, *Le Califat de Yazîd 1er*, Extrait des *Mélanges de la Faculté orientale de Beyrouth*, Beyrouth, Imprimerie catholique, 1921.

LECKER, M., « Did the Quraysh conclude a treaty with the Anṣār prior to the Hijra ? », *in* H. Motzki (éd.), *The Biography of Muhammad. The Issue of the Sources*, Leyde-Boston-Cologne, Brill, 2000, pp. 157-169.

LECOMTE, G., « Sur une relation de la Saqīfa attribuée à Ibn Qutayba », *Studia Islamica*, no 31, 1970, pp. 171-183.

MADELUNG, W., *The Succession to Muhammad. A Study of the Early Caliphate*, Cambridge-New York, Cambridge University Press, 1997.

–, « Social Legislation in Sūrat al-Ahzāb », *in* A. Cilardo (éd.), *Islam and Globalisation. Historical and Contemporary Perspectives*, Proceeding of the 25th Congress of l'Union européenne des Islamisants et Arabisants, Louvain-Paris-Walpole, Peeters, 2003, p. 197-203.

MOULINE, N., *Le Califat. Histoire politique de l'islam*, Paris, Flammarion, 2016.

NEVO, Y. ET KOREN, J., *Crossroads to Islam. The Origin of the Arab Religion and the Arab State*, New York, Prometheus Books, 2003.

PRÉMARE, A.-L. (de), *Les Fondations de l'Islam. Entre écriture et histoire*, Paris, Seuil, 2002.

RENAN, E., « Mahomet, les origines de l'islamisme », *Revue des Deux Mondes*, nouvelle période, t. 12, 1851, pp.1063-1101.

Rodinson, M., *Mahomet*, Paris, Seuil, 1994 (1re édition 1968).

RUBIN, U., *The Eye of the Beholder. The Life of Muhammad as Viewed by the Early Muslims. A Textual Analysis*, Princeton, The Darwin Press, 1995.

SHARON, M., « The development of the debate around the legitimacy of authority in early Islam », *Jerusalem Studies in Arabic and Islam*, n° 5, 1984, pp. 121-142.

SHOEMAKER, S. J., *The Death of a Prophet. The End of Muhammad's Life and the Beginnings of Islam*, Philadelphie, University of Pennsylvania Press, 2012.

WATT, M., *Muhammad at Mecca*, Oxford, Clarendon Press, 1953 ; trad. fr. *Mahomet a La Mecque*, Paris, Payot, 1958.

–, *Muhammad at Medina*, Oxford, Clarendon Press, 1956 ; trad. fr. *Mahomet a Médine*, Paris, Payot, 1959.

YAZIGI, M. , «ʿAlī, Muḥammad, and the *anṣār* : the issue of succession », *Journal of Semitic Studies*, 53, 2, octobre 2008, pp. 279-303.

ترجمهٔ فرانسوی قرآن که مورد استفاده قرار گرفته است:

MASSON, D., Le Coran. Traduction française, Paris, Gallimard, « La Pléiade », 1967.